CRISES FINANCEIRAS

Roberto Teixeira da Costa

Com a coordenação de Fábio Pahim Jr.

CRISES FINANCEIRAS

Brasil e mundo (1929-2023)

Copyright © 2023 by Roberto Teixeira da Costa

A Portfolio-Penguin é uma divisão da Editora Schwarcz s.a.

PORTFOLIO and the pictorial representation of the javelin thrower are trademarks of Penguin Group (USA) Inc. and are used under license. PENGUIN is a trademark of Penguin Books Limited and is used under license.

Grafia atualizada segundo o Acordo Ortográfico da Língua Portuguesa de 1990, que entrou em vigor no Brasil em 2009.

CAPA Felipe Sabatini e Nina Farkas/ Gabinete Gráfico
PREPARAÇÃO Natalia Engler
CHECAGEM Érico Melo
REVISÃO Julian F. Guimarães e Ana Maria Barbosa

Dados Internacionais de Catalogação na Publicação (CIP)
(Câmara Brasileira do Livro, SP, Brasil)

Costa, Roberto Teixeira da
Crises financeiras : Brasil e mundo (1929-2023) / Roberto Teixeira da Costa ; coordenação Fábio Pahim Jr. — 1ª ed. — São Paulo : Portfolio-Penguin, 2023.

Bibliografia.
ISBN 978-65-5424-009-3

1. Crises – Brasil 2. Crises financeiras 3. Economia – Aspectos sociais 4. Economia mundial I. Pahim Jr., Fábio. II. Título.

23-153780   CDD-338.542

Índice para catálogo sistemático:
1. Crises : Economia mundial 338.542

Tábata Alves da Silva – Bibliotecária – CRB-8/9253

Todos os direitos desta edição reservados à
EDITORA SCHWARCZ S.A.
Rua Bandeira Paulista, 702, cj. 32
04532-002 — São Paulo — SP
Telefone: (11) 3707-3500
www.portfolio-penguin.com.br
atendimentoaoleitor@portfoliopenguin.com.br

SUMÁRIO

Apresentação 7
Prefácio 11
Introdução 19

Mundo 41
Brasil 93
Lições 237

Posfácio 251
Referências bibliográficas 265
Notas 269

APRESENTAÇÃO

APRESENTAR O MAIS RECENTE LIVRO de Roberto Teixeira da Costa é tanto um desafio como um prazer. Roberto é autor profícuo e reputado e um dos mais conhecidos personagens da história do mercado brasileiro de capitais de cujos primórdios participou, desde os anos 1950, como pioneiro na colocação de emissões primárias de ações junto a pequenos aplicadores, como gestor do fundo Crescinco, diretor do BIB do grupo Unibanco e, nos anos 1970, como fundador e presidente da Comissão de Valores Mobiliários (CVM). Há décadas privamos da companhia do Roberto como empresário, especialista em mercados e conselheiro de inúmeras organizações, entre as quais o Itaú Unibanco, desde a gestão de meu saudoso pai, Olavo Egydio Setúbal.

Dois pontos devem ser destacados.

O primeiro é o caráter singular deste livro, escrito por Roberto e coordenado editorialmente pelo jornalista Fábio Pahim Jr., que trata em profundidade de algumas das crises mais impactantes dos mercados globais e do mercado brasileiro, passando pelo crash de Nova York em 1929 e o crash local em 1971.

Baseando-se em extensa bibliografia, com o aporte de documentos inéditos, o texto se vale de autores de livros clássicos sobre o mercado, como Charlie Kindleberger e Robert Aliber, Kenneth Rogoff e Carmen Reinhart e Edward Chancellor. Estes são citados ao lado de Alan Greenspan, Paul Volcker, Eduardo Giannetti, Roberto Campos, Ney Carvalho, Ivan Sant'Anna, Rubens Ricupero, Ary Oswaldo Mattos Filho, Jorge Caldeira Filho, Bolívar Lamounier e José Júlio Senna, entre tantos intérpretes relevantes da vida brasileira.

São saborosas as histórias sobre a Mania das Tulipas, na Holanda, e da Companhia dos Mares do Sul, na Inglaterra. No Brasil, são descritas as crises do chamado Encilhamento, nos tempos de Rui Barbosa, o crash de 1971 e as tentativas de manipulação de preços das ações da Petrobras, da Vale e do grupo Audi. O *Relatório Petrobras*, até agora inédito, mostra a primeira investigação da cvm sobre a mais negociada das ações brasileiras.

O segundo ponto é o apoio conferido ao trabalho. Com ele, a Itaúsa reafirma suas relações estreitas com o mercado de capitais. Com mais de 900 mil acionistas, a Itaúsa é uma das maiores companhias abertas do país. Além de aplicar 80% de seus recursos no Itaú Unibanco, investe em papéis de Alpargatas, Aegea, xp Inc., Dexco, ccr e Copa Energia — e pretende expandir esse leque de empresas.

O livro *Crises financeiras: Brasil e mundo (1929-2023)* ajuda a entender os caminhos encontrados para a superação dos obstáculos e para o desenvolvimento sustentado das operações de *equity*. Ajuda também a explicar como os mercados reconquistaram confiabilidade após as crises.

APRESENTAÇÃO

O objetivo é a capitalização das empresas, mecanismo essencial para permitir o desenvolvimento do país. Assim como se afigura essencial que dessa capitalização participem acionistas de todos os portes, investindo em nome próprio ou como participantes de fundos de renda variável e, em especial, de entidades de previdência privada, seguradoras e outros investidores institucionais. Para os investidores, a existência de mercados fundados em princípios éticos, que adotam a agenda ESG e mostram capacidade de enfrentar crises, é condição para aplicar e preservar recursos captados ou amealhados ao longo da vida deles.

Alfredo Egydio Setúbal

PREFÁCIO

POUCOS BRASILEIROS, se é que existe algum, têm mais experiência do que Roberto Teixeira da Costa em temas associados ao mercado de capitais. A ele coube ser o primeiro presidente da Comissão de Valores Mobiliários, criada em dezembro de 1976 para regular esse setor. Liderou o grupo de competentes profissionais com os quais plasmou a estrutura, os procedimentos e a cultura da autarquia, lançando os alicerces que lhe dariam posição de destaque ao longo do tempo.

Comecei a conhecer Roberto mais de perto quando ambos frequentávamos as reuniões mensais do Conselho Monetário Nacional, no final dos anos 1970, ele como integrante e eu na bancada de trás, como chefe da Assessoria Econômica do ministro Ângelo Calmon de Sá, da Indústria e do Comércio. Nos tempos em que comandei o Ministério da Fazenda, nos encontramos em muitas oportunidades. Depois que saí do governo, tive a honra de ser indicado por ele para integrar dois conselhos de administração de empresas de que ele participava.

CRISES FINANCEIRAS

A investidura serviu para me introduzir no mundo formal dos negócios privados e para admirar sua inequívoca capacidade de analisar cenários e riscos.

Já se vão mais de sessenta anos desde que Roberto iniciou sua bem-sucedida carreira, nos idos de 1958, como analista financeiro e gestor de fundos da Deltec. O mercado de capitais engatinhava. A participação do Brasil na economia mundial praticamente se limitava a exportar café e açúcar. Éramos importadores de alimentos. O cultivo de eucalipto ainda estava longe de transformar o país em um dos maiores exportadores de celulose. As indústrias automobilística e de outros bens de consumo durável começavam a se encorpar, na esteira das políticas de substituição de importações. A alta inflação dava as caras.

O mundo bancário era dominado pelo Banco do Brasil (BB), que respondia por mais de 50% da oferta de crédito. Somados, o BB e os bancos estaduais já existentes formavam a grande maioria do sistema. Na área de empréstimos, os bancos privados se dedicavam a fazer "papagaios" (promessas de pagamento basicamente entre pessoas físicas e sem garantias) e a descontar duplicatas, normalmente em operações de noventa dias. O órgão regulador era a Superintendência da Moeda e do Crédito (Sumoc). O crédito de longo prazo era atividade praticamente exclusiva do Banco Nacional de Desenvolvimento Econômico e Social (BNDES), então sem "S" de social. Ainda levaríamos seis anos para criar o Banco Central (BC).

Desde então, o sistema financeiro se modernizou, aprendeu com as crises, se sofisticou, se integrou ao sistema financeiro mundial e tem se beneficiado da excelente qualidade da regulação de um moderno Banco Central, que não fica distante de seus congêneres no mundo rico. Hoje, autônomo por lei, o BC exerce com eficácia as tarefas de assegurar a estabilidade da

PREFÁCIO

moeda e do sistema financeiro. Estamos há quase trinta anos sem uma crise bancária, um recorde histórico. O mercado de capitais já responde por mais de 20% da oferta de crédito na economia brasileira. É o efeito da esplêndida evolução e da sofisticação dos investidores institucionais. Ainda estamos longe dos 80% dos Estados Unidos, mas é patente o crescente papel desse mercado no crédito de longo prazo. O BNDES tende a se limitar, nos próximos anos, a suprir falhas de mercado, particularmente em favor de pequenas e médias empresas.

Fiz esse rápido sobrevoo sobre a trajetória da economia brasileira para assinalar que Roberto foi testemunha privilegiada da enorme transformação experimentada pelo país e pelo sistema financeiro — e pelo segmento do mercado de capitais em especial. Além disso, encontrou tempo para ser um dos fundadores do Conselho Empresarial da América Latina (Ceal), do qual foi presidente internacional de 1998 a 2000, contribuindo para o esforço de integração econômica da América Latina.

Roberto se dedicou a transmitir seus vastos conhecimentos à sociedade brasileira, em especial aos participantes do mercado de capitais. Publicou livros que se tornaram fonte de referência para quem busca conhecer ou se aprofundar nessa área. Creio ter lido a maioria deles. Agora ele nos brinda com o que me parece constituir a mais ambiciosa de suas incursões pela literatura econômica e financeira, na qual mergulhou mediante extensa pesquisa histórica. Na empreitada, teve o apoio de Fábio Pahim Jr., um dos mais respeitados jornalistas econômicos do país.

Este novo livro de Roberto demonstra grande fôlego e abrangência. Relata momentos cruciais da história dos mercados de capitais em todo o mundo. Analisa seus personagens

CRISES FINANCEIRAS

relevantes, incluindo picaretas que mancharam sua trajetória, debruçando-se sobre os mais famosos, Carlo Ponzi e Bernard Madoff. Estelionatário italiano radicado nos Estados Unidos, Ponzi protagonizou a maior fraude financeira do século xx e viria a falecer no Rio de Janeiro em 1949. Madoff, mais contemporâneo e falecido em 2021, foi o criador de uma sociedade de investimento que granjeou respeito em Wall Street. Seu golpe acarretou perdas gigantescas para seus clientes. Conhecidas crises financeiras desfilam pelas páginas do livro, começando com a febre das tulipas na Holanda, que estourou em 1637. Essa incrível bolha especulativa levou a uma valorização tão brutal da tulipa que uma única flor chegou a valer na época o equivalente a 24 toneladas de trigo. Aprendemos também como surgiram e evoluíram as crises da South Sea Company, fundada em 1711, e da Companhia do Mississippi, criada em 1684, depois conhecida como Compagnie de l'Occident quando foi comprada em 1717. Ambas se tornaram ondas especulativas e ruíram, gerando grandes prejuízos para seus investidores. Na visão de Roberto, são crises em boa parte causadas por políticas públicas desastrosas, o que o leva a afirmar que "os governantes nem sempre têm noções básicas de economia". Para ele, "um dos grandes nutrientes do capital é a confiança em governos competentes, sérios e capazes de formular políticas de longo prazo".

Boa parte da obra é dedicada a descrever as origens e as consequências sociais e econômicas do crash da Bolsa de Nova York, em 1929. Essa foi a origem da Grande Depressão dos anos 1930, que levou a taxa de desemprego ao estratosférico nível de 25% da mão de obra americana. O leitor navega pelas inovações institucionais do presidente Franklin Roosevelt e seu *New Deal*, com o qual introduziu políticas inéditas de intervenção estatal que retiraram o país da crise, sob o impulso

14

PREFÁCIO

adicional dos gastos associados à entrada dos Estados Unidos na Segunda Guerra Mundial.

Percorremos as consequências positivas da liderança americana na reunião de Bretton Woods, em 1944, quando a derrota de Hitler se mostrava inevitável. O objetivo era estruturar as instituições do pós-guerra, destinadas a lidar com crises financeiras, evitar a repetição do fenômeno da Grande Depressão e estabelecer as bases de um novo ciclo de desenvolvimento mundial. Nasceram ali o Fundo Monetário Internacional (FMI) e o Banco Mundial. Em 1947, essa estrutura seria complementada pelo Acordo Geral de Tarifas e Comércio (Gatt, na sigla em inglês), assinado em Genebra. O Gatt foi substituído em 1994, em reunião em Marrakesh, pelos acordos da Rodada Uruguai, que estabeleceram a Organização Mundial do Comércio (OMC) a partir de 1º de janeiro de 1995. O livro não esqueceu de registrar o Plano Marshall, criado pelos Estados Unidos após o fim da Segunda Guerra com o objetivo de recuperar a economia dos países aliados da Europa.

Em seguida, Roberto envereda pelos acontecimentos econômicos e financeiros que marcaram a economia mundial a partir dos anos 1970, entre eles as duas crises do petróleo, em 1973 e 1979, que impactaram negativamente a economia mundial e a brasileira. Visita as crises dos anos 1980, como a das associações de poupança e empréstimos dos Estados Unidos, as perdas dos *junk bonds* desenvolvidos pelo investidor Michael Milken, a quebra do fundo LTCM (que obrigou o Federal Reserve a intervir nos mercados, temendo a falência de grandes instituições financeiras que o financiavam), o colapso das ações das chamadas empresas pontocom, de tecnologia, e a falência da Enron, a grande empresa de energia americana.

Essa parte da obra é concluída com a descrição dos fatores que levaram à quebra do banco Lehman Brothers, que se tor-

15

nou o gatilho para a crise financeira de 2008, a maior desde a Grande Depressão e cujos efeitos ecoam ainda hoje. Em todos esses casos, o texto recorre à obra clássica de Charlie Kindleberger e Robert Aliber — *Manias, pânicos e crises* —, a melhor para descrever maus momentos dos mercados financeiros mundiais e para tipificar como eles se originam.

No Brasil, o livro nos leva às suas muitas crises financeiras. O relato começa nos desmandos de d. João VI, que em sua volta a Portugal, em 1821, levou consigo grande parte do ouro que constituía o lastro do primeiro Banco do Brasil, o que provocou sua falência. Depois da Independência, manifestou-se na elite e nos quadros governamentais uma desconfiança em relação ao sistema financeiro privado, contribuindo para que o segundo Banco do Brasil, fundado pelo Barão de Mauá, tomasse parte em fusões na crise bancária do início da República, o que resultaria posteriormente na estatização do BB, até então controlado por capitais privados. Nasce daí o terceiro e atual Banco do Brasil.

O período se caracterizou também pelo Encilhamento, uma bolha especulativa marcada pelo lançamento de ações de empresas que nunca chegaram a se instalar ou por aventureiros que, como diz Roberto, "aproveitaram a abertura jamais vivida para lucrar às custas de investidores ávidos por adquirir ações e participar de empreendimentos que supunham promissores".

Entramos então no crash de 1971, que ocupa grande parte do livro. O relato é extenso e repleto de detalhes. Depois, Roberto documenta a sucessão de crises derivadas de falências ou dificuldades financeiras de empresas privadas e estatais, algumas delas com ares de escândalo. Foram os casos do Grupo Audi, da especulação com ações da Petrobras — o primeiro grande teste para a CVM e para o próprio Roberto, então presidente da autarquia —, da Companhia Vale do Rio Doce e,

PREFÁCIO

mais recentemente, do colapso das empresas controladas por Eike Batista.

O caso Nahas ganha especial destaque. Na verdade, trata-se de três movimentos especulativos protagonizados pelo megainvestidor e empresário Naji Nahas. No principal deles, um cheque não compensado, emitido em 8 de junho de 1989 pela holding de suas empresas, acarretou a liquidação de corretoras e distribuidoras de valores que operavam com Nahas e contribuiu para o fechamento da Bolsa de Valores do Rio de Janeiro (BVRJ). Nos momentos finais do livro, Roberto percorre temas da atualidade. Comenta os efeitos da pandemia de covid-19 no mercado financeiro global, que considera comparável à crise do *subprime* norte-americana de 2008. Depois, ao abordar a tecnologia de *blockchain*, questiona se a revolução digital e as criptomoedas poderiam ser o embrião de novas crises. Roberto aponta o impacto crescente dessa revolução na vida das empresas e dos trabalhadores, o que tem dado lugar à criação de novas oportunidades de negócios e atividades profissionais, como as *fintechs*. Adiciona, finalmente, comentários sobre a invasão da Ucrânia pela Rússia e as sanções contra o país de Vladimir Putin. Ele assinala, corretamente, que "vivemos uma situação que poderá mudar o curso da história e da geopolítica, sem falar nos seus desdobramentos e na consequente instabilidade política".

Na parte final da obra, os leitores são brindados com conselhos de um dos mais experientes empresários do país. Nas suas mensagens, cita empreendedores bem-sucedidos do mundo todo, como Jeff Bezos, Bill Gates, Mark Zuckerberg, Elon Musk e Warren Buffett. No Brasil, são lembrados Jorge Paulo Lemann, Marcel Telles, Carlos Alberto Sicupira, Eduardo Saverin, Rubens Ometto, André Esteves, Guilherme Benchimol e membros das famílias Setúbal, Moreira Salles e Safra.

17

Pontuando esse percurso histórico, boxes descrevem histórias e biografias relevantes no mercado financeiro. São trajetórias de figuras como John Law, o fundador da Companhia do Mississippi, Winston Churchill, Irving Fisher, Alan Greenspan, o Barão de Mauá e Rui Barbosa. Somos também levados a conhecer a curiosa biografia da primeira mulher investidora no mercado de ações, Eufrásia Teixeira Leite. Herdeira de uma família rica, Eufrásia se mudou para a Europa e investiu de forma audaciosa no Brasil e no mundo.

Por fim, conhecemos como Roberto viu crises por dentro. Não falta a engraçada e famosa história do engraxate de Nova York que lustrava os sapatos de conhecidos investidores de Wall Street e buscava acompanhar o mercado. Seu exemplo teria sido utilizado por um corretor da Bolsa de Valores de São Paulo (Bovespa) na década de 1970, para quem, "quando meu engraxate indaga como vai o mercado de ações, fico sabendo que é hora de pular fora". Eu li que essa frase teria sido atribuída ao fundador da Standard Oil, John Davison Rockefeller, mas o sabor do caso é maior do que o protagonista da jocosa afirmação.

Roberto Teixeira da Costa escreveu um livro monumental, talvez o melhor de sua trajetória como autor. Esperamos que continue a exercitar sua invejável disposição de discorrer sobre economia, história e mercados financeiro e de capitais.

Maílson da Nóbrega
Outubro de 2022

INTRODUÇÃO

OS DIVERSOS ANOS TRABALHANDO direta ou indiretamente ligado ao mercado de capitais foram me conectando aos mercados financeiros internacionais, particularmente àqueles dos países desenvolvidos. Estes conhecimentos se mostraram importantes desde o princípio das minhas atividades, iniciadas na gestão de carteira de investimentos. Aceitei o cargo de analista financeiro na Deltec em 1958, depois de atuar como estagiário durante dois anos no Citibank, na época o maior banco estrangeiro em operação no país.

A Deltec era então pouco conhecida. Seus fundadores, Clarence Dauphinot Jr. e Pierce Archer, após sucessivas viagens ao país para vender *bonds* de empresas americanas, vislumbraram o potencial do nosso país. Depois, voltaram-se também para outros países da região, contribuindo para o desenvolvimento de seus mercados financeiros, principalmente para *equities* e, na sequência, também títulos de dívida. Quando a Deltec chegou ao Brasil, enfrentou muitas dificuldades e foi obrigada a comercializar produtos importados. Posteriormente, em associação a importantes grupos financeiros locais, concentraram sua atuação na área de investimentos, principalmente como *underwriters* de companhias nacionais para lançamento público. Criaram uma companhia de crédito, financiamento e investimento. Esta se tornou mais conhecida com o lançamento de ações da Willys-Overland do Brasil, que se estabeleceu no país para lançamentos do Jeep e mais tarde do Rural Willys.

Em 1966, após a reforma do mercado de capitais pela lei nº 4728 de 1965, que facultou a operação de bancos de investimento, a Deltec se associou ao Banco Moreira Salles, formando o Banco de Investimento do Brasil (bib), que mais tarde, com a conglomeração dos mercados, passou a operar como parte do Grupo Unibanco.

Quando comecei em 1958, ainda eram poucos aqueles que olhavam o potencial do país no mercado internacional. Eu mesmo, como analista financeiro (formado em economia em 1960 na Faculdade Nacional de Ciências Econômicas do Rio de Janeiro) e gestor de fundo de investimento, tomava decisões centradas nas variáveis internas, fosse do setor empresarial, financeiro ou político. Essa situação foi se alterando e, considerando que nossos principais executivos eram norte-americanos, fui estimulado a olhar o que se passava ao redor do mundo, com suas possíveis repercussões.

Ademais, com o patrocínio da Deltec, fiz várias viagens ao exterior e pude assim adquirir conhecimento de como os mercados se entrelaçavam e a poupança externa poderia ser componente relevante para o nosso desenvolvimento econômico.

Realizadas em Nassau, as reuniões anuais da Deltec eram momentos únicos para entender como as finanças e o fluxo de recursos desempenhavam papel crucial quando as barreiras

INTRODUÇÃO

que dificultavam ou impediam a livre movimentação de capitais eram abolidas ou mitigadas. Marcante nessas viagens foi um período de estágio em Los Angeles, em 1962, junto ao Capital Group, na época uma das maiores gestoras de fundos de investimentos. No retorno, passei por Nova York a fim de visitar a New York Stock Exchange (NYSE) e algumas instituições financeiras de porte. Tive a oportunidade de participar de uma reunião na New York Society of Security Analysts, na qual observei como as empresas de capital aberto participavam delas para comentar seus resultados e discutir projeções, fato esse até então inédito no Brasil. Isso me motivou a organizar as primeiras reuniões de empresas abertas com analistas e lançar a importante semente para a criação da Associação Brasileira dos Analistas do Mercado de Capitais (Abamec), hoje Associação dos Analistas e Profissionais de Investimento do Mercado de Capitais (Apimec), que, posteriormente, passou a coordenar esses encontros e apresentações.

Com esta introdução busquei marcar como, de forma crescente, construí uma percepção da importância das diferentes variáveis externas no desenvolvimento da economia e do mercado de capitais. Com o tempo, os investidores brasileiros passaram a diversificar seus negócios e participações no mundo, nos chamados mercados desenvolvidos, principalmente nos Estados Unidos. Assim, nossas fronteiras foram se abrindo para investimentos e começaram a ter relevância no nosso desempenho econômico-financeiro e no comportamento da nossa Bolsa.

À medida que a integração se ampliou, tornou-se imprescindível acompanhar seus movimentos, devido ao seu impacto nos mercados locais. Incluem-se nesses movimentos, por um lado, as diferentes crises ocorridas nos Estados Unidos com suas inevitáveis repercussões, e, por outro lado, as nossas

21

CRISES FINANCEIRAS

próprias crises, resultantes exclusivamente de nosso contexto interno. Esse panorama, brevemente descrito aqui, foi minha motivação principal para escrever este livro.

Esses acontecimentos, e em alguns casos suas repercussões, muito me impressionaram por sua dimensão e impacto tanto em suas respectivas economias como no exterior. Certamente o mais lembrado e marcante foi o crash de 1929, de escala e impacto nos mercados mundiais sem comparação com as tantas outras crises financeiras.

Sempre foi meu objetivo investigar algumas delas, identificando por que aconteceram e que lições poderíamos extrair disso. Em meados de 2021, com a publicação do livro *O Brasil tem medo do mundo? Ou o mundo tem medo do Brasil?*,[1] me senti disposto a contemplar essa possibilidade de trabalhar em um texto abrangente, que analisasse diferentes crises.

Seria obviamente um trabalho que demandaria auxílio e apoio financeiro. Considerando a possibilidade de me unir a um profissional de imprensa que, além de reconhecida competência jornalística, tivesse vivência na história de nosso mercado financeiro e de capitais, me lembrei de imediato do jornalista Fábio Pahim Jr., com quem me relacionava desde priscas eras do mercado, quando seu trabalho jornalístico e artigos publicados nos aproximaram. Desde que apresentei a ideia do livro, Fábio a abraçou com entusiasmo e forte motivação. Havia acabado de terminar uma obra comemorativa dos cinquenta anos da agora Apimec e estava disponível.

Na sequência, entrei em contato com Alfredo Setúbal, presidente da Itaúsa, com quem tive longa convivência, não somente como conselheiro do Itaú, mas também como mecenas, papel em que continua a ter grande relevância na promoção da cultura brasileira. Ao apresentar a ideia a Alfredo, ele não hesitou em dar seu apoio para a viabilização do projeto.

INTRODUÇÃO

Trabalhando em conjunto com Fábio Pahim Jr., definimos o roteiro, e o projeto deslanchou. Eu dispunha de farto material em meus arquivos e em bibliografia acumulada ao longo de muitos anos. Fomos agrupando os diferentes capítulos até que pudéssemos reuni-los numa sequência lógica, chegando à primeira de muitas versões. Devido ao quadro atual com a Guerra da Ucrânia, surgiu a necessidade de termos uma seção adicional abordando suas ramificações nos mercados financeiros mundiais e analisando as possíveis consequências. E depois, às vésperas do lançamento do livro, eclodiu o que talvez possamos chamar de maior crise já vivida pelos nossos mercados. Esse evento, que certamente fará parte da história do nosso país, obrigou-me a incluir um capítulo sobre as Americanas.

Vendo o trabalho tomar a consistência, o autor tem a sensação de que o esforço foi recompensado e o produto final atendeu aos seus objetivos. Isso somente foi possível graças a Fábio, Alfredo e Roseli Mayan, que foram de uma dedicação ímpar para que o livro se tornasse uma realidade. Não tenho palavras para registrar o meu reconhecimento a eles, cujo profissionalismo e dedicação superaram todas as minhas expectativas.

Os mercados entre as crises e a previsibilidade

Provavelmente você gostaria de saber como se comportará o mercado de ações hoje, nos próximos meses e nos próximos anos. Ou quando será a próxima grande crise. É possível que os mais ousados até tentem dar respostas com algum embasamento. Mas uma coisa é certa: elas ocorrerão, uma hora ou outra, em maior ou menor dimensão.

Queremos convidar você para a fascinante história de alguns momentos desse mercado. Muitos episódios notáveis

23

para os investidores e para as economias dos países serão apresentados nas próximas páginas. Será possível ver como se formaram as tempestades financeiras no Brasil e no mundo e o impacto sobre a economia, as famílias e as empresas. Mas, acima de tudo, este livro pretende mostrar que o mercado de capitais continuará desempenhando papel vital para o desenvolvimento dos países democráticos. A questão é percorrer os caminhos mais apropriados. E, ademais, submeter a escrutínio pelo menos dois desses caminhos.

O primeiro está centrado na hipótese de que boa parcela dos altos e baixos dos mercados seria previsível para os que acompanham de perto a política macroeconômica posta em prática pelos governos. Políticas fiscais e monetárias, em especial, mas sobretudo as perspectivas de crescimento das economias ajudam a guiar os investidores na busca de ações voltadas para o médio e o longo prazo. São esses investidores com horizonte mais longo os que mais nos interessam, pois a volatilidade do curto prazo misturada a lances ousados envolve muitos outros fatores — ou apostas, que embaçam a vista dos que conhecem o valor que os mercados de ações têm para a formação de capital fixo e para as economias. Cabe notar que fatores externos sempre tiveram influência decisiva sobre o comportamento dos mercados, principalmente no desempenho da Bolsa de Nova York. E, além disso, mercados tendem sempre a se ajustar.

O segundo caminho consiste em ter presente que eventos extraordinários de difícil previsão — descritos pelo trader e escritor Nassim Taleb no seu livro *A lógica do cisne negro* — poderão ter influência drástica sobre mercados, economias e pessoas. Cisnes negros, lembre-se, são eventos excepcionais e não previsíveis — como o ataque às Torres Gêmeas e, talvez, o fato de o governo dos Estados Unidos ter se recusado a apoiar uma solução para evitar a falência do banco Lehman Brothers

INTRODUÇÃO

em 2008. E, mais recentemente, a invasão da Ucrânia pela Rússia de Vladimir Putin.

Cabe olhar as forças que definem o tempo dos mercados. Nuvens pesadas, tempestades e furacões ameaçam o mercado de capitais desde sempre. Ora são manias — como a febre das tulipas de 1636 —, ora são movimentos especulativos previsíveis nos mercados de risco, ora são epidemias como a de covid-19 ou eventos imprevisíveis como os já citados ataques do Talibã de Osama bin Laden às Torres Gêmeas de Nova York e ao Pentágono, duas décadas atrás. Podem ser consequência de políticas de governos que desprezam princípios macroeconômicos ou interferem na gestão de empresas estatais com ações negociadas em Bolsa, impactando o capital do Tesouro controlador do negócio e de minoritários brasileiros e estrangeiros. Foi o que ocorreu com a Petrobras, historicamente submetida a pressões políticas e a abusos do sócio majoritário.

O contraponto é que o tempo fechado e até os momentos de pânico cedo ou tarde se dissipam e o sol ressurge. O mercado de capitais parece distante da "atração pelo abismo" político a que se referiu o pensador Bolívar Lamounier em artigo publicado pelo *Estadão* de 19 de junho de 2021, ao tratar das "querelas rigorosamente desprovidas de conteúdo" que despontam, nestes dias, "no âmbito das elites, públicas e privadas". Foi uma enormidade o que a covid-19 deflagrou, entende-se do texto de Lamounier.

Lembre-se de que, durante as crises, tem sempre alguém afirmando que o capitalismo acabou e que não há cura para as instituições se elas persistirem em determinado caminho. É preciso olhar com extremo cuidado para críticas infundadas, preconceituosas e que merecem franco repúdio. O capitalismo tem mostrado resiliência e adaptação às novas realidades.

25

O mercado de capitais possui uma incrível capacidade de regeneração. Esta aparece no aperfeiçoamento de leis e instituições, no combate aos aventureiros ou às práticas corrosivas, na presença de inovações ou, quando isso é possível, na recuperação das economias, com impacto direto na saúde das empresas. Os reguladores desempenham papel importante em proteger os investidores.

É a busca da prosperidade que deve iluminar o mercado de capitais. Pequenos e grandes investidores querem participar dos lucros das empresas. Veem a Bolsa como indicador de transparência e se organizam para que essa transparência seja elevada — que jamais será plena, mas que deve ser buscada continuamente.

A busca por transparência aparece, por exemplo, na demanda por princípios ESG (na sigla em inglês: meio ambiente, responsabilidade social e governança) e no imperativo econômico que esses conceitos representam para o setor privado. Fortaleceu-se no contexto da pandemia a cultura da responsabilidade social, essencial à competitividade das empresas. Em 2019, o jornal *Financial Times* estimou em 31 trilhões de dólares os investimentos de empresas e governos em iniciativas orientadas para princípios ESG. Como resultado, o Fórum Econômico Mundial calcula que esses investimentos propiciaram um aumento da lucratividade das empresas entre 25% e 36%; da inovação em 20%; e da habilidade de identificar e diminuir riscos negociais em 30%.

Este livro contém um trabalho de pesquisa das grandes inflexões de mercado. Destaca momentos cruciais da história dos mercados de capitais no exterior e avança na análise do caso brasileiro, em que até hoje, embora em grau menor do que no passado, ações têm de ser vendidas muito mais do que compradas, como ocorre na renda fixa. Mostra, em particular,

INTRODUÇÃO

o impacto das iniciativas de política econômica sobre os mercados e, no geral, o efeito de iniciativas (boas ou más) do conjunto de políticas públicas. Trata de situações de países que sofrem com guerras, movimentos sociais ou crises de saúde, como a pandemia de covid-19 que causou a morte de milhões de pessoas e abalou a saúde de muitas mais, levando governos a apresentarem soluções que oscilaram entre o negacionismo e o realismo efetivo. Governos que, em muitos casos, parecem ignorar as consequências de uma tragédia que afetará por décadas famílias e empresas, deixando um rastro de consequências difíceis de avaliar.

O mercado brasileiro de capitais extraiu lições valiosas das crises que viveu. Há 130 anos, na bolha acionária entre os anos 1888 a 1891, constataram-se os efeitos da abertura bem--intencionada promovida pelo então ministro Rui Barbosa, num tempo em que a política monetária era mal dosada e não havia agências públicas aptas a impedir a ação de aventureiros que vendiam promessas irreais ou deliberadamente vazias. Houve verdadeira febre de ipos, alimentada pela liquidez e pelo desejo generalizado de enriquecer aplicando em ações de empresas criadas do nada. Sobre esse tema, destaca-se a obra de Ybarra Barroso, cujos textos forneceram generosos subsídios a este livro. Quase meio século depois, o crash norte-americano de 1929 abalou a economia do mundo — atingindo também a economia brasileira, na qual uma onda de quebras abriu espaço para a ruptura política, visível na ditadura Getúlio Vargas.

Quatro décadas após o grande crash de Nova York, no início dos anos 1970, o mercado brasileiro de ações sofreu outro crash agudo, cujos efeitos perduraram até a metade daquela década. Em relação a essa crise, nos valemos em larga medida de textos do escritor e historiador Ney Carvalho. Como é usual na história brasileira e global, o governo se mostrou incapaz de evitar o

CRISES FINANCEIRAS

desastre e atuou de forma equivocada, intervindo no mercado. Em plena fase autoritária, transmitiu aos aplicadores a ideia de que as cotações das empresas acompanhariam o crescimento econômico, eufórico àquela altura. Ignorou que mercados não refletem o "oba-oba" das autoridades, mas o comportamento da massa de investidores e de gestores mais competentes e sensatos que tomam decisões com base em fatores resultantes de previsões realistas, e não especulativas. E não há como prever com um mínimo de rigor o comportamento dos investidores quando o efeito manada acaba prevalecendo. "Por que vocês estão vendendo ações e derrubando o mercado?", me indagou o então ministro da Fazenda Delfim Netto, à época responsável pela administração do fundo Crescinco. "Estamos vendendo porque os cotistas são vendedores e temos que dar liquidez vendendo ações da carteira. E como não aumentaram as vendas, temos que dar liquidez vendendo ações de carteira", ouviu Delfim como resposta. Muitos cotistas do Crescinco queriam dinheiro (liquidez) para subscrever ações, em geral de empresas novatas — e muitos desses papéis viraram pó ou passaram por dieta rigorosa pouco tempo depois.

É um exemplo da mentalidade resumida por uma frase muito repetida nos Estados Unidos desde os anos 1950: "A melhor propaganda para as ações são preços em alta. Não deveria ser assim, mas essa é a realidade". E não custa lembrar, como sempre alertou o empresário e corretor Aguinaldo Pires Couto, que dirigiu a Calispa, a caixa de liquidação da Bovespa, e presidiu a associação das corretoras, que "o mercado sobe no boato e cai no fato". São evidências do caráter volátil do mercado acionário, como nos lembra Eduardo Giannetti em seu magistral livro *Autoengano*.

Ainda assim, o crash de 1971 deixou legados valiosos ao empurrar o mercado para maior transparência das empre-

28

INTRODUÇÃO

sas. Entidades como a Apimec surgiram no Rio e em São
Paulo, criadas para estimular as empresas à abertura dos seus
demonstrativos financeiros e permitir visibilidade aos investidores. A recalcitrância ainda era forte, como no escandaloso
caso Audi da primeira metade dos anos 1970, analisado em
pormenores mais adiante. Mas o espaço já se abria naquele
momento para o advento de nova legislação das sociedades
anônimas e para a criação da Comissão de Valores Mobiliários, inspirada na Securities and Exchange Commission
(SEC) norte-americana. Esse tema também será abordado em
detalhes mais à frente.

Aumentou o risco de agir em detrimento do mercado e de
acionistas minoritários, como se viu nos episódios envolvendo Petrobras e Vale patrocinados pelo governo federal, ou em
outro rumoroso evento registrado na esfera privada — o caso
Nahas —, cujo efeito mais notório foi levar à quebra da Bolsa
de Valores do Rio de Janeiro. Na década passada, foi dramático
para os investidores o caso das empresas X, do empresário
Eike Batista, que haviam chegado a posições de liderança no
ranking bursátil pelo critério de *market cap* (capitalização da
empresa na Bolsa).

A força do mercado de capitais local cresceu muito com a
abertura ao investimento estrangeiro, promovida pela CVM na
gestão do jurista Ary Oswaldo Mattos Filho, nos anos 1990. Na
década seguinte, superado o descontrole inflacionário graças
ao Plano Real implantado no período do presidente Fernando
Henrique Cardoso, o mercado de capitais ganhou melhores
condições para se expandir e ser competitivo.

A capitalização bursátil ou *market cap* passou de 3,5% do
Produto Interno Bruto (PIB) em 1990 para 33,5% do PIB em
1994. As crises cambiais da segunda metade dos anos 1990
derrubaram o *market cap* para 21% do PIB, menor nível entre

29

CRISES FINANCEIRAS

1995 e 2000. Com a recuperação da economia global e seus efeitos positivos para o Brasil, o indicador já superava, em 2007, os 87% do PIB. Depois caiu para 66% em 2010 e para 32% em 2015, em plena recessão do período Dilma Rousseff. A capitalização retornou a 64% do PIB em 2019 graças à política econômica sensata de Michel Temer, atingindo 68,8% em fins de 2020 apesar da crise da covid-19, e, em maio de 2021, chegou a 73% do PIB em decorrência dos sinais de melhora nos negócios, cedendo depois disso em face das incertezas na condução da política econômica. Em dezembro de 2021, essa relação era de 52,2%.

Em resumo, a Bolsa responde a fatos, em muitos casos antecipadamente, sejam esses fatos previsíveis ou imprevisíveis. Movimentos especulativos podem nublar o horizonte, sem que os indicadores de oferta e demanda de ações possam ser desprezados. Isso ocorre no Brasil e no mundo. Em 1929, no crash de Nova York, muitos investidores teriam saltado para a morte jogando-se de prédios altos (o que não foi comprovado) e pessoas de grande cultura — caso de economistas como Irving Fisher e de políticos como Winston Churchill — perderam em poucos dias parte do que haviam amealhado ao longo da vida.

Fraudes gigantescas também estão volta e meia presentes. O esquema Ponzi de pirâmide praticado por Bernard Madoff em 2008 provocou prejuízo da ordem de 65 bilhões de dólares a investidores que acreditaram nas promessas milionárias de Papai Noel (e foram enganados, claro). Madoff tinha bom currículo até partir para o crime. Chegou a dirigir a Nasdaq, o gigantesco mercado norte-americano de acesso de ações novas. Usou o esquema de pirâmide, ou Ponzi, no qual o valor devido a clientes antigos é suprido pelas entradas de recursos de clientes novos, até o momento em que não há novos clientes e o esquema não se sustenta. No Brasil, em pleno ano de 2021,

30

INTRODUÇÃO

pirâmides voltaram a ameaçar investidores incautos, logrados por criminosos hábeis em usar as redes sociais. Mais do que golpes, os desafios atuais, com grande potencial destrutivo, parecem enormes. Três deles, em especial, merecem atenção. O primeiro é a revolução em curso na área financeira, em que se mesclam a força — e os perigos — da internet nos negócios bancários com a inteligência artificial, a digitalização e o chamado *open banking*. O Banco Central vem fazendo enormes esforços para reduzir o custo do dinheiro, mas não tem meios para enfrentar os ônus da tributação elevada e da inadimplência contemporizada por parte do Judiciário. Também é notório o esforço para aumentar a competitividade. Porém o BC não pode enfrentar o obstáculo principal: o desequilíbrio histórico das contas públicas que faz do Tesouro o grande tomador de recursos via emissão de papéis públicos, reduzindo a oferta de recursos para o setor privado e ameaçando desonrar precatórios. Foi votada e aprovada a Proposta de Emenda Constitucional (PEC) do Calote — nome mais apropriado para qualificar a PEC dos precatórios. Ela permitiu postergar no tempo o pagamento de dívidas líquidas e certas dos entes públicos (precatórios da União, dos estados e dos municípios) com pessoas físicas e jurídicas, baseadas em sentenças transitadas em julgado. Assim se pôs por terra a regra do teto para os gastos fiscais federais. Nesse quadro, quando a autoridade monetária aumenta os juros para debelar os efeitos previsíveis da inflação, estimulam-se as aplicações em títulos de dívida que aumentam sua rentabilidade de juros crescentes.

O segundo desafio é o impacto dos criptoativos — os bitcoins e outros instrumentos monetários privados semelhantes — na vida econômica e financeira das pessoas e das empresas. Segundo o jornalista Martin Wolf, do *Financial Times*, no início de 2022 esses ativos apresentavam valores da ordem de

CRISES FINANCEIRAS

2 trilhões de dólares. E, ao continuarem crescendo, punham em xeque autoridades conscientes dos riscos de operações nocivas, como o "esquentamento" de dinheiro sujo e o financiamento de atividades criminosas, como o tráfico de entorpecentes, as guerras civis ou a ação de hackers que se organizam para extorquir empresas com amplas bases de clientes. É emblemático o caso dos hackers, problema cuja gravidade fez dele um dos temas centrais das conversas — até aquele momento mais civilizadas — entre os chefes de Estado Joe Biden e Vladimir Putin no segundo trimestre de 2021 (lembrando que hackers sediados na Rússia são vistos como uma ameaça à política e à economia norte-americana e mundial).

O terceiro desafio foi a explosão da liquidez nos Estados Unidos, consequência de políticas de combate à crise da covid-19 e de ambiciosas iniciativas do governo Joe Biden para recuperar a força da economia norte-americana, que não dispõe hoje do fôlego da era Reagan, nos anos 1980, quando o chefe do Federal Reserve (Fed), Paul Volcker, subiu violentamente os juros e impôs o arrocho aos rumos monetários do mundo. Não parece haver ninguém com bola de cristal para prever todo o impacto do afrouxamento monetário de 2021 sobre a economia dos Estados Unidos e do mundo e sobre os mercados de capitais, com inflação em doze meses no maior nível em quatro décadas (8,5% em março de 2022). Em uma entrevista ao *Valor*, publicada em 27 de outubro de 2021,[2] Nouriel Roubini tratava como real uma possível estagflação, risco que não se circunscreve apenas ao Brasil; é global. Temor semelhante foi expresso pelo economista Barry Eichengreen em entrevista ao *Estadão* em 28 de março de 2022.[3] O risco ficou patente desde o segundo semestre de 2021, quando a inflação já ultrapassava os 6% em doze meses, pondo sob guarda consumidores e investidores, desacostumados a lidar com a inflação.

32

INTRODUÇÃO

A combinação de inflação alta e política monetária apertada provocou em março de 2023 o temor de uma crise bancária nos Estados Unidos: o Silicon Valley Bank (SVB) quebrou, e depósitos de mais de 150 bilhões de dólares dos clientes não tinham cobertura do Federal Deposit Insurance Commission (FDIC), um mecanismo de seguro para aplicações de até 250 mil dólares. O SVB era uma das instituições favoritas de start-ups e milionários da Califórnia, ligados a empresas de tecnologia. A quebra, decorrente do descasamento entre ativos e passivos, levou o Fed a abrir um programa emergencial de liquidez para os bancos, levando à suposição de menor aperto monetário. Com poucos dias de diferença, dois outros bancos americanos, de menor porte que o SVB, também quebraram: o Signature e o Silvergate, especializados em criptomoedas.

Tão ou mais ameaçadora foi a constatação de que se agravou a situação do segundo maior banco da Suíça, o Credit Suisse, nesse caso devido à inconsistência de balanços e lançamentos contábeis, como admitiu a diretoria da instituição. Quando um dos grandes acionistas, o Saudi National Bank, com quase 10% do capital, afastou a hipótese de capitalizar o banco, as ações do CS despencaram no mercado. Faz lembrar, em plano diminutivo e com características bem diversas, os problemas com as contas das Lojas Americanas, no Brasil, que quebrou em fevereiro de 2023. Na Europa, a ameaça de uma grande crise financeira só foi amenizada com a decisão do Banco Central suíço de suprir o CS com linhas de mais de 50 bilhões de dólares para evitar uma corrida dos depositantes, que poria em risco a solvência da instituição — afastada com o anúncio de compra do CS pelo Union des Banques Suisses (UBS), o maior do país, por 3,2 bilhões de dólares. Entrementes, o Banco Central europeu decidiu manter o aperto monetário, elevando em 0,5 ponto porcentual a taxa básica em 16 de março de 2023.

CRISES FINANCEIRAS

Tal é o cenário posto à frente nestes tempos difíceis, em que o mundo assiste à tentativa dos Estados Unidos de retomar a liderança econômica global, fortemente ameaçada pela presença agressiva da China no comércio internacional e como forte investidora na América Latina e na África. Ainda maior é o risco do afastamento das maiores potências autoritárias — China e Rússia — do mundo ocidental, onde predominam os princípios da democracia liberal. Para piorar, a guerra da Rússia contra a Ucrânia, que abala o mercado de commodities, deixará sequelas econômicas importantes ao inflacionar os preços da energia e dos alimentos.

No Brasil, alguns pontos positivos se destacaram no passado recente. Houve, por exemplo, avanços institucionais notórios na área monetária. As bem-sucedidas Agenda + e Agenda # do Banco Central, postas em prática por Ilan Goldfajn e Roberto Campos Neto, permitiram reduzir os juros a níveis historicamente baixos. Mas essa política teve de ser interrompida. A inflação recente veio principalmente da ruptura das cadeias de fornecimento de produtos causada pela pandemia e pela quebra das safras agrícolas, das cotações altas das commodities e do câmbio — e da guerra na Ucrânia —, exercendo pressão sobre a Selic, que voltou à casa dos dois dígitos. O BC tenta, enfrentando graves obstáculos, conseguir que o Índice Nacional de Preços ao Consumidor Amplo (IPCA) retorne ao centro do regime de metas de inflação. Precisará ser bem-sucedido para que os juros possam ser contidos, assegurando mais competitividade ao mercado de capitais. Um número crescente de empresas depende desse mercado para reforçar o ingresso de recursos não exigíveis e para investir. E assim atacar o maior dos problemas da economia brasileira: a necessidade de aumento da formação bruta de capital fixo (FBCF).

INTRODUÇÃO

Infelizmente, governantes nem sempre têm noções básicas de economia. Alguns ignoram, por exemplo, que um dos grandes nutrientes do capital é a confiança depositada em governos competentes, sérios e capazes de formular políticas de longo prazo, voltadas para a acumulação e a distribuição de riquezas para a população. Em resumo, é crucial oferecer os ingredientes básicos: credibilidade e previsibilidade.

Governos financeiramente exauridos — ou à beira do precipício, como admitem economistas como Arminio Fraga, ex-presidente do BC — não podem investir o necessário nem em segmentos dependentes da ação do Estado, como a infraestrutura. É do setor privado que virá, se isso for possível, a recuperação econômica do país. O mercado de capitais tem total relação com isso.

Desde a segunda metade da década passada, fatos relevantes se sucederam, afetando os mercados acionários. Entre 2016 e 2019, período em que houve expressiva alta no valor das ações, crescia rapidamente o número de investidores em renda variável na B3 — hoje beirando a casa dos 4 milhões. Já nos dois primeiros anos da década em curso, a pandemia de covid-19 e, mais recentemente, a invasão da Ucrânia jogaram água fria no balde das ações. Quando — e se — as economias voltarem a se animar, deixando mais dinheiro no caixa das pessoas e das empresas, teremos certamente novos momentos de euforia, fazendo aflorar os sonhos de investidores de multiplicar seu capital e, de preferência, fazer fortuna rapidamente. Além disso, como aponta o economista e filósofo Eduardo Giannetti da Fonseca, em entrevista ao coordenador editorial deste livro, Fábio Pahim Jr., ao longo da vida o homem tem de escolher se prefere poupar para a velhice, usufruir o presente ou procurar um meio-termo entre as duas opções.

Mas é nas fases de euforia, observa Giannetti, que a psicologia do investidor se apresenta mais nítida. "As pessoas que veem a riqueza crescer não querem ficar fora da festa", observa. "Elas querem embarcar nisso", completa o filósofo, olhando para a história das grandes crises que abalaram o mercado de capitais externo e interno nos últimos séculos.

Segundo Giannetti, "é nos momentos ascendentes que a euforia ganha vida própria da qual as pessoas não querem sair". Há uma psicologia subjacente comum que "é um estado de mania, desconectado do mundo real". O que muda no tempo "são a escala e as comunicações".

O filósofo vê no aumento do número de investidores em ações registrado nos últimos anos no Brasil a democratização do acesso às bolsas. Já não há, como no passado, "a barreira que é contratar uma corretagem" (e pagar por ela). Com o avanço da internet, hoje as pessoas tomam contato com o mundo corporativo e com as realidades empresariais. "É um amadurecimento da sociedade brasileira, ainda que não haja maior expressão individual." Trata-se, ainda, de um elemento educativo. "Mas é importante que as pessoas estejam conscientes de que se trata de um mercado de renda variável, daí a importância da qualidade da informação."

Em parte, Giannetti já havia abordado essas questões em um de seus livros mais importantes — *Autoengano*, de 1997 —, em que trata da figura do empreendedor, figura essa que se assemelha à do investidor. Ele aborda a decisão de investir, ou seja, empatar capital próprio ou de terceiros na montagem de um novo negócio, compra de equipamento, treinamento de mão de obra ou criação de um laboratório de pesquisa (ou, acrescente-se, adquirir ações).

INTRODUÇÃO

"Uma decisão racional", assinala Giannetti, "seria aquela baseada num levantamento completo de todas as informações relevantes, de modo a eliminar ao máximo a incerteza sobre a viabilidade e o retorno do investimento. Mas como chegar lá? Quanta informação seria necessária para se tomar uma decisão racional?" Encaminhar a resposta exige mais reflexão. Como escreveu Giannetti: "A informação que se tem não é a informação que se quer. A informação que se quer não é a informação da qual se precisa. A informação da qual se precisa não é a informação que se pode obter. A informação que se pode obter custa mais do que se quer pagar".

Ou seja, a discussão subjacente é a de que

se todos os empreendedores [investidores] potenciais agissem como calculistas prudentes, e só fizessem novos investimentos quando estivessem de posse de tudo aquilo de que precisam para estar racionalmente seguros de que não sairão perdedores em suas apostas, o ânimo empreendedor [investidor] definiharia e a economia entraria em séria depressão.

Giannetti acrescenta:

O hiato entre o cálculo racional e a ação empresarial é preenchido pelo que Lord Keynes chamou de *animal spirits*: "[a maior parte das nossas decisões] de fazer algo positivo [...] só pode ser entendida como o resultado de *animal spirits* [...] e não como o fruto de benefícios mensurados multiplicados por probabilidades mensuradas [...]. A iniciativa individual somente será adequada no momento em que o cálculo racional for complementado e sustentado por *animal spirits*, de tal modo que a antecipação da perda final que por vezes alcança os pioneiros,

37

CRISES FINANCEIRAS

como a experiência sem dúvida revela a eles e a nós, seja afastada e posta de lado, assim como um homem saudável afasta a expectativa da morte".

Para complicar, a tecnologia cria barreiras ao acesso à informação, ao contrário do que se possa imaginar. Como afirma Giannetti, "ainda não estamos aptos a filtrar devidamente a informação que a internet despeja sobre nós. Há um fechamento quando as pessoas buscam confiança naquilo em que acreditam, pois houve uma ampliação muito grande do espaço informacional".

Se as características essenciais do investidor em nada mudaram, não significa que os investidores são todos iguais. Há vários tipos de investidores — pequenos, médios, grandes — e com variadas disposições de correr riscos — altas, médias, baixas. Por isso há várias psicologias do investidor. Giannetti explica que

para muitos, estar à beira do absurdo é um objetivo claro. Outros têm uma prudência de granito, não se deixam seduzir. O problema é quando se torna dominante o espírito das manias. Os ativos do mundo, não os do Brasil, estão no mínimo supervalorizados. Lembro-me de que nos tempos de Paul Volcker à frente do Fed, a relação entre os ativos financeiros e o PIB mundial era da ordem de 100% — e hoje está em 450%.

Face à natureza dos riscos envolvidos nas decisões, Giannetti lembra um caso familiar. Depois de um insucesso empresarial, o pai do filósofo — o respeitado líder empresarial Justo Pinheiro da Fonseca — falava com ironia sobre a riqueza: "Só considero ganho o dinheiro que você gastou".

Voltando aos *animal spirits*, Eduardo Giannetti define: "É

INTRODUÇÃO

um impulso da vida. Não passa pela razão. A ganância sempre existirá. O problema é quando se perde o pé. A diferença são as oportunidades. A festa é boa, mas é sempre preciso estar perto da porta". A importância dos mercados é agregar valor social às atividades, mas não é o que ocorre no mundo financeiro, enfatiza. "A psicologia humana não vai mudar."

Lembrando que ciclos de euforia e de queda abrupta fazem parte dos mercados, Giannetti conclui:

Quando há um crash, há sempre um esforço de regulamentação. A questão é que os especuladores são mais rápidos. Lembro-me da Linha Maginot, que se pretendia inexpugnável, mas logo foi superada pelos alemães na Segunda Guerra. Não há segurança de que a criatividade demoníaca dos agentes econômicos não prevaleça. E os grandes cérebros serão sempre contratados pelos bancos.

Mundo

Crédito farto e crescimento na história das velhas bolhas

CRISES ESPECULATIVAS E MONETÁRIAS movidas a crédito — em especial nos mercados de ações e de commodities — são frequentes na história do mundo. Tanto que, bem antes da existência de instrumentos de troca ou de moedas de curso forçado como os conhecemos hoje, investidores e especuladores argutos ou detentores de informações exclusivas já tiravam proveito das deficiências dos mercados para lucrar. Foi assim com o pensador grego Tales de Mileto, que viveu na era pré-socrática. Astrólogo conhecido, previu meses antes a ocorrência de uma grande safra de azeitonas. Era o ano 585 a.c., e Tales de Mileto tomou dinheiro emprestado para alugar as prensas disponíveis para esmagar as azeitonas e produzir azeite. Confirmada a safra, fez fortuna repassando as prensas aos produtores de azeite sem meios para estocar a safra gene-

CRISES FINANCEIRAS

rosa. O que o filósofo grego fez com êxito não é muito diferente do que os irmãos Hunt e Naji Nahas tentaram fazer sem sucesso em 1979 no mercado da prata, nos Estados Unidos, que trataremos mais adiante. Novamente aqui o crédito deu fôlego à busca de controle do mercado.

Mas se em relação à Grécia antiga faltam documentação e referências precisas, melhor olhar a história das bolhas e manias a partir do que ocorreu na Holanda em princípios do século XVII. Em 1633, surgiu ali a Mania das Tulipas. A trama que se desenrolou durante anos muito se assemelha a tantas outras que até hoje ameaçam os mercados, em que a falta de informações precisas sobre as empresas e a euforia que domina investidores em busca de fortuna fácil e rápida provocam desastres no particular e crises no geral, balizadas pela estreiteza dos volumes negociados e pela ausência de uma massa de investidores dispostos a atuar em fases boas e em fases ruins dos segmentos de risco.

Não foi ao acaso a localização das primeiras grandes crises das bolhas e manias. A Europa era então o grande núcleo do comércio, da inovação e das transações financeiras — e a Holanda estava no centro do comércio europeu, com destaque para a intermediação de produtos têxteis. Se a primeira Bolsa de Valores do mundo (Bruges) havia nascido em 1309 na vizinha Bélgica, a Bolsa de Amsterdam, de 1602, foi a primeira a negociar ações e logo se fez mais importante.

Lembro-me de ter visitado o espaço da primeira Bolsa de Valores, a céu aberto, em Bruges. Ao questionar o motivo, recebi a seguinte resposta: para que Deus pudesse acompanhar a negociação das ações. Deus como regulador e árbitro da ética nas transações?

A economia holandesa vivia bons tempos. O consumo crescia. A maior empresa da época — a Companhia das Índias

42

MUNDO

Orientais — era lucrativa e o preço de suas ações subia. Também era forte a demanda por bens imóveis.

Havia, enfim, um ambiente favorável para as transações. Nada mais propício para o surgimento de um novo negócio, ainda mais relacionado com uma paixão nacional dos holandeses — as flores. Como notou Edward Chancellor em *Salve-se quem puder*, os holandeses "encontraram na tulipa o canal que lhes permitiria combinar seu amor pela exibição com a ávida busca pela riqueza".

Introduzida na Holanda no século XVI, as tulipas deixaram de ser plantadas apenas nos jardins das mansões e conquistaram milhares de adeptos. Os bulbos eram fáceis de cultivar, não exigiam áreas grandes e havia muitas variedades. As mais exóticas eram negociadas a preços altos ou exorbitantes. Segundo Chancellor, uma *Semper Augustus* chegou a ser vendida por 1200 florins, dinheiro que permitiria comprar um pequeno imóvel em Amsterdam.

A Mania das Tulipas ganhou corpo por volta de 1634, quando os vizinhos franceses acordaram para o que se passava na Holanda e para a possibilidade de lucro rápido com os bulbos. O mercado dessas flores se multiplicou. Transações eram feitas em salas privadas alugadas por comerciantes de bulbos, às quais muitos interessados tinham acesso. O crédito era decisivo, fornecido pelos vendedores aos compradores — e entre 1635 e 1637 surgiu um mercado a termo de tulipas. Mas não havia regras que assegurassem a entrega dos bulbos. Eram mercados sem transparência, sem governança e sem fiscalização.

Com os preços nas alturas, a hora da verdade era questão de tempo. Afinal, mercados dependem de oferta e demanda, e o ajuste era inevitável. Em 3 de fevereiro de 1637, quando havia mais vendedores do que compradores, o mercado quebrou. Quem tomara empréstimo para comprar tulipas ficou inadimplente. Incautos penhoraram casas para entrar no mercado ou aumentar as posições — e acabaram sem nada. Situação semelhante viria a ocorrer na Bolsa de Nova York em 1929 e no mercado acionário brasileiro em 1971.

Mas os historiadores ressaltam que, embora houvesse alguns milhares de especuladores na Holanda do século XVII, muitos dos quais pertencentes às classes menos favorecidas, a Mania das Tulipas não chegou a afetar a economia holandesa como um todo. Em 1638, ela passou para a história quando o governo permitiu que os contratos fossem anulados mediante o pagamento de apenas 3,5% dos valores ajustados — o que dá ideia do prejuízo das partes.

A bolha da South Sea Company

Quase um século após a Mania das Tulipas surgiram dois grandes empreendimentos, um de origem britânica e o outro de origem francesa, que mesclavam interesses do Estado com interesses privados. Eram uma espécie de parceria, ainda que pouco se assemelhassem às parcerias público-privadas existentes no Brasil de hoje. Nos dois casos, o crédito alimentou as bolhas.

As parcerias eram então acordos entre soberanos, políticos e empresários em que as regras principais não eram conhecidas do público nem objetivavam o interesse público. Algo semelhante às emendas secretas do orçamento de 2022 no Brasil. Mas em vez de tratores, escolas ou mirantes, políticos, altos funcionários e amantes reais recebiam ações da South Sea Company, também conhecida como Companhia dos Mares do Sul. Por baixo dos panos e sem nenhuma conexão com políticas públicas.

MUNDO

A South Sea Company foi fundada na Inglaterra em janeiro de 1711 para assumir a dívida nacional britânica em troca do pagamento anual de juros (anuidades) e do monopólio do comércio com as colônias espanholas na América do Sul. Esses direitos permitiram à empresa atrair acionistas. As ações tinham a garantia das anuidades. A empresa prometeu pagar ao governo 7,5 milhões de libras e foi autorizada a emitir 31,5 milhões em ações. Quanto maior a valorização das ações, maior o lucro dos acionistas, dos diretores e da própria companhia. Foi um negócio nebuloso e muito lucrativo para os insiders, mas nem o rei nem alguns altos funcionários e muito menos os pequenos aplicadores se saíram bem no final do processo.

O ano de 1720 marcou a especulação desenfreada com as ações da empresa. Em apenas sete meses, o valor dos papéis subiu de 128 para mil libras. Investidores pipocavam, e a Coroa inglesa abriu os cofres. Linhas de crédito vultosas foram liberadas para a expansão dos negócios. Segundo a BBC, "o crescimento rápido do valor das ações gerou um frenesi especulativo". O papel do crédito foi decisivo. Subscrições em dinheiro para pagamento a prazo atraíam milhares de pessoas, que rumavam do interior para Londres a fim de comprar as ações, ignorando o alerta de que a única garantia dos investidores era a dos juros anuais de 5% devidos pelo Tesouro, o que só justificaria, calculava-se à época, uma cotação da ordem de 150 libras por ação. Os grandes promotores da febre especulativa eram diretores da South Sea Company. Daí os autores Charlie Kindleberger e Robert Aliber terem classificado a operação não como uma bolha típica, mas como um golpe, descrito no livro clássico *Manias, pânicos e crises*.

Pequenos investidores que tomaram financiamento da empresa para subscrever as ações não tiveram como pagar e incorreram em enormes perdas. O célebre físico e matemático

45

CRISES FINANCEIRAS

descobridor da lei da gravidade Isaac Newton, que dirigia a
Casa da Moeda, foi um dos perdedores. Ele fizera uma pequena transação lucrativa com as ações da empresa e tentou repetir a dose, mas perdeu 20 mil libras. Bispos e fiéis perderam
fortunas. Com a queda brutal das cotações, bancos que haviam
concedido empréstimos com base em preços elevados também
quebraram. Mas como os acionistas mais fortes haviam saído
a tempo, a quebra não abalou a economia inglesa.

A bolha do Mississippi

Ainda mais emblemática daqueles tempos de bolhas especulativas foi a que ocorreu com a Companhia do Mississippi
— como ficou conhecida a Compagnie de la Louisiane et de
l'Occident. Criada em 1684 em Paris, ela se inspirou no que
fizeram os ingleses que tentaram extrair lucros fáceis da South
Sea Company. Os historiadores, inclusive, costumam associar
as duas bolhas.

A Companhia do Mississippi teve como figura central o
escocês John Law, conselheiro real, banqueiro bem-sucedido,
economista astuto e personagem com nódoas no currículo. As
histórias de Law aparecem no livro *A história das ilusões e loucuras das massas: As armadilhas dos cisnes negros*, escrito em
1841 por Charles Mackay. Amigo do duque de Orléans, então
regente da corte de Luís XV, que herdou o trono de Luís XIV aos
cinco anos, Law fundou o primeiro Banco Central da França,
o Banque Générale, que introduziu o papel-moeda no país.
Law adquiriu a Companhia do Mississippi para desenvolver os
territórios franceses situados numa área extensa dos Estados
Unidos, estimada em 30% do território norte-americano como
o conhecemos hoje. Em 1719, a Banque Générale foi rebati-

46

MUNDO

zada como Banque Royale e se fundiu com a Companhia do Mississippi. Law era então ministro das Finanças da França. A promessa da Companhia do Mississippi era extrair riqueza — metais preciosos como ouro e prata e recursos minerais — dos novos territórios. Uma vez descobertos e explorados, os metais dariam lastro à moeda. Mas os sonhos se frustraram. Nem o direito de cobrar tributos nem o de explorar todo o comércio francês fora da Europa fizeram da empresa uma fonte de recursos para o erário ou inspiraram a confiança na economia no longo prazo.

Porém, no início de 1719, quando as ações da Companhia do Mississippi começaram a ser vendidas — e quitadas com notas bancárias ou dívida do governo —, poucos imaginavam que seu futuro seria tão incerto. O problema é que, com sucessivas emissões de papel-moeda, houve uma verdadeira orgia monetária promovida por Law. Os primeiros resultados das emissões frenéticas encantaram a Coroa, que se entusiasmou com a febre de consumo e de novas construções. Mas as emissões excederam em muito o lastro — as escassas reservas de ouro e prata do Tesouro.

Não havia então uma política monetária convencional nem papéis da dívida pública para enxugar o mercado, como acontece hoje. Os preços de bens em geral se multiplicaram, e o resultado foi hiperinflação. As ações da empresa, inicialmente vendidas a quinhentas libras cada, atraíram investidores de todas as classes sociais. No final de 1719, chegavam a ser negociadas por 10 mil libras.

Cotações tão altas tornaram Law riquíssimo e muito poderoso. Aplicadores de todas as classes sociais se sentiram ricos, e camponeses puderam comprar itens de luxo. A combinação de cotações altas e de milhões de notas de banco em circulação deu origem à palavra *milionário*. E a roda da fortuna conti-

47

nuou girando. Para permitir a subscrição de mais ações da Mississippi demandadas pelas pessoas, Law imprimiu mais dinheiro.

Até que em janeiro de 1720, quando os aplicadores tentaram realizar os lucros, os preços das ações da Mississippi começaram a cair. Investidores vendiam ações e queriam ouro e prata em troca da moeda recebida. Para evitar o esgotamento das reservas, a quantidade resgatável de ouro e prata foi limitada a cem libras.

Segundo o Instituto Mises Brasil,[1] os eventos fizeram a França entrar em depressão econômica. Em apenas quatro anos, o colapso da Companhia do Mississippi e do sistema de papel-moeda criado por Law afundou a França e quase toda a Europa numa recessão econômica que perdurou por muito tempo. Criava-se o caldo social que levaria à Revolução Francesa algumas décadas mais tarde.

O maior crash das bolsas e seus efeitos

A prosperidade norte-americana dos anos 1920 foi bruscamente interrompida no final daquela década pelo maior crash da história das bolsas, registrado em 1929 em Nova York. Os efeitos se espalharam para mercados e economias de todo o mundo. O crash deve ser visto tanto pela óptica de pessoas comuns e de notáveis que participaram daqueles momentos, como pelos fatos que antecederam a crise — o rápido crescimento da economia norte-americana, a oferta generosa de crédito, a alavancagem das operações de Bolsa e a euforia presente no país na segunda metade dos anos 1920.

Predominou, na maior parte da década de 1920, a suposição de que os Estados Unidos haviam ingressado numa era

MUNDO

de prosperidade contínua, em que as oscilações previsíveis nos ciclos econômicos poderiam ser evitadas com mecanismos institucionais inovadores. Amparada no crédito farto, essa crença alimentou o mercado acionário.

Entre os fatos que justificavam as expectativas favoráveis estava a criação do Federal Reserve System (o Banco Central dos Estados Unidos), em 1913. A política do Fed permitiria não só exercer controle sobre os níveis de juros como atuar na compra e venda de títulos públicos, evitando que excessos de liquidez provocassem surtos inflacionários. Mas alimentou a festa ao reduzir os juros básicos em meados dos anos 1920. Políticas monetárias bem conduzidas podem atenuar crises ou conter grandes distorções, como a inflação, porém não podem tudo.

A COLUNA SOCIAL DA CRISE

Vale lembrar algumas figuras-chave de uma espécie de coluna social da época pré-crash. Entre elas estão políticos, economistas, consultores e jornalistas, personalidades que empobreceram, enriqueceram ou simplesmente opinaram sobre a crise. Elas são a prova de que emoções não combinam com análises críticas. E que os sonhos de enriquecer com ações — como se fosse uma loteria — alimentam não apenas a imaginação do homem do povo, mas também de gente com grande influência política, social e econômica.

Joseph (Joe) Kennedy foi um deles. Político, embaixador dos Estados Unidos em Londres, empresário e primeiro presidente da Securities and Exchange Commission, era amigo de Franklin Delano Roosevelt e tinha como filho John Kennedy. Joe é um exemplo de comportamento do especulador norte-americano dos anos 1920, que se aproveita de qualquer oportunidade — nem sempre lícita — para encher as burras (qualquer comparação com muitos políticos brasileiros não seria fortuita).

CRISES FINANCEIRAS

Em seus 81 anos de vida, Joe percorreu as mais diversas veredas, da proximidade com as maiores lideranças da época aos ínvios caminhos da informação privilegiada (*insider trading*), do contrabando e até da vingança contra os que se interpuseram em seus passos ou lhe viraram a cara. Fez fortuna com ações e consolidou os ganhos vendendo os papéis da carteira no auge do boom, em 1929, trocando a aplicação por imóveis. Antes disso, em 1928, havia aumentado seus investimentos no setor cinematográfico, formando a RKO.

Ronald Kessler, no livro *The Sins of the Father* [Os pecados do pai], uma biografia de Joseph P. Kennedy, assim retratou o personagem: "O patriarca da versão norte-americana da família real britânica fundou uma dinastia que produziu o primeiro presidente católico da nação norte-americana. Também rendeu três senadores, um procurador-geral e três membros do Congresso, assim como futuros candidatos que, seguindo seu eminente exemplo, provavelmente iriam influenciar a política americana. [...] Mas se ele conseguiu poder além dos seus sonhos mais delirantes, foi a um custo colossal".

Sir Winston Churchill, vencedor da Segunda Guerra Mundial e provavelmente o mais famoso dos políticos ingleses do século passado, perfilou no rol dos perdedores no mercado de ações. Seu momento mais crítico foi vivido no dia do pânico, a quinta-feira negra de 24 de outubro de 1929. Churchill estava na galeria dos visitantes da Bolsa de Nova York a convite de um transeunte que o identificou na rua. Pouco antes da derrocada, Churchill mandara aplicar em ações 20 mil libras que ganhara com conferências e textos jornalísticos. Mas o corretor foi além, usando os recursos em mercados de margem, o que multiplicou os prejuízos. Dias antes, ele havia escrito à esposa que a Bolsa vinha lhe dando grandes alegrias. Naquele outubro de 1929, ele estava em Nova York a convite de Percy Rockefeller, um empresário presente em vários pools de ações, e havia encontrado Bernard Baruch, qualificado pelo escritor Edward Chancellor como um "financista aristocrata" de Nova York. Personalidade influente, era ouvido habitualmente pela imprensa e ajudava a formar opinião.

50

MUNDO

Os artistas Groucho Marx, Irving Berlin e Eddie Cantor especularam nas operações com margens e perderam fortunas, enquanto Charles Chaplin fez o caminho inverso, vendendo suas ações um ano antes do crash.

O investidor Benjamin Graham, que inspirou o bilionário Warren Buffett e foi incluído entre os maiores nomes de todos os tempos do mercado de ações no livro *Os grandes investidores*, escrito por Glen Arnold, perdeu 70% do seu capital no período 1929-32, mas não perdeu a fé no mercado. Conseguiu recuperar o dinheiro dos que investiram com ele e se tornou um grande vencedor até sua aposentadoria, em 1956.

O economista de Yale Irving Fisher foi outra grande vítima do crash não só pelos prejuízos que teve, mas pela afoiteza de suas previsões. Em 1929, ele afirmou: "Os preços das ações atingiram o que parece ser um platô permanentemente elevado". Irving Fisher ficou famoso pela escorregadela. Mas conceitos esdrúxulos como esse constituem uma constante em tempos de euforia. No final do século passado, o então presidente do Fed Alan Greenspan parecia supor que a "exuberância irracional" a que ele próprio se referira parecia estar superada pela capacidade da economia norte-americana de crescer por longo período. Greenspan, mais tarde, fez uma autocrítica.

Era tempo de grandes fusões e de aumento da produtividade, graças ao incremento das economias de escala. Ganhavam notoriedade os homens de negócio, que não só impulsionavam a indústria e os serviços como contratavam cientistas para desenvolver novas tecnologias que tornariam a atividade econômica mais eficiente.

Os investidores no mercado de ações seriam beneficiários naturais desses avanços econômicos. De preferência, com a chancela de pensadores notáveis, como revela o exemplo extraído do livro de Chancellor. Em 1924, o célebre economista John

51

CRISES FINANCEIRAS

Maynard Keynes escreveu uma resenha favorável a um folheto de Edgar Lawrence Smith denominado *Common Stocks as Long Term Investments* [Ações comuns para investimentos de longo prazo]. Essa espécie de aval de Keynes pode ter contribuído para um aumento do otimismo em tempos já promissores. O problema estava nas conclusões da obra de Smith. Segundo ele, valia a pena comprar ações a partir dos ganhos esperados das empresas. Ou seja, investidores poderiam precificar uma empresa não por seu valor atual, mas por seu valor futuro estimado. Pagariam, assim, o que esperavam que as ações viessem a valer um ano mais tarde. A questão central está na razoabilidade das estimativas e na possibilidade de antecipar o futuro. Em um mercado eufórico, em que as ações eram negociadas com o indicador preço/lucro (P/L) elevadíssimo, seriam necessárias décadas para que a aplicação se tornasse rentável com base nos lucros e na distribuição de dividendos previsíveis. É semelhante ao que ocorre hoje no mercado de criptomoedas, pois não há condições mínimas para que se saiba qual é o futuro desses ativos. São meras especulações, baseadas na suposição de que no futuro haverá mais compradores do que vendedores de criptomoedas. E sobre o futuro da Bolsa e do mercado de ações, o famoso banqueiro John Pierpont Morgan sempre afirmava o que é óbvio, mas muitas vezes esquecido: "Ele vai flutuar".

Às vésperas do crash de 1929 e tomando como base o raciocínio de Lawrence Smith, qualquer aplicação, a qualquer preço, se tornara recomendável. E não era preciso consultar ninguém para investir. "Podíamos fechar os olhos, apontar o dedo para qualquer lugar do grande placar e a ação que comprávamos começava a subir", ironizou o comediante Groucho Marx, citado por Chancellor. Groucho tomou emprestado 250 mil dólares (cerca de 4,4 milhões de dólares atualmente) para especular com ações.

52

Guardadas as devidas proporções, situação análoga ocorreu às vésperas da maior crise do mercado brasileiro de capitais, em 1971, de que trataremos mais à frente. Na Nova York de 1929, assim como no Brasil de 1971, admitir a compra de qualquer ação negociada em Bolsa, sem se debruçar sobre o preço e a emissora, bem como sobre o montante de dividendos pagos aos acionistas, era como negar que as ações são a peça central dos mercados de risco. E esses mercados, por definição, oscilam — e oscilam muito, tanto em tempos de crise como em tempos de bonança — em função do resultado das companhias negociadas.

O vigor da economia norte-americana daquela década dava alento a investidores. Na obra clássica *Tempos modernos: O mundo dos anos 20 aos 80*, o historiador Paul Johnson dá exemplos do brilho econômico que iluminava os anos 1920. Entre 1921 e 1929, a renda nacional dos Estados Unidos aumentou de 59,4 bilhões de dólares para 87,2 bilhões, e a renda por habitante, de 522 dólares para 716, segundo Johnson. O consumo se expandia rapidamente, movido a crédito, fazendo crescer as vendas de roupas, calçados, rádios, brinquedos, entre tantos outros itens. Nascia um capitalismo de bem-estar social em que proliferavam locais para esporte, os operários tinham férias pagas e surgiam mecanismos de proteção como os seguros em grupo. Eram tempos novos.

Em 1927, segundo Johnson, havia 4,7 milhões de trabalhadores cobertos por seguros em grupo. A produção nacional de automóveis, que em 1914 era de 569 mil veículos, em 1929 atingiu 5,62 milhões de unidades, elevando em vinte vezes o registro de carros, passando de 1,26 milhão para 26,5 milhões no período. A produção de rádios se multiplicou, e a Radio Corporation of America (RCA) viu sua receita passar de 2,5 bilhões de dólares em 1925 para quase 20 bilhões em 1929, ao

CRISES FINANCEIRAS

mesmo tempo que o valor das ações da RCA evoluía de 1,50 dólar para 85,50 em 1928 e para 114 em 1929. O mundo parecia melhor e as atividades artísticas e culturais também se expandiam. Os teatros da Broadway investiam e surgiam novos artistas, alguns até hoje bem conhecidos dos brasileiros, como George Gershwin ou Cole Porter.

É preciso ter presente que atrair milhões de investidores é essencial para que um mercado de ações cumpra seu papel de tornar as famílias sócias das empresas, com direito a uma parcela dos lucros gerados. No Brasil, um grande esforço foi feito pela Bovespa duas décadas atrás. A Bolsa, então capitaneada por Raymundo Magliano Filho, criou o programa de popularização "Bovespa vai até você", investindo pesadamente na conquista de novos investidores em ações.

A atração de novos investidores predominou nos Estados Unidos dos anos 1920. Nem só homens, muitos deles operários e até os populares engraxates de Wall Street, tornavam-se investidores no país; as mulheres também se emancipavam, compravam os próprios carros e aplicavam em ações. Segundo o livro de Chancellor, elas chegaram a possuir 40% da riqueza americana e eram responsáveis por 35% do giro do mercado acionário, aplicando maciçamente em empresas como U.S. Steel, General Motors, American Telephone & Telegraph e Pennsylvania Railroad. Entre as investidoras estavam não só herdeiras, mulheres de negócios e esposas de agricultores, mas donas de casa, secretárias, estenógrafas, faxineiras, garçonetes, cozinheiras, lavadeiras.

O crash desorganizou a economia norte-americana devido à importância conferida pelos investidores e pelas empresas ao mercado de ações. Companhias que pretendiam abrir o capital ou tomar recursos novos viram ruir seus propósitos. Pessoas físicas já contavam com os ganhos com ações para adquirir

54

MUNDO

um imóvel, educar os filhos e aumentar seu bem-estar. Consequentemente, o crash significou uma ruptura social brutal, com números impressionantes.

No dia do pânico, 24 de outubro de 1929, o índice Dow Jones caiu 11% e quase 13 milhões de ações foram postas à venda sem que houvesse demanda. Os bancos tentaram agir para debelar a queda inicial, mas não havia como sustentar o mercado. Entre a segunda-feira, 28, e a terça-feira negra, 29 de outubro, o recuo foi de 24%. No dia 29, havia 33 milhões de ações ofertadas. As quedas perduraram por três anos e seus efeitos sobre a economia mundial se fizeram sentir, período em que a média industrial Dow Jones chegou a cair quase 90%. Houve várias tentativas de reerguer o mercado no meio do caminho, como no momento em que o magnata John D. Rockefeller anunciou que estava comprando ações ordinárias de empresas bem conceituadas, mas nada adiantou. Nem isso nem o pagamento de dividendos elevados por algumas empresas bastou para ressuscitar o ânimo. Os lances positivos eram pura espuma.

Bernard Baruch chegou a telegrafar a Churchill para informar que a crise estava encerrada. Não estava. A interrupção da crise ficou conhecida como "a recuperação dos otários". No verão de 1932, quando o crash se esgotou, era inferior a 400 mil o número de ações negociadas diariamente na Bolsa de Nova York — ou seja, quinze vezes menos do que em 21 de outubro e trinta vezes menos do que em 24 de outubro de 1929, quando a tempestade que culminou no crash já estava formada. Pior, o crash de Nova York se espalhou pelo mundo, além de mudar o eixo político nos Estados Unidos.

Vale a pena relembrar o ambiente que havia se formado antes da crise. Ao longo de 1929, não havia a percepção de que uma grande crise era iminente. Não bastava que ações como as da já mencionada RCA fossem negociadas a cinquenta vezes

55

CRISES FINANCEIRAS

o valor do dividendo anual, mostrando para as pessoas o grau das distorções. Como escreveu Johnson numa análise sobre aquela época, o mercado "estava operando não somente no futuro, mas também no além".

Havia, em 1929, cerca de 1 milhão de investidores operando na Bolsa de Nova York — ou "especuladores", segundo Paul Johnson, para quem o crash de 1929

> desmascarou a ingenuidade e a ignorância dos banqueiros, dos homens de negócio, dos especialistas de Wall Street e dos economistas acadêmicos, pequenos e grandes, e mostrou que eles não compreendiam o sistema que estavam manipulando com tanta confiança.

As "chamadas de margem", mecanismo pelo qual os compradores a descoberto tinham de cobrir as perdas instantâneas, não foram atendidas, fazendo quebrar corretoras, financiadores e credores em geral que haviam bancado os riscos de grandes oscilações. Muitas instituições viram exaurir seu capital. No início dos anos 1930, houve um colapso no sistema bancário norte-americano, tratado pelo economista de Chicago e prêmio Nobel Milton Friedman como uma das questões centrais para a recessão do período.

E era tempo de eleições presidenciais. Eleito em 1928, o governo do republicano Herbert Hoover se mostrou incapaz de administrar uma crise daquelas proporções. Hoover acreditava que seria possível manter o nível de salários porque estes sustentavam a economia e arrancou a promessa de grandes empresários de que agiriam com esse propósito. O presidente norte-americano não se cansava de tentar infundir ânimo na população, mas nada conseguiu. Os efeitos políticos foram trágicos para ele. Em 1932, Hoover perdeu fragorosamente

MUNDO

as eleições para o democrata Franklin Roosevelt, um grande comunicador — e intervencionista, como também havia sido Hoover — em cujo governo os Estados Unidos voltaram a crescer e a sonhar alto. Roosevelt era apresentado como a personificação do bem e querido por intelectuais. Atraía jovens com futuro político como Dean Acheson, Hubert Humphrey, Lyndon Johnson e Adlai Stevenson, entre outros. Ao assumir, Roosevelt pegou a economia destroçada. A produção industrial norte-americana caíra a menos da metade entre 1929 e 1933, enquanto a construção civil recuara 85%. O comércio global encolhera 25%, enquanto os preços industriais no atacado perderam mais de 30%, em média, na Europa, e mais de 40% nos Estados Unidos. Como os salários dos norte-americanos que continuaram trabalhando foram mantidos, a desgraça só ficou explícita para os milhões de pessoas fora da força de trabalho. Estimava-se em 34 milhões — ou 28% da população — o número de pessoas sem renda alguma nos Estados Unidos no início da era Roosevelt. Sem arrecadação, cidades deixavam de pagar os funcionários públicos, enquanto centenas de escolas particulares eram fechadas.

Como dissemos, os efeitos do crash de 1929 foram generalizados e se espalharam pelo mundo, afetando principalmente as nações que mais dependiam do comércio exterior e que estavam mais integradas na economia global.

No mundo em desenvolvimento, a queda dos preços das commodities — como o café brasileiro — arrastou muitos países para a depressão. Como dizia o presidente norte-americano Ronald Reagan, "recessão é quando seu vizinho perde o emprego e depressão é quando você perde o emprego". No Brasil, grandes agricultores que produziam café em suas enormes fazendas, principalmente no Rio e em São Paulo, foram à bancarrota. Fortunas se perderam em prazos curtíssimos, desorganizando

CRISES FINANCEIRAS

economias locais que dependiam do café para a geração de empregos e de renda para os produtores e para os trabalhadores.
Não só o Brasil, mas a América Latina como um todo sofreu com a paralisação dos investimentos norte-americanos. Na região, uma sucessão de golpes de Estado, alguns dos quais comandados por militares, seguiu-se à grande depressão iniciada com o crash na Bolsa de Nova York.

ENGRAXATES NO MERCADO

Quando pessoas que nada têm a ver com um negócio começam a se interessar por ele é porque seu entorno criou euforia. "Quando meu engraxate indaga como vai o mercado de ações, fico sabendo que é hora de pular fora", dizia John D. Rockefeller, magnata de negócios e filantropo norte-americano.

E assim como no Brasil no crash de 1971, quando um engraxate com banca no Vale do Anhangabaú, ao lado da entrada do Banco de Boston, perguntava aos clientes sobre as ações mais promissoras naqueles tempos de euforia, no crash de 1929, em Nova York, um antecessor de igual profissão fazia o mesmo. O relato saboroso é do escritor Ivan Sant'Anna no livro *1929 — Quebra da Bolsa de Nova York: A história real dos que viveram um dos eventos mais impactantes do século*. Com a diferença que o engraxate americano foi bem mais longe, tornando--se um investidor em ações com direito a momentos de grande sorte, seguidos da maré de azar que dominou a Bolsa de Nova York a partir de outubro de 1929 e lá ficou por muitos anos a balançar as embarcações de acionistas fiéis e especuladores.

No capítulo "Um engraxate bem informado", Sant'Anna conta a história do jovem Pat Bologna, cuja banca ficava na própria Wall Street, onde dava brilho nos sapatos de gente famosa, como Joseph Kennedy, pai do presidente John Kennedy; Charles Mitchell, presidente do National City

Bank; e o especulador William (Billy) Crapo Durant, fundador da General Motors, entre outros empresários, banqueiros e grandes investidores. A todos Bologna pedia conselhos sobre o mercado e transmitia as informações aos demais. E aproveitava para fazer incursões na Bolsa. Chegou a ter um capital de 10 mil dólares, um bom pecúlio naquela época, mas teve de liquidar seus papéis quando o desastre começou, apurando 1,7 mil dólares (cerca de 30 mil dólares hoje). Melhor que nada.

JOLAN E RUBINSTEIN, PISO E TOPO DA PIRÂMIDE SOCIAL

O livro de Sant'Anna descreve a história de perdedores e ganhadores do crash. Entre as dezenas de histórias de personagens retratadas, duas merecem destaque.

Uma é a da jovem Jolan Slezsak, filha de uma família pobre que produzia aguardente de qualidade duvidosa em plena Lei Seca e cujo pai havia depositado quatrocentos dólares em nome dela no Union Industrial Bank da cidade de Flint, em Michigan. O banco sofreu desfalques de 3,5 milhões de dólares cometidos pelos próprios funcionários que especularam pesadamente — e perderam — no crash de 1929. A conta de Jolan, entre milhares de outras com pouco movimento, foram dilapidadas pelos ladrões, entre os quais se incluía o filho do presidente do banco, Grant Brown. Este cobriu o rombo, mas não impediu o fechamento da instituição, que perdeu a confiança dos clientes.

Outra história é a de Helena Rubinstein, a famosa especialista em cosméticos. Especuladora contumaz, ela operava numa das suítes do transatlântico *Berengaria*, onde se instalara uma espécie de corretora marítima, que pertencia a Michael Meehan, membro da Bolsa de Nova York. "Venda 50 mil ações da Westinghouse a mercado", ordenou ela quando o crash se iniciava. Embolsou 8,4 milhões de dólares (cerca de 146 milhões de dólares hoje em dia), evitando perdas muito maiores.

CRISES FINANCEIRAS

JESSE LIVERMORE: GANHOS NA BAIXA
E UM TRISTE FIM

Poucos investidores foram tão odiados quanto Jesse Livermore, um especialista em aproveitar os momentos de baixa das ações. Sozinho ou com parceiros, reunidos em pools, Livermore se organizava para derrubar as cotações — ou ficava à espera do melhor momento para vender a descoberto, esperar o recuo dos preços e ganhar quando os papéis saíam a preços bem menores. Edward Chancellor afirma, em *Salve-se quem puder*, que certa feita Livermore recebeu uma mala postal repleta de ameaças de morte. Não era para menos, pois a maioria absoluta dos participantes do mercado era altista e queria extrair o máximo da roda da fortuna.

Livermore havia começado cedo. Em 1907, ainda jovem, ganhara sua primeira fortuna em Wall Street, embolsando estimados 250 mil dólares. No boom de 1929, habituado aos salões, vestido na última moda e acostumado a desfilar nas ruas de Nova York com um Rolls-Royce amarelo, ganhou muito mais, elevando seu patrimônio a não menos de 60 milhões de dólares. Continuou operando e lucrando muito até 1930, mas a partir de 1931, segundo o livro de Ivan Sant'Anna, "passou a errar sistematicamente". Em 1932 já havia perdido tudo o que acumulara. Casou-se então com uma viúva rica, perdeu parte do dinheiro da esposa, imóveis e automóveis, tomou empréstimos e teve de se esconder dos credores até um fim trágico, em fins de 1940: suicidou-se com um tiro na cabeça numa suíte do hotel Sherry-Netherland, em Nova York.

Pós-crash: a grande recessão, a guerra e a volta à prosperidade

Foram tremendos os desafios impostos pelo crash da Bolsa de Nova York em 1929 aos Estados Unidos e ao mundo — em especial ao mundo ocidental e democrático. Uma retomada sustentável só viria após enorme trabalho. E só mais tarde políticas bem concebidas, posteriores à era Roosevelt, foram capazes de conduzir aos anos de ouro do crescimento global, de 1949 a 1973. O que marcou os anos 1933 a 1944 foi a capacidade de reação à crise dos anos 1930 demonstrada pelo mundo desenvolvido, numa espécie de busca da bonança após a tempestade.

O crash de 1929 começou, mas não terminou em outubro de 1929, estendendo-se até março de 1933. Os índices de preços de ações só se estabilizaram nos Estados Unidos em 1932, após quedas de quase 90% no índice Dow Jones. E os anos 1930 ficaram marcados pela chamada Grande Recessão.

Mais importante é que nos anos 1930 ocorreram notáveis avanços institucionais. No livro *Brasil globalizado*, de 2008, Fernando Henrique Cardoso menciona a "qualidade e rapidez das mudanças tecnológicas e [a] flexibilidade político-social do novo centro — os Estados Unidos — para se adaptar a elas". Os Estados Unidos tinham de enfrentar os totalitarismos soviético e alemão. E fizeram valer o espírito de liberdade e a tolerância diante da diversidade.

Foi crucial a fase de implantação das bases para a saída da Grande Recessão e dos efeitos da Segunda Guerra. O ponto alto foi a instalação das organizações multilaterais voltadas para financiar o desenvolvimento econômico e evitar novas crises mundiais. Mas antes era indispensável sanear o mercado de capitais norte-americano, que tinha enorme importância para o financiamento das empresas e dos investimentos.

Era preciso, primeiro, afastar a ameaça de novos crashes e impedir que os fantasmas liberados pelo crash de 1929 voltassem a assombrar o mundo. Era urgente oferecer saídas, pois a crise foi devastadora. As transformações postas em prática a partir de 1933 foram a resposta à enorme crise dos anos 1930. Eram tempos complicados, do fortalecimento do comunismo na Rússia pós-1917 e da implantação do nazismo na Alemanha em 1933. A radicalização empurrou o mundo para a Segunda Guerra Mundial entre 1939 e 1945, mas havia mais coisas em jogo.

Na origem de tanta desgraça parecia estar o crash de 1929. Este causou brutais perdas de riqueza, desorganizou famílias e empresas, gerou desemprego. A Grande Recessão que chegou aos Estados Unidos se estendeu para a Europa. A produção industrial, o consumo e o comércio internacional, principalmente entre os Estados Unidos e a Europa, despencaram (no Brasil, os cafeicultores ficaram arruinados). Nove mil bancos quebraram nos Estados Unidos. Grandes empresários perderam seus cargos, prestígio e dinheiro. A deflação foi aguda, obrigando empresas a cortar vagas. A miséria alimentou os extremismos e abalou as democracias. Em um exercício de negacionismo sobre o papel norte-americano na liderança do mundo livre, muitos tentaram apontar a maior democracia ocidental e a então mais forte economia do mundo como a maior responsável pelas dificuldades.

Tarefas de enormes proporções tinham de ser cumpridas. Para começar, era preciso constatar que as políticas adotadas nos Estados Unidos entre 1929 e 1933 não evitaram os resultados trágicos. O manejo da política macroeconômica foi deficiente. As políticas começaram a mudar, de fato, com a eleição de Franklin Delano Roosevelt, que ocupou a Casa Branca pela primeira vez em 1933 e lá ficou por doze anos. Ao tomar posse, Roosevelt falou dos "cambistas inescrupulosos" e do egoísmo, evitando usar a expressão "especuladores", como notou Edward Chancellor em *Salve-se quem puder*. O novo presidente condenava o individualismo econômico e responsabilizava Wall Street pelas desgraças — o que era apenas

MUNDO

parte da verdade, pois faltavam instituições e regras capazes de evitar uma crise daquelas proporções. Roosevelt tratou de corrigir defeitos do mercado de capitais. Começou por investigar as operações de Wall Street nos anos 1920 e colheu histórias de pools para promover ações, manipulação de mercado, tratamento preferencial para privilegiados, evasão fiscal e remuneração excessiva para gestores. As condições foram piores para quem chegou no fim da festa. Os últimos investidores a desembarcar em Wall Street eram, em geral, mais pobres e provenientes de regiões mais distantes.

O Glass-Steagall Act, de 1933, foi uma das primeiras leis do governo Roosevelt — e um ponto alto das finanças na nova administração. A lei permitiu separar as atividades dos bancos comerciais das atividades dos bancos de investimento. A mistura de funções facilitava o conflito de interesses. Os bancos, antes da nova lei, eram grandes financiadores de corretoras, que, por sua vez, financiavam as operações de margem de seus clientes. Predominava a alavancagem: um investidor com 10 mil dólares na mão podia adquirir ações no valor de 100 mil dólares. Se as cotações subiam, os lucros do aplicador se multiplicavam. Se caíam, vinham as chamadas de margem. As corretoras repassavam aos investidores o crédito obtido dos bancos, e investidores finais ficavam inadimplentes. Com a nova lei, buscava-se evitar que as informações privilegiadas que os bancos emprestadores tinham das empresas abertas fossem usadas pelos detentores de tais informações.

Ao mesmo tempo, foi criada a Federal Deposit Insurance Commission para assegurar os depósitos de até 10 mil dólares. Eliminava-se, assim, o risco de corridas bancárias, lembrando que muitos bancos foram fechados nos anos 1930. O Brasil tem como similar do FDIC o Fundo Garantidor de Crédito (FGC),

63

CRISES FINANCEIRAS

que protege os aplicadores em até 250 mil reais de suas aplicações dentro de limites fixados.

Em 1934, a criação da Securities and Exchange Commission permitiu impor ordem nos mercados de capitais, com vistas à recuperação da confiança abalada pelos que se sentiram lesados no crash de 1929. Regras foram criadas para o registro das emissões de títulos, impondo o fornecimento de informações claras para os investidores que subscreviam os papéis. Esses investidores passaram a conhecer melhor os riscos a que estavam sujeitos nos mercados secundários de Bolsa e de balcão. A figura do *insider trading* ficou bem definida, e a SEC pôde impor sanções severas aos infratores, com sua autoridade para conduzir ações de execução civil contra indivíduos e empresas envolvidas em fraudes contábeis. A SEC inspirou, no Brasil, a lei nº 6385/1976, que criou a Comissão de Valores Mobiliários.

Com Roosevelt, surgiu a política conhecida como New Deal, com programas de bem-estar social, habitacionais e trabalhistas, além da criação do salário mínimo. A Lei de Seguridade Social, promulgada em 14 de agosto de 1935, foi destacada por Alan Greenspan em seu livro *O mapa e o território*.

Desde o início a Seguridade Social tentou projetar a aura de um seguro privado plenamente financiado; os beneficiários a percebiam não como caridade ou assistência do governo, mas como um retorno, com juros, sobre as contribuições que eles e seus empregadores pagavam para constituir um fundo durante seus anos de trabalho.

Era um passo correto.

As doutrinas de John Maynard Keynes, expostas em 1936 na *Teoria geral do emprego, juros e moeda*, forneceram a estrutura conceitual da política do New Deal. A ideia de um Estado mais intervencionista e preocupado com o pleno emprego, a partir de uma política monetária mais frouxa, predominou por décadas, defendida, por exemplo, pelo grande economista Paul Samuelson, e contestada por outro notável economista, Milton Friedman.

Muito se trabalhou para recuperar a terra arrasada. De fato, vozes de alerta precisariam ter sido ouvidas antes de outubro de 1929. Mas o Fed titubeou muitas vezes, ora elevando, ora reduzindo juros em plena euforia — o que é o mesmo que oferecer champagne quando a festa já é ruidosa. Erros sucessivos e desastrosos também estiveram presentes do outro lado do Atlântico, na Grã-Bretanha, outra nação líder do Ocidente.

Entre 1929 e 1933, o nível do desemprego nos Estados Unidos aumentou de 3,2% para 24,9% da população ativa. Na Alemanha, esse nível atingiu 30%. A média das nações industrializadas foi de 25%. Para comparar com a situação atual, o desemprego norte-americano está hoje na casa dos 3,4%, e no Brasil, em fevereiro de 2023, em 8,1%.

Se antes do crash de 1929 os Estados Unidos já dominavam o cenário global, liderando a produção industrial e o crescimento econômico, no pós-crash saíram na frente nas mudanças institucionais. O primeiro passo foi ajustar as leis sobre os negócios financeiros e o mercado de capitais, pois, no auge da euforia, os mercados ficaram poluídos. A regra daqueles anos pré-crash de 1929 era a seguinte: melhor do que analisar passado, presente e futuro de uma empresa da qual se pretendia adquirir ações era buscar a *insider information* — ou seja, informação privilegiada. Era o que faziam empresas financeiras, analistas e investidores. A rigor, empresas abertas mal divulgavam seus dados e não queriam falar sobre seus negócios, nem aonde pretendiam chegar. Em nome do sigilo — apresentado

CRISES FINANCEIRAS

como necessário para evitar a concorrência desleal —, informações essenciais sobre companhias abertas eram sonegadas aos investidores minoritários.

Até informações sobre o comportamento dos mercados eram precárias ou desatualizadas, influenciadas pela lentidão da divulgação dos dados dos pregões. Sem cotações on-line, a "esperteza" prosperava. Corretoras sem licença para atuar na Bolsa de Nova York, caso das *bucket shops*, atraíam pequenos clientes dispostos a pagar comissões elevadíssimas para aplicar em ações. Esses clientes não sabiam o valor real dos papéis, e muitos eram enganados. Era preciso oferecer condições justas para todos — dos mais aos menos ricos —, todos ávidos por obter lucros imediatos na compra. Esses lucros raramente se confirmavam na hora da venda das ações.

Além disso, a depressão dos anos 1930 "foi ampla, profunda e prolongada, porque não havia emprestador internacional de última instância", como aponta o economista Charlie Kindleberger. A Grã-Bretanha não tinha fôlego para assumir esse papel, que tampouco era desejado pelos Estados Unidos.

O problema só foi enfrentado em 1944, na conferência de Bretton Woods, realizada em New Hampshire, nos Estados Unidos. Lá estavam os maiores economistas do mundo à época, a começar por Lord Keynes. Representando o Brasil, lembra Roberto Campos em *Lanterna na popa*, compareceu Eugênio Gudin, respeitadíssimo economista da corrente liberal, para quem o motor da economia é o empresário, e não o funcionário público, e que já enfatizava a importância do investimento agrícola no país. "Gudin já era economista famoso", escreveu Campos, que também foi a Bretton Woods, "internacionalmente o mais conhecido e mais reputado de nossos cientistas sociais."

Em Bretton Woods nasceram o Banco Internacional para Reconstrução e Desenvolvimento (Bird, conhecido como Ban-

MUNDO

co Mundial) e o FMI. Enquanto o Banco Mundial emprestaria recursos (parcos) de longo prazo para investimentos, o FMI forneceria assistência financeira tempestiva para evitar desequilíbrios no balanço de pagamentos e a insolvência de nações. O papel do FMI seria o de emprestador de última instância. Keynes queria que a instituição tivesse sua própria moeda e que os países-membros fizessem depósitos na instituição, permitindo financiar déficits em conta-corrente dos sócios. Mas Keynes perdeu. Triunfou o Plano White, feito pelo secretário do Tesouro norte-americano Harry Dexter White, pelo qual cada país teria cotas conforme seu volume de negócios e suas reservas de ouro. E assim o dólar se tornou moeda de reserva e assegurou condições propícias para que os Estados Unidos pudessem se financiar a custos baixos e preservar níveis reduzidos de inflação. Essa situação só foi quebrada nos anos 1970, e hoje se discute se a moeda norte-americana continua a ter aquelas funções.

Mas até que FMI e Banco Mundial — além do Acordo Geral de Tarifas e Comércio, só implantado em 1947 — tivessem seu funcionamento azeitado, era preciso agir. Os países europeus tinham pressa. A Segunda Guerra deixara um rastro de destruição e era preciso financiar a reconstrução dos países. E os Estados Unidos responderam ao desafio com o Plano Marshall. Este foi idealizado pelo secretário de Estado, o general George Marshall, e implantado entre 1948 e 1951 no governo Truman, com um aporte total de 13,6 bilhões de dólares (cerca de 240 bilhões em 2023) a juros baixos. Em troca, estava prevista a aquisição de produtos norte-americanos. Grã-Bretanha, França, Itália e Alemanha receberam o grosso dos recursos. Sob o Plano Marshall, a partir de 1948 os Estados Unidos propiciaram alimentos, assistência tecnológica, combustíveis, veículos e maquinário industrial para os países democráticos

67

europeus. O Plano foi decisivo para que se distanciassem da esfera de influência soviética.

Foi com o Plano Marshall que começou a fase de recuperação econômica dos Estados Unidos e do mundo ocidental. Em 1951, a Comunidade Europeia do Carvão e do Aço preparou o caminho para a instalação, em 1957, do Tratado de Roma, que criou a Comunidade Econômica Europeia, origem da União Europeia. A diplomacia triunfava sobre a barbárie, favorecendo a interlocução entre os países democráticos e abrindo espaço para uma retomada célere. Ditaduras são obstáculos para o investimento e o crescimento econômico, ainda que essa percepção tenha permanecido nebulosa durante muito tempo. Entre o final da década de 1940 e o início da de 1970, o mundo ocidental viveu seus anos de ouro. Segundo o renomado economista Angus Maddison, entre 1950 e 1973 os Estados Unidos cresceram em média 3,93% ao ano, enquanto a Alemanha avançou 5,68%; o Japão, 9,29%; a França, 5,05%; e o Reino Unido, 2,93%. Na média, o mundo avançou 4,9% ao ano.

Mas, mais do que rever estatísticas do PIB, este livro pretende avaliar crises, especialmente as de mercado de capitais, e tirar lições delas. E a grande lição aprendida com o crash de 1929, a Grande Recessão dos anos 1930 e a Segunda Guerra é a de que o primeiro passo para enfrentar problemas é agir no plano jurídico, como foi o caso do Glass-Steagall Act norte-americano, implementar planos bem estruturados, como o Plano Marshall, e constituir instituições fortes, como a SEC, o FMI, o Banco Mundial e a Comunidade Econômica Europeia. O fio condutor é o diálogo entre as nações, culminando com a identificação de propósitos comuns a perseguir.

Novos enfrentamentos chegaram na década de 1970. Entre eles a crise do petróleo, deflagrada quando as necessidades de energia do mundo desenvolvido precisavam ser supridas pelas fontes do Oriente Médio. A então recém-constituída Organização dos Países Exportadores de Petróleo (Opep) decidiu agir, majorando substancialmente os preços da commodity. Começava, ali, um novo ciclo de dificuldades para os países que não produziam ou que produziam menos petróleo do que o necessário para o consumo. E o Brasil foi um dos países mais atingidos pela política da Opep.

O MAESTRO DO SÉCULO

Alan Greenspan, que dirigiu o Banco Central norte-americano (Fed) por quase dezenove anos, até janeiro de 2006, foi um dos principais personagens da vida econômica do século passado e do início deste. Mas bem antes de chegar ao proscênio, dirigindo o Conselho de Assessores Econômicos do presidente Gerald Ford e presidindo o Banco Central (Fed), ele viveu como economista as décadas de ouro de 1950 e 1960, além de ter relações profissionais ou de amizade com outras figuras-chave da vida norte-americana.

Foi na economia que Greenspan alcançou enorme destaque. Leitor contumaz, conhecia tudo sobre John Pierpont Morgan, banqueiro que ajudou a estabilizar a economia americana em 1907, e conviveu com Paul Volcker na juventude. Como escreveu Greenspan em *A era da turbulência* (2007) sobre o encontro mantido com Volcker: "A imagem daquela noite ainda está entalhada em meu cérebro — todos nós reunidos com descontração numa sala aconchegante, defronte à lareira [...]. Otimismo era o sentimento dominante — não só naquela noite, mas durante toda aquela época. A América pairava alto. A economia dos Estados Unidos dominava o mundo — e não enfrentava qualquer competição".

Indicado por Reagan para o Fed em 1987, semanas após assumir Greenspan enfrentou um novo — e curto — crash na Bolsa de Nova

York, que caiu 22,6% em 19 de outubro daquele ano, a maior queda da história. Passados os dias mais difíceis, a situação se normalizou em novembro e em janeiro de 1988 as cotações em Bolsa voltaram aos níveis do início de 1987. Greenspan também teve de enfrentar, no Fed, o impacto do ataque às Torres Gêmeas, em 2001.

Mas foi a alta expressiva tanto do PIB como das ações, registrada nos anos 1990, que levou Greenspan a falar da "exuberância irracional" dos mercados. Ele teve, mais tarde, de fazer uma autocrítica. Seu profundo conhecimento dos mercados não evitou a bolha imobiliária de 2008. Muitos de seus antigos interlocutores devem ter comemorado, pois não perdoavam o fato de que Greenspan nunca foi um keynesiano, pois preferia a liberdade de mercado — liberdade que nem sempre dá conta do recado.

Petróleo, inflação e contas externas

Passada a Segunda Guerra, os Estados Unidos entraram em um período de grande prosperidade. Esta só encontrou barreiras nos problemas com o petróleo — a mais sensível das commodities tanto em tempos de paz, como os anos 1970, quanto de guerra, como em 2022.

De fato, o ritmo forte de crescimento econômico global constatado até o início dos anos 1970 abriu espaço não só para os países do Oriente Médio produtores de petróleo. Estes países embargaram as vendas de óleo para os que apoiaram Israel na guerra do Yom Kippur, iniciada pelo Egito e pela Síria em outubro de 1973. Foi o pretexto para quadruplicar os preços do óleo bruto, de três dólares para doze dólares o barril em março de 1974. Dada a dependência do petróleo, o mundo viveu um choque econômico: os custos da energia explodiram,

70

MUNDO

provocando inflação e desaquecimento econômico nos países importadores. O instrumento da mudança foi a Organização dos Países Exportadores de Petróleo (Opep), fundada em 1960 e reconhecida como representante dos produtores. Um segundo choque do petróleo viria em 1979, com a transformação do Irã em uma república islâmica. Mas os efeitos da primeira crise já bastaram para abalar a economia global.

O choque do petróleo afetou o PIB, o consumo e as bolsas. Como notou Paul Johnson em *Tempos modernos*, "o mundo como um todo experimentou um declínio de riqueza". Grande parte das reservas cambiais foi transferida para os países produtores do óleo bruto. Saiu-se de um crescimento global médio de 5,2% ao ano para zero em 1974-5, enquanto a inflação anual passou de 4,1% para 10%-12%. "O índice [de ações] do *Financial Times*, 543 em março de 1972, caiu para 146 no início de 1975", segundo Johnson. Os bancos evitaram uma crise maior ao atuar como intermediários que recebiam dólares dos países superavitários da Opep e reemprestavam para os deficitários. Assim foram reciclados os chamados petrodólares, que se transformaram em dívidas de países em desenvolvimento, alguns dos quais ficaram insolventes anos depois (inclusive o Brasil e o México).

O segundo choque do petróleo, em 1979, que elevou a cotação média do barril para 36 dólares, agravou muito os problemas de economias que já sofriam com a inflação alta. Até os Estados Unidos entraram na dança. Naquele final dos anos 1970, o presidente norte-americano Jimmy Carter indicou Paul Volcker para presidir o Fed, com a incumbência de debelar a inflação. Como escreveu Alan Greenspan em *A era da turbulência*, era preciso "matar o dragão inflacionário".

Mas em outubro de 1979, pouco depois de assumir, o *chairman* do Fed levou um susto: os investidores começaram

71

a desconfiar da solvência dos Estados Unidos. A taxa de juros das notas do Tesouro norte-americano saltou para quase 11% ao ano. Como resposta, foi adotado o controle quantitativo dos meios de pagamento (M1), no melhor estilo do economista Milton Friedman. Com o apoio de Carter, o Fed elevou as taxas dos papéis do Tesouro até 20% ao ano. Instalou-se a recessão não só nos Estados Unidos como no mundo, pois vultosos capitais buscaram os papéis do governo americano. E os países europeus sofreram muito com as decisões do Fed. Mas a inflação só foi controlada três anos depois, segundo Greenspan. Carter perdeu a eleição para Ronald Reagan, um político famoso por suas frases de efeito. Para ele, havia uma depressão econômica que oprimia os trabalhadores. Sob o governo Reagan, disse Greenspan, "os americanos deixaram de achar que os Estados Unidos eram uma ex-grande potência e reconquistaram a autoconfiança".

O crescimento econômico voltou com força, ao custo de elevados gastos financiados via aumento da dívida pública. Os críticos mudaram de assunto. Mas, após anos de recuperação, a capacidade das fábricas já se aproximava do teto, e era preciso retomar alguma contenção e extrair mais tributos dos contribuintes, pois a situação fiscal havia se deteriorado.

Os juros elevados fizeram uma vítima nos Estados Unidos: o sistema de crédito habitacional. A década de 1980 foi a do desastre das associações de poupança e empréstimo, as Savings&Loans (S&L) que propiciavam recursos regulares para os financiamentos imobiliários. Elas recebiam depósitos de poupança garantidos pelo governo, pagando 3% de juros ao ano, e emprestavam os recursos em prazos de até trinta anos, cobrando 6% ao ano. Tudo bem enquanto esses números persistiram. Mas, com a alta dos juros, houve o descasamento: o custo de captar subiu, mas os juros dos financiamentos de

MUNDO

longo prazo não podiam ser corrigidos. As S&L passaram a operar no vermelho. Para não perder recursos no curto prazo, a maioria das instituições de poupança decidiu pagar taxas de juros maiores sobre os depósitos. A política dos empresários do crédito da época foi traduzida por Charlie Kindleberger no livro *Manias, pânicos e crises*: "A morte lenta era preferível".

Ademais, regras frouxas para empréstimos e aumento da garantia dos valores depositados, de 40 mil dólares para 100 mil dólares por conta, sepultaram as possibilidades de recuperação. Surgiram empresários aventureiros que praticaram fraudes gigantescas, enganando "investidores em transações imobiliárias fictícias", segundo Greenspan. Um financista da Drexel Burnham Lambert, Michel Milken, ficou famoso por desenvolver o mercado de *junk bonds*, títulos de alto risco. Milken e a Drexel obtiveram lucros expressivos até as manobras arquitetadas serem proibidas pelos reguladores federais. Os preços caíram e a Drexel veio à falência em 1992.

Entre as consequências, segundo Kindleberger, acabaram as vultosas reservas de fundos constituídas durante décadas e destinadas a garantir as poupanças e as próprias empresas do setor, como a Federal Savings and Loan Insurance Corporation (FSLIC) e a Federal Deposit Insurance Corporation (FDIC).

Estava aberto o caminho para que a economia sofresse chacoalhadas. Uma delas ocorreu no mercado de ações, que entrou em queda livre em outubro de 1987. A maior queda histórica diária da Bolsa de Nova York ocorreu no dia 19 daquele mês, quando as ações do índice Dow Jones recuaram 22,6%. No entanto, embora os prejuízos imediatos tenham sido trilionários, a economia sofreu pouco. Uma explicação dada por Greenspan é de que os investidores não operavam alavancados — ou seja, perderam o que tinham, pois não haviam contraído empréstimos em corretoras ou bancos para aplicar. Algo bem

73

diferente do que havia ocorrido em 1929. A bolha estourou deixando poucas sequelas.

Dado o volume das perdas e os temores desencadeados entre os bancos, o Fed agiu para convencer as instituições financeiras a não se afastarem dos negócios, deixando subentendido que o Banco Central ofereceria uma rede de proteção para propiciar liquidez ao sistema. O Comitê Federal de Mercado Aberto (Fomc, na sigla em inglês) determinou que o Fed de Nova York, o mais importante dos bancos do sistema de bancos centrais norte-americano, comprasse bilhões de dólares em títulos federais no mercado aberto. Mais dinheiro em circulação e juros menores ajudaram a aliviar as tensões, evitando desastres maiores. Como escreveu Greenspan em *A era da turbulência*: "Ao contrário do receio generalizado, a economia se manteve firme, chegando a crescer à taxa anualizada de 2% no primeiro trimestre de 1988 e ao ritmo acelerado de 5% no segundo trimestre". As cotações dos papéis negociados em Bolsa recuaram aos níveis do início de 1987, depois de terem subido mais de 40% entre janeiro e agosto daquele ano. A grande ameaça tinha ficado para trás e já surgiam novas, como a bolha das empresas "pontocom", a crise asiática, o socorro à LTCM (Long-Term Capital Management), o ataque às Torres Gêmeas, a segunda bolha imobiliária — das hipotecas *subprime* — e a quebra do Lehman Brothers, que detonou o crash de 2008.

Das empresas pontocom à crise do Lehman Brothers

Mais uma vez, dos anos 1990 até meados de 2000, o forte crescimento econômico deu alento aos mercados de risco — imóveis e ações. Por exemplo, entre 1982 e 1999, os preços das ações nos Estados Unidos subiram treze vezes, segundo Charles Kindleberger. No período, o valor de mercado dos papéis negociados nas bolsas americanas aumentou de 60% para 300% do PIB. É uma enormidade — em meados de 2021, por exemplo, essa relação era da ordem de 250%, inferior, portanto, aos números do fim do século passado. E o economista e prêmio Nobel Robert Shiller, que se dedicou a pesquisas sobre os excessos imobiliários, criando em especial a metodologia do S&P/Case-Shiller U.S. National Home Price Index, apontou no início dos anos 1980 para os altos preços e o risco de bolha, não apenas nos Estados Unidos, mas também em metrópoles como Londres e Paris.

O surgimento de uma bolha das empresas pontocom no início dos anos 2000 não foi, assim, um fato tão estranho aos mercados. Estes costumam se ajustar, ou cair, após uma alta prolongada, quando os investidores decidem realizar lucros ou quando fatos endógenos ou exógenos ao mercado influenciam a decisão de vender.

Essa história das pontocom, as empresas que revolucionaram a economia ao imprimir incrível velocidade aos negócios, é mais notável que os altos e baixos visíveis nos mercados acionários. Alan Greenspan define a data de 9 de agosto de 1995 como aquela que "entrará na história como o dia em que se iniciou o surto de prosperidade das pontocom". Naquele dia, foi lançada a oferta pública de ações da Netscape, então uma "minúscula produtora de software do Vale do Silício, com apenas dois anos, que quase não tinha receita e não gerava um tostão de lucro".

Ocorre que a Netscape abriu um caminho inédito que permitiria não só o acesso instantâneo a vídeos e filmes, como a compras e vendas de bens e serviços pela internet. Antes disso, a internet era praticamente uma rede usada por acadêmicos e acessada via terminais de computador. Com o lançamento do Netscape Navigator, surgiu o primeiro navegador comercial popular — e com ele começou uma corrida para criar negócios voltados para o mercado de consumo. As ações da Netscape dispararam.

E o caminho se abria para que o Vale do Silício se transformasse no que é hoje: destacado centro de pesquisa, tecnologia e empresas com foco na economia digital dos tempos modernos. Um local habitado por uma geração sem precedentes de milionários e bilionários. Ali nasceram ou estão Apple, Facebook, Google, NVIDIA, Electronic Arts, Symantec, AMD, eBay, Yahoo!, HP, Intel e Microsoft, além de Adobe e Oracle — muitas delas presentes no dia a dia da maioria dos habitantes do mundo que dispõem de um telefone celular ou um computador. Na segunda metade do século passado, essas companhias não passavam de start-ups promissoras.

Em 1998, o comércio eletrônico "debutou em grande estilo", no dizer de Greenspan. Explodiu a demanda de sites como Amazon, eToys e eBay. A Amazon nascera em Bellevue, perto de Seattle, em julho de 1994, como um modesto comércio de livros on-line, fundada por Jeff Bezos, engenheiro que trabalhava como analista em Wall Street. Vinte e sete anos depois, em junho de 2021, Bezos se tornou o homem mais rico do mundo, com quase 200 bilhões de dólares de patrimônio.

Em 2000, após um período de incessante alta de cotações, houve um colapso dos preços das ações pontocom e dos papéis de tecnologia negociados na Nasdaq. Em média, a queda levou embora 75% do valor de mercado dos títulos, mas a volta era questão de tempo: uma recuperação ainda mais forte viria anos mais tarde.

E houve uma enorme fraude corporativa, descoberta pelo grande público em 2000 e exposta poucos meses depois do pico do mercado de ações — o caso Enron, abordado por Charlie Kindleberger como "o modelo da fraude corporativa no boom das empresas pontocom dos anos 1990". A Enron tinha ativos superiores a 60 bilhões de dólares e chegou a ser a sétima maior empresa dos Estados Unidos em valor de mercado antes de pedir concordata, em dezembro de 2001. Fundada em 1985, por Kenneth Lay, como transmissora de gás natural, assumiu o nome Enron em 1986, quando já administrava 37 mil milhas de gasodutos, segundo Loren Fox, autor de *Enron: The Rise and Fall.* A Enron contratou como diretor o consultor Jeffrey Skilling, que tornou a empresa uma lucrativa intermediária de contratos de derivativos de energia. O objetivo era evitar os riscos dos clientes nas flutuações bruscas de preços da commodity — um problema que até hoje está presente nos mercados de energia, como no Brasil desde 2021.

Artigo de William Eustaquio de Carvalho publicado no site *Migalhas*[2] mostra que a Enron atuava em cinco grandes áreas: transporte interestadual de gás natural, incluindo construção, operação e administração de gasodutos; compra, comercialização e financiamento de gás natural, óleo cru e eletricidade; negócios globais, inclusive negociação e entrega de commodities físicas e financeiras; fonte de serviços de telecomunicações, mediante rede de banda larga; e serviços relacionados ao abastecimento de água.

Com o mercado de ações em alta, a Enron tentou crescer a todo custo, buscando negócios que gerassem caixa rapidamente e empregando instrumentos complexos de investimento. Operou com derivativos em contratos de eletricidade, carvão, papel e aço, além de gás natural, e buscava influenciar nos resultados trimestrais. Havia uma política de inflar resultados trimestrais para que suas ações continuassem a se valorizar.

Uma divisão de comércio on-line foi lançada em pleno boom das pontocom. Investimentos globais foram feitos pela empresa, por exemplo, na Índia, na Grã-Bretanha e até no Brasil, onde teve participação no gasoduto Brasil-Bolívia e chegou a controlar a distribuidora paulista de energia elétrica Elektro, pagando em leilão 1,3 bilhão de dólares, quase o dobro do preço mínimo de 675 milhões de dólares.

Mas o fim do boom e a competição que se aguçou e derrubou os lucros empurraram os executivos da Enron para práticas contábeis duvidosas: eles antecipavam lucros futuros, criando a ilusão de que as contas eram muito positivas. Isso foi feito por meio do estabelecimento de sociedades de propósito específico (SPE) para absorver prejuízos. As demonstrações financeiras eram auditadas pela Arthur Andersen, uma das cinco grandes do setor. Mas a Arthur Andersen também prestava serviços de consultoria à Enron, algo incompatível com a atividade de auditoria. A concomitância é vedada no Brasil pela Instrução 308 da Comissão de Valores Mobiliários, de 1999.

Os políticos surfaram no sucesso da Enron e não especificamente com recomendações favoráveis. Entendiam que a empresa colaborava para a criação de um momento especial da economia energética dos Estados Unidos.

Até meados de 2001, bancos e casas de análise ainda faziam referências positivas à Enron, considerando que poderia ser interessante aplicar recursos na compra de ações da empresa. No entanto, quando os analistas financeiros começaram a investigar seriamente o que se passava, constataram os riscos desse investimento. De fato, entre o auge e a derrocada, as ações da Enron caíram de mais de noventa dólares para menos de um dólar (mais exatamente, para 26 centavos de dólar). A lição que fica é: o melhor remédio é ter cuidado com a recomendação de interessados.

MUNDO

O final do filme foi tenebroso. Enquanto Lay e outros altos executivos acumulavam fortunas decorrentes de bônus sobre os lucros, o fundo de pensão dos funcionários da Enron entrava em colapso, pois aplicava em ações da própria companhia. A SEC passou a atuar, e ficaram evidentes as fraudes contábeis. A empresa pediu concordata em dezembro de 2001, e os principais executivos foram indiciados e condenados à prisão. A Arthur Andersen foi fechada após sofrer ações federais e centenas de processos civis movidos por acionistas da Enron.

Mas o escândalo deixou um saldo positivo no plano institucional, pois foram editadas regras para assegurar a exatidão dos demonstrativos financeiros. O Sarbanes-Oxley Act, de 2002, foi a mais importante dessas normas: impôs penalidades graves aos que destruíssem, alterassem ou falsificassem registros financeiros, além de proibir as companhias de auditoria de, simultaneamente, prestar consultoria aos clientes, como fez a Arthur Andersen.

Além da Enron, a bolha das pontocom também levou à quebra de companhias como MCI WorldCom, Adelphia, Tyco, HealthSouth e Global Crossing. Para além disso, na segunda metade dos anos 1990 outras forças se moviam, empurrando os mercados acionários para dias difíceis. Essa quebra de empresas foi um dos fatores que estimularam a criação da International Accounting Standards Board (Iasb), com um conselho de trustes presidido por Paul Volcker e que contou também com a minha participação. O conselho tinha como missão rever as normas contábeis para impedir o uso indevido de regras que abriam brechas para o mau uso. O Iasb criou o sistema IFRS (International Financial Reporting Standards), que gradualmente passou a ser utilizado por diversas empresas negociadas em Bolsa.

As dívidas contraídas por inúmeros países em todo o mundo para financiar as compras de petróleo ou aproveitar a oferta

CRISES FINANCEIRAS

abundante de petrodólares foram determinantes para a eclosão de duas crises posteriores, a asiática e a russa. Depois, a Tailândia, a Coreia do Sul e a Indonésia entraram na dança da insolvência cambial, com repercussão global, afetando instituições credoras em todo o mundo.

Um ponto fora da curva foi a insolvência de um dos mais famosos hedge funds dos Estados Unidos, o Long-Term Capital Management (LTCM). Criado em 1994 por John Meriwether, um operador do banco Salomon Brothers, o LTCM tinha como sócios David Mullins, ex-vice-presidente do Fed, e dois prêmios Nobel de Economia, Myron Scholes e Robert Merton. Estes criaram a fórmula Black-Scholes para determinar os preços corretos de opções de compra e venda de títulos. O fundo havia iniciado seus negócios ao captar 1,25 bilhão de dólares de investidores, montante tido como excepcionalmente elevado. Tinha como investidores altos executivos da Merril Lynch, do Paine Webber, do Bear Stearns, do Julius Baer, da McKinsey e do Banco da China. Entre os clientes esteve o Banco Central italiano.

A história do LTCM foi descrita no livro *O crash de 2008*, de Charles Morris. Operações vultosas e altamente alavancadas do LTCM permitiram enormes lucros para o fundo, que inicialmente operava com margens pequenas e com títulos de absoluta garantia, muitos dos quais emitidos pelo Tesouro dos Estados Unidos. Os retornos médios anuais do fundo eram da ordem de 20%, chegando a 40% depois da primeira crise do financiamento imobiliário (Saving&Loans), no final da década de 1990. Nos anos iniciais, os lucros chegaram a 60% do capital.

Engordado pelos lucros, o capital social do LTCM chegou a 5 bilhões de dólares, considerado muito alto por Meriwether. Com níveis de alavancagem de mais de vinte vezes, o fundo chegou a ter 125 bilhões de dólares em aplicações, não só em títulos públicos, mas também nos mercados de cambiais e ar-

80

MUNDO

bitragens. Com a crise russa, os prêmios de risco dispararam nos mercados globais. E o LTCM estava forrado de títulos russos. Quando o LTCM tomou uma linha de crédito de 500 milhões de dólares, liberada pelo banco Bear Stearns, jogou-se luz sobre as dificuldades do fundo. Este não conseguia se desvencilhar das posições enormes que havia assumido. Com elevadas perdas, o capital do LTCM diminuiu vertiginosamente ao longo de 1998, até que a insolvência se tornou iminente. Como o Fed não tinha mandato para apoiar um hedge fund, interveio indiretamente. Pressionou vinte grandes bancos comerciais e de investimento a injetar 3,65 bilhões de dólares para financiar a liquidação do fundo. O chairman do Fed, Alan Greenspan, explicou que havia risco de "dano substancial" a muitos participantes do mercado, nem todos envolvidos com o LTCM. Críticos do salvamento do LTCM levantaram uma hipótese: como escreveu Charles Morris, buscou-se omitir o fato de que no centro das finanças americanas um pequeno grupo de pessoas conseguia empréstimos de centenas de bilhões de dólares, e que "nem os bancos, nem os reguladores dos bancos tinham a menor ideia de quanto dinheiro elas tinham tomado emprestado ou do que faziam com ele".

Antes de entrarmos na grave crise do Lehman Brothers, não poderia deixar de mencionar o ataque às Torres Gêmeas coordenados pela organização fundamentalista islâmica Al-Qaeda que, por razões óbvias, teve forte impacto na economia americana e no mercado de capitais.

A economia norte-americana parou, com os voos suspensos e o setor de transportes operando em baixa escala. O Congresso aprovou uma verba de emergência de 40 bilhões de dólares. A Bolsa de Nova York ficou fechada até dia 17, segunda-feira seguinte aos atentados. A sensação das autoridades era de perplexidade, só atenuada pela ênfase do presidente George

CRISES FINANCEIRAS

W. Bush quanto à capacidade de resistência da economia. De fato, o índice Dow Jones teve fortes quedas ao reabrir — e o mesmo ocorreu em outros mercados, inclusive no Brasil. A diferença em relação a outros momentos de severo stress é que os mercados logo se refizeram, pois as instituições continuaram funcionando, o Fed estava pronto para agir se fosse preciso e havia a certeza de que, com o tempo, a confiança voltaria.

Em resumo, no plano estritamente econômico, o problema foi menos agudo do que seria o da quebra do banco Lehman Brothers, em plena crise das hipotecas *subprime*, ocorrida sete anos depois. É o que se verá na próxima seção.

A quebra do Lehman Brothers solta os demônios

Barack Obama assumiu a presidência dos Estados Unidos em 2009, quando a economia vivia a Segunda Grande Contração, a maior desde 1929, tendo por epicentro a crise das hipotecas *subprime* de 2008 e a orientação duvidosa da política macroeconômica norte-americana. À custa de um aumento substancial da dívida pública, o novo governo conseguiu virar o jogo. De quase 10%, o desemprego caiu para menos de 5%. O crescimento médio anual, entre 2% a 3%, foi influenciado negativamente pelo primeiro ano da era Obama. A renda média aumentou de 48,6 mil dólares para 57,9 mil. O índice Dow Jones se recuperou, chegando perto dos 20 mil pontos no final do período, após ter recuado a 7 mil pontos no início do governo.

Pouco antes do início do governo Obama, a quebra do Lehman Brothers, em setembro de 2008, escancarou a crise das hipotecas *subprime*. Esta se seguiu à primeira crise dos financiamentos imobiliários, nos anos 1990, com a insolvência

82

MUNDO

das Saving and Loans (S&L). Mas só em 2008 alcançou um patamar crítico, obrigando o Fed a injetar centenas de bilhões de dólares na economia para evitar falências bancárias, enquanto a economia americana entrava em recessão e a crise se espalhava pelo mundo.

É uma história rica e bem documentada — tratada até na Broadway, na peça *The Lehman Trilogy*, de 2013 —, que permitiu estabelecer uma divisão nítida entre as práticas que ocorriam antes e as que se verificaram depois do mais agudo episódio bancário deste século.

Bem antes do dia em que o Lehman Brothers pediu falência, em 15 de setembro de 2008, o palco já estava armado para a tragédia. Esse palco foi formado pela inundação de crédito nos Estados Unidos propiciada por investidores que acorriam de todo o mundo para aplicar em papéis do Tesouro americano, pelo crescimento acelerado das cotações em Bolsa e pela valorização impressionante dos imóveis. Esta alta, cujo ápice foi registrado em 2006, levou um especialista, o economista e prêmio Nobel Robert Shiller, a prever já em 2004 uma bolha imobiliária, que viria a ser furada em futuro próximo.

Foi o que ocorreu, com a agravante de que a crise foi muito intensificada devido ao emprego maciço de instrumentos financeiros próprios do financiamento imobiliário e de derivativos. Entre 1996 e 2006, o preço real dos imóveis subiu 125%, mostrou o índice Case-Shiller. Nada semelhante havia ocorrido desde 1891, segundo Kenneth Rogoff e Carmen Reinhart, no livro clássico *Oito séculos de delírios financeiros: Desta vez é diferente.*

Facilitados por juros baixos e "políticas regulatórias cada vez mais permissivas", nas palavras de Rogoff e Reinhart — bem como pelos louvores às inovações financeiras, que permitiriam (se fosse verdade) a dispersão do risco e, ainda, pela

CRISES FINANCEIRAS

benevolência das agências de classificação de risco, que não enxergavam maiores problemas naquelas práticas abusadas —, as dimensões do sistema financeiro e o grau de alavancagem das operações alcançaram proporções absurdas. Organismos multilaterais praticamente abençoaram a exuberância. O World Economic Outlook do FMI, de abril de 2007, citado por Rogoff e Reinhart, via riscos extremamente baixos na economia americana. O secretário do Tesouro no período 2001-2, Paul O'Neill, desqualificou os riscos do déficit na conta-corrente do balanço de pagamentos, enquanto enfatizava o crescimento rápido da produtividade. O chairman do Fed, Ben Bernanke, citou a "superabundância de poupança global" para explicar o vulto das aplicações que vinham do exterior e, em consequência, o endividamento elevado.

Poucas vozes alertaram para os riscos crescentes, como fizeram os economistas Paul Krugman, Maurice Obstfeld e Kenneth Rogoff, além dos analistas do Banco de Compensações Internacionais, o BIS. Surtos habitacionais acompanhados de aumento do endividamento das famílias tornam os riscos muito maiores, segundo o BIS.

Predominou, antes de aberta a crise, a crença de que "desta vez é diferente", expressão usada por Rogoff e Reinhart que traduz bem o que havia ocorrido em quase todas as crises financeiras passadas. Ao permitir, em 2004, que os bancos triplicassem a alavancagem, a SEC também alimentara o incêndio que se alastraria três anos depois. Com a desaceleração da economia em 2007, a Segunda Grande Contração estava prestes a começar.

Em junho de 2007, segundo Charles Morris em *O crash de 2008*, dois hedge funds do banco Bear Stearns, ambos administrados por Ralph Cioffi e que investiam em hipotecas, anunciaram dificuldades para cumprir chamadas de margem.

84

MUNDO

A alavancagem desses fundos era de dezessete vezes o capital. Um dos investidores, o Merrill Lynch, pediu 145 milhões de dólares a Cioffi, que não tinha o dinheiro. O Merrill se apossou de 845 milhões de dólares em títulos dos fundos, mas não havia compradores para eles. O Bear Stearns pagou então 3,2 bilhões de dólares para liquidar os dois fundos.

Mas havia muitos outros casos. Os prejuízos provocados pelas operações *subprime* foram vistos em outras empresas em todo o mundo. Grandes perdas foram verificadas nas instituições Nomura, Royal Bank of Scotland, Lehman Brothers, Credit Suisse, Deutsche Bank, além do BNP Paribas, do Commerzbank e do IKB Deutsche Industriebank. O Banco da Inglaterra precisou socorrer a financiadora de hipotecas Northern Rock, uma das grandes do setor.

O filme *Grande demais para quebrar*, de 2011, com o ator William Hurt representando o secretário do Tesouro norte-americano Henry Paulson (2006-9), dramatiza os esforços das autoridades para estancar o risco de um colapso, dada a intensidade da queda das ações do índice Dow Jones.

Desde fins de 2003, segundo Alan Greenspan, grandes instituições ficaram atraídas pelo mercado *subprime* e "começaram a acelerar o agrupamento e o empacotamento de hipotecas *subprime* em títulos". Os mecanismos pelos quais as operações *subprime* se transformaram numa bomba financeira são engenhosos, mas no início há uma rotina padronizada: nas operações de financiamento imobiliário, o mutuário — ou adquirente final — toma um crédito para adquirir um imóvel e promete pagar em prestações o montante devido. As prestações são os ativos a serem agrupados e securitizados. O agrupamento e o empacotamento pelos credores se dão na forma de obrigações de dívida garantida (CDO) ou obrigações de empréstimo garantido (CLO). Se os empréstimos originais

85

CRISES FINANCEIRAS

forem de boa qualidade, contratados com devedores com capacidade de pagamento, os CDOS e CLOS tendem a ser quitados, pois os adquirentes finais honraram as dívidas e não haverá problemas para os financiadores. Mas essa não foi a regra. A febre de hipotecas *subprime* gerou distorções e desdobramentos. Com os preços dos imóveis subindo rapidamente, muitos compradores se transformaram em especuladores que tentavam realizar lucros antes mesmo de ocupar as propriedades, vendendo os bens. Intermediários entraram em cena na busca por novos mutuários a qualquer custo. Para isso era preciso oferecer condições de crédito melhores. Compradores passaram a dar entrada de apenas 10% do valor do imóvel, obtendo crédito sobre 90%, com juros baixos (em alguns casos, artifícios elevavam esse porcentual a 100% ou mais do valor do bem).

Os securitizadores queriam ampliar rapidamente as operações, que eram muito lucrativas, pois havia investidores para os papéis. Mas muitos compradores não tinham bom cadastro, nem renda para comprar um imóvel. Cadastros eram feitos — aliás, malfeitos — por corretores de imóveis mais interessados em vender e embolsar comissões do que em atuar como banqueiros que concedem crédito. Como os compradores não tinham condições de pagar prestações fixas, foram criadas as hipotecas a taxas variáveis (ou ARMS, Adjustable-Rate Mortgages). Nestas, as prestações iniciais eram pequenas e mais atrativas para os mutuários.

No segundo trimestre de 2007, quase 62% das hipotecas eram contratadas com taxas variáveis. Para culminar, as duas financiadoras patrocinadas pelo governo, a gigantesca Fannie Mae e a Freddie Mac, foram estimuladas pelas autoridades a ampliar sua atuação para favorecer o acesso à habitação.

Enquanto isso, ganhos elevados e fáceis eram obtidos por intermediários em toda a cadeia do financiamento imobiliário.

86

MUNDO

Aliados a juros baixos, abundância de recursos e expectativa de valorização imobiliária, houve um relaxamento dos controles. Títulos originários de contratos feitos com quem não teria crédito bancário recebiam classificação AAA. O mercado se tornou "opaco", segundo Morris. Quando os investidores sumiram, o castelo de cartas desabou. Os efeitos foram devastadores. Houve um surto de falências de corretores de hipotecas, que vendiam os ativos a bancos de investimento. Se os empréstimos não fossem pagos, os bancos podiam devolver os empréstimos aos corretores, o que ocorreu em grande escala.

Famílias que haviam comprado a prazo imóveis cujo valor caiu constataram que a dívida era maior do que o preço daquele bem no mercado. Tinham, então, nota Charlie Kindleberger, três saídas: seguir com os pagamentos; vender a propriedade e rezar para que o financiador perdoasse a diferença entre o valor da venda e o montante devido; ou devolver as chaves e ir embora, deixando para o credor o ônus do mau negócio. Instalada a recessão, milhares de famílias, principalmente no interior dos Estados Unidos, devolveram as chaves e ficaram sem casa, sem recursos e sem renda. Tiveram de ser socorridas por administrações municipais e foram instaladas em abrigos públicos.

Por último, a conta chegou aos bancos, responsáveis por hedge funds e outras operações de crédito imobiliário. O Bear Stearns, que era o quinto maior banco de investimento dos Estados Unidos, ficou insolvente em março de 2008 e foi adquirido pelo JPMorgan Chase. Na sequência foi a vez da Countrywide Financial, maior financiadora norte-americana de hipotecas, e seguiu-se a assunção pelo governo da Fannie Mae e da Freddy Mac. Outra financiadora imobiliária, a Washington Mutual, sofreu uma corrida, e o governo a ajudou a sair do enrosco.

87

CRISES FINANCEIRAS

Mas foi a quebra do Lehman Brothers, em 15 de setembro de 2008, sem suporte do governo americano, que fez toda a diferença. Desfazia-se a certeza de que não quebraria quem era grande demais para quebrar (*too big to fail*). (Até hoje muitos supõem que teria sido mais barato promover uma solução forçada, que já havia ocorrido no Bear Stearns.)

A gigantesca seguradora AIG, com 300 bilhões de dólares em CDOS, seria a próxima a quebrar, mas nesse caso o governo agiu para evitar a insolvência e prejuízos enormes. Estes atingiriam estimados 150 bilhões de dólares apenas para os bancos europeus que operavam com a AIG. O Merrill Lynch foi o próximo a cair e se uniu ao Bank of America. O Morgan Stanley e o Goldman Sachs preferiram aderir à supervisão do Fed, deixando para trás a liberdade de que desfrutavam até ali.

Os efeitos sobre a economia norte-americana foram pesadíssimos. O PIB dos Estados Unidos caiu 2,6% em 2009, embora já começasse a se recuperar no último trimestre daquele ano. Vultosos recursos foram empregados para salvar os bancos — inclusive instituições enormes como o Citicorp e o Bank of America — e para "ressuscitar" a economia, ao estilo de Lord Keynes, adotado nos anos 1930 pela administração Roosevelt.

A Segunda Grande Contração ficava para trás, mas ainda havia escândalos financeiros em curso. E um dos maiores entre eles foi a quebra da firma de investimentos de Bernard Madoff, envolvendo nada menos do que 65 bilhões de dólares — soma que remete não apenas ao efetivo ingresso dos valores nas contas de Madoff, mas à remuneração prometida pelo financista aos investidores.

Foi o maior esquema Ponzi da história mundial. Madoff, na verdade, atuava com discrição, em nada se assemelhando aos larápios que querem brilhar nas colunas sociais para expor aos amigos a súbita riqueza obtida. Ao ser preso em dezembro de 2008 em sua cobertura em Nova York, onde estava com a esposa Ruth, Madoff já estava pronto para o castigo — ficaria na penitenciária pelo resto da vida, até morrer em 2021. Poucos dias antes, havia contado aos dois filhos sobre os crimes cometidos — e foi um desses filhos, que trabalhava com ele, que o denunciou à polícia. O filho mais velho, Mark, suicidou-se em 2010. O mais novo, Andrew, morreu de câncer em 2014, atribuindo a volta da doença que contraíra em 2003 ao escândalo que abalou sua família e suas amizades.

Madoff começara na vida financeira nos anos 1960, como intermediário que atuava no mercado de ações. Profissional preparado e com amplo círculo de amizades feitas nos clubes da alta sociedade que frequentava em Nova York e em Miami, chegou a presidir a Nasdaq, a bolsa norte-americana de ações de empresas emergentes.

Não prometia aos investidores pagar taxas mirabolantes de 40% ao ano, limitando-se a oferecer de 10% a 12% ao ano, o que parecia razoável. Não era. Mas permitiu a Madoff reunir uma clientela de cerca de 4500 pessoas e instituições, gerindo recursos declarados de 17 bilhões de dólares. Reportagem da BBC Brasil de 2021 mostrou que Madoff havia sido fiscalizado várias vezes pela SEC, mas não houve verificação sobre seu hedge fund.

A quebra após meio século de atuação na área financeira ocorreu em plena crise das hipotecas *subprime*. Clientes tentaram sacar 7 bilhões de dólares de suas aplicações, mas não foram atendidos. Pudera. Madoff pagava os investidores que faziam retiradas com os recursos recebidos dos últimos aplicadores. Era um típico esquema Ponzi. Quando os novos aplicadores sumiram, os velhos ficaram sem poder sacar. Entre os que acreditaram nos juros altos prometidos por Madoff estavam fundações como a Wunderkinder, de Steven Spielberg, bancos como o HSBC, o RBS e o Santander, além de casas de investimento como a Nomura Holdings e o Man Group inglês. Muitos investidores perderam suas economias e dois teriam cometido suicídio. Uma fundação constituída pelo prêmio Nobel da Paz Elie Wiesel perdeu 15,2 milhões de dólares.

O CRIADOR DO ESQUEMA PONZI

Em Boston, no início dos anos 1920, Carlo Ponzi tinha uma pequena empresa que vendia certificados de depósito — espécie de nota promissória que rendia 45% ao ano de juros, quinze vezes mais do que os 3% ao ano oferecidos pelos bancos da época. Era uma operação simples, descrita assim pelo economista Charlie Kindleberger: "ele usava o dinheiro que recebia com a venda dos depósitos na quarta-feira para pagar os juros àqueles que o haviam comprado na segunda-feira".

Os investidores deixavam o dinheiro com Ponzi para ganhar "juros sobre juros". Quando alguns se sentiram ricos e decidiram sacar a fortuna, o dinheiro não existia. O esquema de Ponzi durou dezoito meses, e o financista ficou catorze anos na cadeia após ser descoberto e condenado.

Kindleberger escreveu: "Ponzi e Madoff tinham um atributo em comum — os dois lidavam com desinformação. Mentiam sobre as taxas de juros que seus clientes poderiam obter. Muito da corrupção nos mercados financeiros envolve a interpretação incorreta dos valores de títulos, investimentos e taxas de lucro, além do roubo de informações e dos esforços dos outsiders em obter dados dos insiders antes que a informação chegue ao público".

O TRIO DE MESTRES QUE DEBELOU
A CRISE DO LEHMAN BROTHERS

O livro *Apagando o incêndio: A crise financeira e suas lições* (Todavia,

MUNDO

2020) contém uma das mais ricas histórias dos tempos de turbulência dos anos 2008-9, entre o final da administração George W. Bush e o início da era Barack Obama. O que distingue a obra de outras sobre o mesmo tema é o prisma: a crise foi analisada pelos três principais personagens da administração financeira pública norte-americana da época — Ben Bernanke, chairman do Federal Reserve (Fed); Timothy Geithner, chairman do Fed de Nova York; e Henry (Hank) Paulson Jr., secretário do Tesouro.

Com 700 bilhões de dólares disponibilizados pelo Tesouro em 2008, em 12 de outubro daquele ano os três gestores públicos se sentaram à mesa com os dirigentes dos maiores bancos comerciais e de investimento dos Estados Unidos, liberaram 125 bilhões de dólares para esses bancos e começaram a aplacar a desconfiança de investidores e depositantes prontos para sacar dinheiro das instituições.

"A única maneira de conter o dano econômico de um incêndio financeiro é apagá-lo, embora seja quase impossível fazer isso sem ajudar algumas das pessoas que o provocaram", segundo os autores.

A crise — popularmente conhecida como Grande Recessão — levou à estatização das gigantes hipotecárias Fannie Mae e Freddie Mac, à falência do Lehman Brothers, ao colapso da corretora Merrill Lynch e dos bancos Washington Mutual e Wachovia, além de impor a necessidade dos resgates do Citi e da gigantesca seguradora AIG. Antes disso, a Countrywide Financial foi absorvida pelo Bank of America e o banco de investimentos Bear Stearns foi assumido pelo JPMorgan. Afinal, até o Bank of America precisou de apoio oficial. Os aportes federais para a Fannie Mae e a Freddie Mac foram de 400 bilhões de dólares.

Brasil

De d. João VI à bolha de 1890: avanços e tombos

O BANCO DO BRASIL foi a primeira sociedade anônima do país, criada pelo governo com cacoetes até hoje presentes em iniciativas oficiais — caso da privatização da Eletrobras. Começou assim, nos primórdios do século XIX, a história do mercado de capitais no Brasil. Por alvará do príncipe regente d. João, datado de 12 de outubro de 1808, o Banco do Brasil foi constituído não só para emitir papel-moeda, mas para financiar as enormes despesas da implantação da corte portuguesa no país, tivesse ou não recursos para tarefa de tal magnitude. Com capital de 1200 contos de réis, dividido em 1200 ações de valor nominal de um conto de réis cada uma e um voto por ação, foi a primeira sociedade anônima, mas não a primeira sociedade por ações do país. O banco era uma sociedade de economia mista da qual o Estado não só participava, mas também comandava. E foi uma das sociedades que mais dificuldades teve para atrair acionistas e que menor poder atribuiu aos sócios. Só os quarenta maiores acionistas poderiam participar da assembleia geral da companhia. Hoje, o Estado teria o equivalente a uma *golden share* que lhe conferiria poderes especiais nas assembleias. Nenhum sócio poderia ter mais de cinco ações, mas com peso máximo de quatro votos. Com tantas restrições, em fins de 1812 somente 126 ações tinham sido subscritas — pouco mais de 10% do capital. A Coroa teve de oferecer vantagens para que o capital enfim fosse todo subscrito, o que só ocorreu em 1817, quase uma década depois. Novos acionistas ganhariam o hábito da Ordem de Cristo, podendo receber uma comenda e até a condição de fidalgo cavalheiro.

Ao banco foi atribuída a responsabilidade de cobrar tributos. Com os recursos, apresentou balanço e distribuiu dividendos enormes aos acionistas, correspondentes a 16,45% do capital em 1816 e a 22,75% em 1817. A distribuição não correspondia aos lucros, mas ao volume de recursos emprestados ao governo. Dividendos tão elevados atraíram acionistas e permitiram elevar o número de ações para 2235, subscritas por grandes comerciantes, senhores de terras e membros da hierarquia nobiliárquica portuguesa. A Coroa tinha apenas 76 ações ou 3,4% do capital, mas como precisava de muito dinheiro para financiar seus gastos e não havia controles sobre a instituição, as contas não fechavam. Por exemplo, apenas para assinar o tratado pelo qual o Brasil era reconhecido como país livre, o imperador d. Pedro I teve de arcar com uma indenização de 2 milhões de libras esterlinas a serem pagas a Portugal, escreve Rubens Ricupero em *A diplomacia na construção do Brasil*. Para pagar, era preciso achar quem tivesse caixa.

O Banco do Brasil teve fim melancólico: foi liquidado em 1829, pois não podia cumprir suas obrigações. Esgotava-se na-

BRASIL

quele momento uma experiência única de mercado de capitais, mas a criação de sociedades anônimas de capital pulverizado principiava ali.

De fato, na primeira metade do século XIX o Brasil já buscava organizar seu incipiente mercado de capitais. O governo ora ajudava, ora atrapalhava, como se verá mais adiante. A formalização de uma Bolsa de Valores era essencial. Em 1809, a Coroa anunciou a construção, no Rio de Janeiro, de uma Praça do Comércio — que era o nome dado a uma Bolsa —, mas que não vingou. Os negócios com ações eram então feitos em ruas do centro do Rio.

Além do Banco do Brasil, outras sociedades por ações foram criadas, nota Ney Carvalho. Um século de tempos agitados marcado pela volta de d. João VI para Portugal, pela assunção de d. Pedro I — que abdicou em 1831 devido a várias de suas ações como rei terem sido duramente criticadas e a diminuição do apoio político da população, chegando a ocorrer protestos contra sua presença no governo —, que ao deixar o país indicou como sucessor seu filho de apenas cinco anos, d. Pedro II. Devido à sua pouca idade, o então governo foi provisoriamente deixado nas mãos dos regentes, o que não impediu a constituição de inúmeras sociedades anônimas, entre elas a Companhia Brasileira de Paquetes a Vapor, a Companhia de Navegação de Nictheroy, a Companhia de Omnibus, a Companhia das Barcas de Banho, a Companhia de Gelo, a Companhia das Gôndolas Fluminenses, a casa de penhores Monte de Socorro e o Montepio Geral. Era, pois, indispensável ter uma nova Bolsa — e a segunda Praça do Comércio, dessa feita financiada pelo mercado, e não pelo governo, foi instalada num antigo armazém de sal, reformado para abrigar a instituição, aberta em 1836.

A segunda Bolsa já funcionava quando o Banco Comercial foi criado como companhia aberta, em 1838, em reunião

95

CRISES FINANCEIRAS

numa dependência da sociedade de corretores organizados —
a Sociedade dos Assinantes da Praça (ou seja, da Bolsa). Um
sinal de interesse pelo mercado foi visto em 1837, quando o
Jornal do Commercio (do Rio) começou a divulgar a cotação
de algumas ações.

Cabe reconhecer a tentativa de impor certa ordem no mercado de capitais que se formava, com vistas a estabelecer laços comuns de interesse entre capitalistas e empreendedores.
Nele despontava, principalmente a partir da década de 1840,
o nome de Irineu Evangelista de Sousa, o Barão de Mauá. Aos
26 anos ele foi para a Inglaterra, onde passou anos entendendo
como funcionava o maior mercado de capitais do mundo, na
também nação líder da época. Mas, como nota Ney Carvalho,
o Barão de Mauá não era o único empresário brasileiro digno
desse nome, por mais destacado que fosse seu papel.

Hábil homem de negócios, com relações e crédito internacionais, Mauá comprou por valor módico em 11 de agosto
de 1846 o Estabelecimento de Fundição e Estaleiros da Ponta
da Areia, que o jornalista e escritor Jorge Caldeira trata como
a primeira grande indústria brasileira em seu livro *Mauá:
Empresário do Império*. A escravidão só acabaria no final do
século, mas os escravizados da Ponta da Areia "eram carpintei-
ros, fundidores, calafates, modeladores e maquinistas — gente especializada, enfim", diz Caldeira. O destaque se deve ao
fato de que o Brasil era mal-acostumado. A corte havia trazido
"almofadinhas" que consideravam degradante o trabalho manual — e havia muito trabalho manual a ser feito. E se alguém
concluir que isso não é tão distante do que ainda hoje se vê
em gabinetes oficiais, provavelmente não estará fazendo julgamento apressado.

OS SALTOS DO BARÃO DE MAUÁ

Da Ponta da Areia, transformada num enorme e bem-sucedido empreendimento, Irineu Evangelista de Sousa, o Barão de Mauá, deu saltos ainda mais impressionantes. Atuou no Brasil e no exterior — por exemplo, no Uruguai e em Londres. Liderou a constituição de grandes companhias abertas, estradas de ferro, companhias de navegação e bancos. Fundou o Banco do Commercio e Industria do Brasil, cujo nome logo mudou para Banco do Brasil, que nasceu grande e em 1853 incorporou o Banco Comercial. Mauá era especialista em câmbio e não hesitava em apostar suas fichas ora na libra, ora no mil-réis. Atuava como um especulador altamente qualificado. Ganhou fortunas em várias atividades. Os governantes às vezes tremiam quando Mauá entrava no mercado e chegava a apostar sua fortuna em operações cambiais.

Mas a relevância de Mauá começou a incomodar altos quadros da corte de d. Pedro II. O imperador nunca teria perdoado Mauá, relata Caldeira, por um fato ocorrido no lançamento da Estrada de Ferro de Petrópolis, nome dado em homenagem ao imperador. Presentes os mais altos quadros da corte para iniciar os trabalhos de construção da ferrovia, Mauá pediu a d. Pedro II que cavasse a terra do local onde se definia a pedra fundamental do empreendimento e lançasse o produto num carrinho — levando-o até o ponto de descarga. O gesto foi seguido pelos demais convivas: todos usaram uma pá de prata e um carrinho de jacarandá que Mauá mandou fazer para a cerimônia. Mas tiveram de suar as camisas como operários comuns. Teria sido demais para o imperador.

O Brasil estava mudando, mas os poderosos da época não gostavam da ideia de mudanças. Ainda hoje, acrescente-se, muitos poderosos não querem que o país mude — e o atraso se mantém firme e forte. Um mercado de capitais pujante, onde milhares de empresas possam nascer e capitalizar-se, ainda tenta vingar no Brasil, que em plenos anos 2020 tem apenas algumas centenas de empresas com ações cotadas em Bolsa. Um capitalismo vibrante já tentava brotar no século XIX.

Vencer a mentalidade tacanha que vicejava em núcleos do governo era essencial. Um dos próceres do Império, o ministro da Fazenda (entre 1848 e 1853) Joaquim José Rodrigues Torres, o visconde de Itaboraí, via o crédito, a indústria e o mercado "como se fosse o inferno", escreve Jorge Caldeira em *Júlio Mesquita e seu tempo* — livro que relata a história do fundador do Grupo Estado. Em discurso no Congresso, o visconde de Itaboraí afirmou, com palavras que poderiam ser tomadas como sintomas de um estado de confusão mental:

A concorrência dos bancos, senhores, tem sido a causa principal de quase todas as crises comerciais. É a porfia em que cada qual luta por fazer mais negócio, por aliciar mais fregueses, por dar maiores dividendos a seus acionistas que de ordinário ocasiona a facilidade de descontarem títulos sem as necessárias garantias; que faz baixar demasiadamente os juros [...]. A concorrência dos bancos prepara para os produtores ávidos e imprudentes essas elevações da fortuna, essas quedas precipitadas, que dão ao trabalho e à indústria todos os delírios, todas as angústias do jogo.

Vinha assim de altos quadros governamentais, ou de influentes gabinetes do governo de d. Pedro II — felizmente não de todos —, a desconfiança em relação ao sistema financeiro privado e à capitalização das empresas que necessitam de recursos para investir. Expressava-se um sentimento de repúdio à atividade privada insubmissa ao poder, como ocorre até hoje em qualquer ditadura que se preze. Mutatis mutandis, a China

BRASIL

de Xi Jinping, por exemplo, quer controlar os grandes negócios privados — veja-se o Alibaba Group — para não perder poder político. Nada muito diferente do que ocorreu na história do Brasil, salvo nos raros governos que entenderam que o papel das empresas privadas é investir, lucrar e pagar tributos, gerar emprego e desenvolvimento econômico.

A presença de empreendedores e capitalistas privados no mercado de capitais é uma constante na história brasileira e há vários exemplos disso. Muitos desses exemplos estão no livro *Native Capital: Financial Institutions and Economic Development in São Paulo, Brazil 1850-1920*, escrito pela historiadora Anne G. Hanley. Um marco nessa história foi a criação da Estrada de Ferro Santos-Jundiaí em 1867, conectando os produtores de café do oeste do estado ao porto de Santos. Números impressionantes sobre a economia paulista relativos ao final do século XIX estão citados mais adiante.

EM PLENA CRISE GLOBAL, UMA SENHORA INVESTIDORA

Aos 22 anos, na segunda metade dos anos 1800, ao receber com a irmã Francisca Bernardina vultosa herança decorrente da morte dos pais, Eufrásia optou por seguir vida própria. Mudou-se com Francisca para a Europa e tornou-se investidora audaciosa no país e no mundo. Aplicou em ações, títulos públicos e imóveis — inclusive num empreendimento imobiliário em Paris, onde tinha uma de suas propriedades, na rue de Bassano, em Champs-Élysées, preservada por Albert Guggenheim, espécie de agente financeiro, secretário e procurador de Eufrásia que residia na capital francesa.

Cartas trocadas entre Eufrásia e seu broker Guggenheim no século passado, quando já tinha multiplicado a fortuna recebida (compiladas

CRISES FINANCEIRAS

por Hildete Pereira de Melo e publicadas em edição de 2003 da *Revista Gênero* sob o título "A correspondência econômica de uma mulher na crise de 1930"), são reveladoras da personagem em tela, que rivalizava em poder com os homens um século antes do movimento feminista. Em livro intitulado #*QueroSerEufrasia*, Mariana Ribeiro aborda a vida de Eufrásia. Uma breve síntese do livro ajuda a entender a personagem central do texto: "Você sabe quem foi a primeira mulher a investir na Bolsa de Valores? Eufrásia Teixeira Leite, uma brasileira nascida no meio do século XIX, no interior do Brasil, investiu em ações e desbravou os cinco continentes, em mais de nove moedas diferentes, e construiu sua fortuna. Escolheu investir em empresas que desenvolviam novas tecnologias, desenvolvimento de remédios e construção de ferrovias. Ela atuou em áreas como mobilidade urbana, alfabetização feminina, defesa dos animais, gestão e sustentabilidade e apoiou os sobreviventes da Primeira Guerra [Mundial]. Apoiou projetos geridos por outras mulheres como cientistas e artistas. Morreu sem deixar herdeiros e doou seu patrimônio para a construção de hospital e escolas que hoje são essenciais no atendimento da comunidade de sua terra natal — Vassouras (RJ)".

Teve ações do Banco do Brasil, Banco Comércio e Indústria de São Paulo, Banco Mercantil do Rio de Janeiro, Companhia América Fabril, Cia. de Fiação e Tecidos Aliança, Tecelagem de Seda Ítalo-Brasileira, Companhia Antarctica Paulista, Cia. Cantareira e Viação Fluminense, Cia. Docas de Santos, Cia. Mogiana de Estradas de Ferro, Cia. Paulista de Estradas de Ferro, Estrada de Ferro Madeira-Mamoré. À época de seu falecimento, sua fortuna foi estimada em 1850 quilos de ouro. A propriedade de que era dona em Vassouras — a Chácara da Hera — se transformou no Museu da Casa da Hera.

Eufrásia faleceu em 1930, aos oitenta anos, quando mais intensos eram os efeitos do crash de 1929 na Bolsa de Nova York. Não parecia abalada com a crise. Na correspondência mantida com Guggenheim até as vésperas de sua morte, fica a impressão de que Eufrásia, senhora de enorme riqueza, não ignorava os efeitos da crise sobre os investimentos

BRASIL

nem o fato de que, por ser credora e não devedora, continuaria riquíssima depois que a crise passasse.

Naqueles tempos idos, mais uma vez o governo pretendeu intervir no mercado de capitais — coisa que ainda faz, de outras formas. Em 1860, a lei nº 1083 impôs a obrigatoriedade de intervenção de corretores em qualquer operação com títulos e valores mobiliários. Ficou conhecida como Lei dos Entraves, porque a ela é atribuído o equívoco de proteger uma casta de corretores, limitar a expansão do mercado e assim conter o desenvolvimento das empresas.

Essa forma de intervenção imperial imposta à vida econômica privada só foi interrompida pela lei nº 3150, de 1882, que regulou o estabelecimento de companhias e sociedades anônimas. Como nota Ary Oswaldo Mattos Filho em *Direito dos valores mobiliários*, com a lei nº 3150 se tornou possível constituir uma companhia sem a necessidade prévia de autorização governamental, desde que todo o capital estivesse subscrito. A segunda previsão da lei "é a instituição de um corpo de terceiros cuja tarefa é a fiscalização do andar da companhia, ao invés de se esperar a realização de assembleia geral para se tomar conhecimento dos atos de gestão praticados durante o exercício social", afirma Mattos Filho. Na origem do Império estavam "as diferenças de ordem cultural que os colonizadores trouxeram de seus países de origem, diferenças estas bem marcantes, além da necessariamente lenta alteração ou absorção de uma cultura pela outra". Enfim, segundo Mattos Filho, "padrões de cultura são muito mais lentamente mutáveis do que imaginam alguns economistas mais eficientistas".

O Império não tinha, no Brasil, as mesmas marcas radicais

101

dos regimes autoritários mais severos do mundo. Nada que lembre ainda que remotamente a Alemanha de Hitler, a Rússia de Stálin ou a China de Mao. Sem embargo de seus arroubos, d. Pedro I defendia a necessidade de uma Constituição como instrumento de previsibilidade — e chega a ser visto como constitucionalista por historiadores de hoje. Mas o corporativismo e outras formas de ausência de liberdade presentes nos reinados de d. João VI, do próprio d. Pedro I e, em menor escala, de d. Pedro II, acabariam por rachar no final do século. Com o fim da monarquia, em 1889, as leis mudaram, abrindo o caminho para a liberdade econômica. Iniciava-se então uma revolução capitalista — infelizmente de vida curta — implantada após a transformação do Império em República. Uma das figuras centrais da mudança foi Rui Barbosa, na qualidade de ministro da Fazenda do governo Deodoro da Fonseca.

O ambiente era propício a essa revolução liberal. Novas forças econômicas entravam em ação. Abolida a escravidão, centenas de milhares de pessoas ingressaram no mercado de trabalho, demandando moradia e bens de consumo. Ao mesmo tempo, os mercados de capitais atraíam empresas que precisavam de capital e de investidores. Atraíam também barões, viscondes, fazendeiros, advogados e capitalistas em geral, lembra Ney Carvalho em *O encilhamento: Anatomia de uma bolha brasileira*. Sem amarras, novos negócios eram abertos, numa profusão de IPOS — designação atual para as velhas emissões de ações de novas empresas abertas.

A partir de janeiro de 1888, foram lançados IPOS do Banco Popular de São Paulo, da Companhia Geral de Imigração- -Evolução Agrícola, do Banco Agrícola do Brasil e do Banco Itália-Brasil. O papel mais negociado era o do Banco Internacional, formado em 1886 pelo visconde de Figueiredo. Mais de trezentas companhias foram lançadas em fins do século XIX.

"O clima reinante após a Abolição contagiou o mercado", afirma Ney Carvalho. O mercado de ações, em que as pessoas querem participar dos resultados das companhias, virava coqueluche. Subiam, entre outras, as cotações da Estrada de Ferro Leopoldina e da Companhia Nacional de Navegação. E crescia o número de lançamentos, como os dos bancos de Imigração, Mercantil dos Varejistas, Mercantil e Industrial do Paraná, além das companhias Pastoril Mineira, Brasileira de Phosphatos de Calcio, Progresso Industrial, Fábrica de Biscoitos Internacional e Indemnisadora de Seguros. Mas havia o outro lado. Também se preparava ambiente para o tal Encilhamento, como ficou conhecida a bolha do mercado acionário de 1888 a 1891. O nome encilhamento foi criado por um grande investidor e escritor que perdeu fortuna com a bolha: o visconde de Taunay, que pintou como desgraça uma fase que mesclava problemas com aspectos promissores. E a história afinal deu mais peso à versão de Taunay, pois a abertura do mercado ocorreu em meio à balbúrdia.

A primeira grande crise bursátil

Do livro de J. F. Ybarra Barroso *80 anos depois*, de 1983, é possível extrair trechos elucidativos sobre o que ocorreu na primeira grande bolha brasileira. Assim como ocorreria sete décadas mais tarde, foram momentos em que os militares assumiram a chefia do governo. E naquela época, assim como após o golpe de 1964, houve grave crise financeira que levou muitas empresas à quebra e a dificuldades cambiais.

O tema das duas crises será tratado com destaque ao longo deste capítulo. No Encilhamento, tal como em 1971, havia no Rio de Janeiro uma ansiosa perspectiva de grandes ganhos, de ostentação de riquezas recentes, de ufanismo exacerbado, da crença numa prosperidade quase milagrosa. Foi o que também caracterizou o período do milagre brasileiro, enfim cantado em verso e prosa no governo Emílio Médici (1969-74).

A expressão "encilhamento" aparecia, nos dicionários antigos, como o "ato de arrear a cavalgadura". Dicionários mais recentes incorporaram a definição de "momento extraordinário de especulação bolsista que ocupou os primeiros anos da República".

Livre da monarquia, acreditava-se que o Brasil avançaria nos caminhos do progresso e do desenvolvimento em ritmo vertiginoso, e para isso se preparavam as empresas. Mas, entre outros obstáculos, a inflação criava um problema enorme para a República.

É impressionante a descrição daquele momento feita por Ybarra Barroso:

> Em seu programa de governo, [Afonso Celso, visconde de Ouro Preto] dera grande destaque à nova regulamentação da lei bancária e à larga concessão de empréstimos agrícolas [que] incentivaram a criação de novos bancos e o aumento de capital de outros já existentes. [...] Já em setembro de 1889, na fundação do Banco Construtor do Brasil, o *Jornal do Commercio* relata o desvairamento dos subscritores invadindo os compartimentos do banco, estabelecendo [...] tamanho aperto que várias pessoas desmaiadas tiveram de ser transportadas para a rua retiradas a braços.

Como se vê no relato de Afonso de Taunay, filho do visconde de Taunay:

> Recordo-me muito bem, das reminiscências da primeira infância, do empolgamento de que ficou possuído o Rio de Janeiro com o

BRASIL

lançamento dos manifestos para a fundação de novos estabelecimentos de crédito e mais sociedades anônimas, sobretudo a do Banco Construtor do Brasil. Com imenso açodamento a este se precipitavam os subscritores pois, dia a dia, se acentuava o ágio das ações. Contava-se que tal [era] o entusiasmo desses candidatos que haviam ocorrido diversas síncopes no meio da multidão dos pretendentes aos tão disputados papéis, apinhados em frente aos seus guichês. Várias vezes se dera a intervenção da polícia para apaziguar pugilatos entre indivíduos que a todo o transe pretendiam conculcar os direitos dos primeiros ocupantes junto às grades.

"Sem o regime de filas", relata Afonso de Taunay em *Ensaios de história econômica e financeira*, "contava-se que tal a ânsia dos subscritores que muitos deles atiravam pacotes de notas aos caixas a berrar-lhes 'Fulano! São tantos contos para tantas ações. Meu nome está por cima do maço!'".

Dadas as facilidades, na primeira metade do ano 1890, mais de trezentos bancos e companhias arquivaram contratos na Junta Comercial do Rio de Janeiro, totalizando capitais de 277 mil contos de réis, dos quais 200 mil contos referentes ao lançamento do Banco dos Estados Unidos do Brasil.

Mas só em julho daquele ano a bolha começou a ganhar momento. Três bancos e 45 empresas nasceram com capital total de 158,97 mil contos de réis. Pairava a ansiedade, um clima elétrico que emergia do seio da multidão e prenunciava temporal. Era um jogo perigoso, pois não eram tempos de educação financeira, nem da certeza de que euforia não constrói mercados — ao contrário, tende a desorganizá-los. A fome do ouro e da riqueza a serem obtidos de um dia para o outro caracterizaram o Encilhamento.

Outro exemplo daqueles tempos estranhos estava numa questão aparentemente prosaica: o nome das empresas. Em

CRISES FINANCEIRAS

19 de setembro de 1891, o então ministro barão de Lucena reconheceu o problema: "As empresas e companhias multiplicaram-se de tal sorte que ultimamente já escasseavam ao gênio inventivo, denominação para o lançamento de empresas, tantos eram os incorporadores e os tomadores ávidos".

E sugiram nomes como a Industrial de Encaixotamento, a Garantia de Enterros e Construções Mortuárias, a Companhia Recreativa Suburbana, a Protetora das Costureiras. Ou ainda a Exploradora Brasileira, a Utilidade Pública e a Companhia Sanitária — nesses casos, nomes genéricos, que não permitem identificar a natureza do negócio. Além disso, na razão social de muitas empresas havia a palavra banco sem que fossem instituições financeiras.

A entrada e a saída de acionistas era, muitas vezes, célere. Grupos que em tudo se assemelhavam aos dos pools visíveis no crash da Bolsa de Nova York de 1929, já citados neste livro, formavam-se no Rio de Janeiro. Quase sempre eram os mesmos grupos que, segundo Afonso de Taunay, iam formar outro e mais outro, "sem de leve se importarem com os pretendidos valores, impingidos aos confiantes, crédulos e hipnotizados parentes, amigos, conhecidos ou indiferentes". Ybarra conta que, uma vez

concluído o negócio, lançada a companhia, lançada, sim, aos azares e trambolhões da triste sorte, cada um saía com a sua opípara parcela, a empregá-la como melhor entendesse, os mais ladinos em boa espécie, imóveis e libras inglesas, os menos espertos ou desvairados pela ganância, em papéis e no encilhamento, onde por vezes perdiam grande parte ou tudo que haviam logrado embolsar, e aí de *esfoladores*, que pouco antes eram, passavam a *esfolados*.

Em resumo, ao abrir a economia e deixar para trás os constrangimentos imperiais, o período ficou marcado por lançamentos de empresas que nunca chegaram a se instalar ou por aventureiros que aproveitaram a abertura jamais vista para lucrar às custas de investidores ávidos por adquirir ações e participar de empreendimentos que supunham ser promissores.

O ministro da Fazenda Rui Barbosa seria apontado como o grande responsável pela bolha, com sua política de expansão monetária que inundou a economia de liquidez, facilitando a instalação da euforia. Melhor considerar essa versão como meia-verdade. A rigor, a política comandava a transformação do Império em República, liberando as amarras do regime imperial recém-destronado, caracterizado pelo centralismo econômico.

José Júlio Senna, em *Política monetária: Ideias, experiências e evolução*, trata com propriedade o papel de Rui Barbosa.

COM RUI BARBOSA, LIBERALISMO E CONSTITUIÇÃO

No ensaio *Rui Barbosa e a construção institucional da democracia brasileira*, o cientista político Bolívar Lamounier mostra não apenas a atualidade do pensamento de Rui Barbosa — democrata e federalista, crítico do positivismo —, mas seu papel preponderante nos catorze meses em que foi o ministro da Fazenda do governo provisório do marechal Deodoro da Fonseca. A controvérsia em torno do papel de Rui Barbosa e da sua responsabilidade pela bolha do mercado acionário foi alimentada, entre seus críticos, pelo visconde de Taunay, pelo engenheiro e político Pandiá Calógeras, pelo historiador e sociólogo Oliveira Viana e, mais recentemente, pelo antropólogo e político Darcy Ribeiro. Entre os que dignificaram o pensamento de Rui Barbosa e explicaram sua atuação como ministro de Deodoro aparecem o economista Gustavo Franco, o jurista Clóvis Ramalhete, o ministro San Tiago Dantas e o político Aliomar Baleeiro.

CRISES FINANCEIRAS

Como notou Gustavo Franco, a economia já apresentava "notável expansão" entre 1887 e 1889, e "a crescente possibilidade de ver-se interrompida essa trajetória apresentava-se ameaçadora para a nova situação republicana". A reforma das instituições monetárias era urgente, segundo Franco. A explicação é de Lamounier: "Prisioneira da ortodoxia metalista da época, a política do Império não oferecia uma resposta adequada à questão de como controlar, com a necessária flexibilidade, a oferta de moeda". Rui Barbosa era democrata e federalista. Rejeitava o positivismo de Auguste Comte.

Como nota Senna, o ministro da Fazenda argumentava que não teria havido excesso de expansão monetária, pois jamais o país necessitara tanto de meio circulante, "em quantidade tão larga", como naquela época. Afinal, "a população, a produção, a remuneração do trabalho, a atividade fabril e comercial cresceram insolitamente, desproporcionalmente, incalculavelmente nestes últimos anos". A verdade é que não havia à época uma administração monetária como a que se desenvolveu desde meados do século passado, permitindo maior controle sobre a inflação com o emprego combinado de operações de dívida pública, controle fiscal e recolhimentos compulsórios. A rigor, o estoque monetário deu um salto na década de 1890, quase quadruplicando entre 1889 e 1898. O risco de grave crise política se houvesse forte contração da moeda — e da atividade econômica — deve ter sido levado em conta na época.

Mas Bolívar Lamounier vai além ao mostrar que Rui Barbosa tinha de enfrentar, quando ministro, o desafio de divergir dos ideólogos do Império e da República, tanto dos que não queriam perder os privilégios de que dispunham no tempo do Império como dos que queriam, com a República, avançar rumo ao positivismo de Auguste Comte, pondo em risco os princípios democráticos. Rui Barbosa era, acima de tudo, um democrata. Ele queria promover a construção institucional da democracia, cujo "ponto de partida haveria de ser a boa organização do arcabouço eleitoral, partidário, parlamentar, judiciário e executivo", escreve

BRASIL

Lamounier. Em resumo, não cedia aos simpatizantes de autoritarismos à esquerda e à direita. Já em meados dos anos 1930, "o autoritarismo caminhava a passos largos".

Faltavam na bolha de 1890 instrumentos básicos de um mercado sadio. Não havia controle dos IPOS e do mercado de capitais, de transparência dos dados dos empreendimentos e de punição para os faltosos. Ações eram emitidas ao portador, o que contribuía para as fraudes. Foi preciso uma nova bolha, oito décadas mais tarde, em 1971, para que fosse criada a Comissão de Valores Mobiliários e revista a legislação das sociedades anônimas, eliminando ações ao portador. Isso ocorreu depois de ser criada uma nova legislação para o mercado de capitais, em 1965.

Ney Carvalho faz o contraponto a Taunay e a Ybarra Barroso ao citar nomes da época do Encilhamento, muitos deles personagens empresariais conhecidos, como Francisco de Paula Mayrink, o conselheiro Mayrink; André Gustavo Paulo de Frontin, líder empresarial e futuro presidente do Clube de Engenharia; e Henry Lowndes, conde de Leopoldina. Foram figuras ativíssimas da época, fosse pela capacidade de constituir e ampliar negócios, fosse como especuladores — lembrando-se que a atividade especulativa é inerente aos mercados e nada tem, a priori, de condenável, salvo quando acompanhada de *insider information* (informação privilegiada) ou manipulação de mercado.

Esses e outros senhores que ganharam fortunas fizeram benemerência, redistribuindo recursos numa época em que a receita de tributos era escassa. Deram dinheiro a hospitais, museus, casas de caridade, igrejas, ao Liceu de Artes e Ofícios

109

CRISES FINANCEIRAS

e ao Real Gabinete Português, à Beneficência, ao Grêmio, ao Liceu Literário e à Caixa de Socorros d. Pedro v. Ou ainda ao Asilo Isabel, para meninas necessitadas. Alguns desses doadores — o trio Mayrink, Frontin e Lowndes — foram tratados com desprezo pelo visconde de Taunay.

Nas origens da bolha especulativa estava o fato de que era possível constituir uma empresa com aporte de apenas 10% do capital pelo controlador, mais 10% via lançamento de ações e os 80% restantes a serem apropriados na medida dos lucros do empreendimento. Sem agência reguladora, era uma regra frouxa, que ajudou a alimentar a bolha.

Retomemos o livro de Anne Hanley sobre as características do mercado financeiro do estado de São Paulo que, sob muitos aspectos, exibia força invejável. Na década de 1870, já havia no estado um forte mercado onde se negociavam ações, títulos com deságio, bônus governamentais e outros tipos de papéis. As ações negociadas eram de bancos, estradas de ferro, transporte urbano e serviços públicos. Um decreto de 1876 previa que todas as transações ocorressem em praças do comércio e que fossem realizadas por corretores, com valores que tivessem visibilidade para o público. Ao final do dia, as cotações seriam informadas em boletim. Os corretores se ofereciam para prestar serviços de intermediação aos investidores.

Entre 1886 e 1887, ações de 28 empresas e dezesseis tipos de *bonds* eram listados em São Paulo. O valor dos papéis era estimado em 71 mil contos de réis, equivalentes a 35 milhões de dólares. Havia doze ações emitidas por oito companhias ferroviárias, quatro de transportes urbanos, três de serviços públicos, além de cinco bancos, uma companhia de seguros e três engenhos. Entre as empresas com maior valor de mercado estavam ferroviárias como a Companhia Paulista (20 mil contos de réis), Companhia Mogiana (15,1 mil contos), Companhia

Sorocabana (7,2 mil contos), Companhia São Paulo e Rio de Janeiro (3,907 mil contos) e Companhia Cantareira e Esgotos (3,78 mil contos). As ações serviam, além disso, como garantia colateral para empréstimos bancários.

Segundo Anne Hanley, com o golpe de 1889 e a queda do Império, foi implantada uma mudança radical na legislação comercial. Com as novas leis que partiram do ministro Rui Barbosa, "ocorreu um dos mais agressivos períodos de expansão dos negócios da história brasileira". A Bolsa de São Paulo teve papel relevante, dando "impulso extraordinário ao desenvolvimento econômico e à diversificação na era do boom do café", quando houve rápida expansão do mercado de *equity* e de títulos que financiaram empresas urbanas e industriais. Mas investimentos excessivos em lavouras de café provocaram superprodução e queda das cotações, agravada pela desvalorização cambial.

A economia paulista — em especial o setor industrial — sofreu menos do que se poderia esperar num momento de bolha. Em 1907, a capitalização da indústria paulista foi estimada em 131,9 mil contos de réis. Quase 20% desse valor (24,78 mil contos de réis) era de empresas cotadas na Bolsa: Antarctica Paulista, Mecânica e Importadora, Melhoramentos de São Paulo, Fabril Paulistana, Industrial de São Paulo, União Esportiva, Vidraria Santa Marina e Mac Hardy, além de Norte Paulista, Água Superaris e Industrial de Kiosques. Algumas dessas companhias ainda existem nos anos 2020, embora a maioria tenha desaparecido.

Dos tempos da bolha de 1890 fica a lição de que investidores não devem acreditar em fortuna rápida, seja nos mercados acionários, seja em promessas feitas em esquemas de pirâmide, como o de Bernard Madoff que faliu nos Estados Unidos na primeira década deste século, deixando dívidas de

65 bilhões de dólares. Ainda hoje esses esquemas tipo Ponzi se repetem no mundo, inclusive no Brasil, onde tolos, iludidos ou espertalhões aplicam sua suada poupança com vendedores de bitcoins, muitos dos quais nem dispõem desses ativos, usando os recursos captados para adquirir veículos de alto luxo ou fazer turismo em praias famosas.

Preparando o caminho para a maior bolha brasileira

O crash de 1971 do mercado brasileiro de ações foi a maior bolha de ativos do país, com efeitos conhecidos: destruição de patrimônios, quebra de investidores e de instituições, perda de confiança num setor relevante para assegurar o investimento das empresas. Assemelha-se à chamada bolha do Encilhamento, de 1890, mas, com uma economia muito mais desenvolvida, o crash de 1971 teve maior impacto sobre investidores e empresas abertas. É uma história que ilustra como se forma uma bolha, até que ponto ela pode crescer e quais são as principais lições que ficam para o futuro.

A bolha de 1971 começou a ser construída num período promissor da economia brasileira. É o que costuma ocorrer com bolhas, em geral alimentadas por crédito, política monetária expansiva e otimismo com o futuro. Ao assumir o governo militar após o golpe de 1º de abril de 1964, o marechal Castelo Branco deu início a uma revolução econômica no país. As reformas introduzidas por Roberto de Oliveira Campos e Otávio Gouveia de Bulhões produziram efeitos muito positivos de longo prazo, inclusive no mercado de capitais.

As reformas financeiras vieram com a lei nº 4728/65, conhecida como Lei do Mercado de Capitais, e, antes dela, com a lei nº 4591/64, a Lei de Reforma Bancária. Elas simbolizaram uma mudança de paradigma. Foram as mais importantes tentativas de implantar no país um modelo sustentável de separação entre bancos comerciais e bancos de investimentos, para favorecer o investimento. Ao mesmo tempo, buscava-se profissionalizar a atividade de intermediação das sociedades corretoras, para atrair novos investidores. A Resolução nº 39 do Conselho Monetário Nacional regulou o funcionamento das bolsas, que passariam a ter um conselho de administração e um superintendente geral, com amplos poderes. (No Rio, o primeiro superintendente-geral foi o coronel Hugo Coelho, que indicou outros militares para chefiar a instituição, sem que estes soubessem o que é mercado de capitais. As consequências de nomeações políticas demorariam a aparecer, mas foram desastrosas.)

Olhando em retrospectiva a política econômica da era Castelo Branco, parecia bastar o controle gradual da inflação, acompanhado de reorganização fiscal, para criar o ambiente propício à retomada do crescimento. Isto foi viabilizado pelo adeus às ideias populistas e demagógicas características do período João Goulart. Mas foi feito mais do que isso. A preocupação central era arrumar a casa e criar um aparato legal e administrativo para a recuperação econômica do país no longo prazo. Tanto predominaram os objetivos de longo prazo que o governo Castelo Branco não se ocupou de entregar um forte crescimento econômico. O avanço do PIB se limitou a 4,2% entre 1964 e 1967, o que era pouco para aquela época. Em depoimento na coleção *História contada do Banco Central do Brasil*, da Fundação Getulio Vargas (FGV), o então presidente do BC, Rui Aguiar da Silva Leme, afirmou que o diagnóstico da época era o de que havia recessão e inflação. "Então, nossa intenção era tirar o país da recessão."

CRISES FINANCEIRAS

De fato, foram construídas ali as bases para o avanço econômico. No livro *Política monetária: Ideias, experiências e evolução*, José Júlio Senna destaca a importância que teve o Plano de Ação Econômica do Governo (Paeg), cuja estratégia envolvia três áreas: "a) redução do déficit governamental, na época em 5% do PIB; b) nova política salarial; e c) limites à expansão dos meios de pagamento e do crédito ao setor privado". A correção monetária permitiu melhor convivência com a inflação, lembra Senna. Em especial, esse instituto impôs disciplina aos agentes econômicos que pagavam seus compromissos em valores nominais, transferindo para os credores o ônus da depreciação inflacionária.

O resultado da arquitetura preparada por Campos e Bulhões, com a ajuda de Mário Henrique Simonsen, foi a criação das bases para o expressivo crescimento entre 1968 e 1973, período que ficou conhecido como milagre brasileiro. Segundo o Centro de Pesquisa e Documentação de História Contemporânea do Brasil (CPDOC) da FGV, a taxa média de crescimento do PIB entre 1967 e 1973 foi de cerca de 10,2% (e de quase 12,5% entre 1971 e 1973), diante da média de cerca de 7% entre o pós-guerra e o início dos anos 1960.

Nascia assim, na segunda metade dos anos 1960, o ambiente de otimismo com a economia — e, logo mais, com o mercado acionário — infelizmente seguido pela euforia. Em *A bolha especulativa de 1971*, Ney Carvalho descreve com rara felicidade a sequência de fatos que culminaram com o crash das bolsas. É rica a descrição de acontecimentos tão complexos numa edição com menos de cem páginas.

O desenvolvimento do mercado de capitais era prioridade no período Castelo Branco. As bolsas foram abertas a novos membros. Criou-se um ambiente mais competitivo e profissional. Um novo índice de preços foi concebido com metodologia desenvolvida por Mário Henrique Simonsen.

114

Havia, naqueles idos, duas grandes bolsas no país: a de São Paulo e a do Rio de Janeiro — que então predominava. Como nota Ney Carvalho, "os velhos corretores de fundos públicos" saíam de cena, dando lugar a sociedades corretoras, como previa a legislação. Nem tudo eram rosas. "Tinha ocorrido uma mudança de geração, e o mercado passou a ser dominado por jovens, mas ainda sobressaíam, como antes, inexperiência e empirismo." Poucos faziam análise técnica ou fundamentalista de investimentos. "De modo geral, pode-se dizer que um contato de clientes daquela época sabia o preço de todas as ações, mas desconhecia os valores por trás de qualquer delas."

O decreto-lei nº 157, de 10 de fevereiro de 1967, foi um divisor de águas. Visto a posteriori, foi um marco na caminhada que culminou na bolha especulativa. O DL nº 157 permitiu que 10% do imposto de renda a pagar das pessoas físicas e jurídicas fosse deduzido para investir em ações. O mercado era pequeno em relação ao atual. Mas "o clima na cidade e no país foi, gradualmente, se transformando em enorme euforia econômica", nota Carvalho.

A cronologia ajuda a acompanhar aqueles tempos. Apenas 21 empresas tiveram suas ações transacionadas em 13 de fevereiro de 1967, e o índice BV, alavancado pelo estímulo do DL nº 157, subiu 13,1%, passando para 110,1 pontos. O governo temia que a regra provocasse "excesso de valorização dos títulos em Bolsa", como constou do texto do DL nº 157. Mas a alta de 71% do índice BV, para 129,2 pontos no final de 1967, não causou temores. Tampouco preocupou a subida das cotações em 1968, de 60% no primeiro semestre e anual de 80%, para 240,2 pontos.

A enormidade do DL nº 157 fica patente na observação do empresário e consultor Vladimir Antonio Rioli, que presidiu por vários anos a Associação Brasileira dos Analistas do Mer-

CRISES FINANCEIRAS

cado de Capitais: o número de ações negociadas ao fim do ciclo de 1967 a 1971 se aproximou de mil — cifra que não foi mais repetida no mercado acionário nos cinquenta anos seguintes. "Quando houve a reforma do mercado de capitais, em 1965, não mais que cinquenta sociedades anônimas de capital aberto eram negociadas na Bolsa do Rio, de longe a maior do país naqueles tempos", diz Rioli.

Ney Carvalho chama a atenção para um fato relevante ocorrido em 1969: a criação do Mercado Nacional de Valores Mobiliários, por iniciativa da Bovespa, presidida por João Osório de Oliveira Germano. Desconstruiu-se, a partir do Mercado Nacional, a hegemonia da Bolsa do Rio. Passaram a ser negociadas também em São Paulo *blue chips* que dominavam o mercado carioca, como Souza Cruz, Belgo-Mineira, Lojas Americanas, Brahma, Mannesmann, White Martins, além das estatais Vale e Acesita (privatizadas anos depois), Petrobras e Banco do Brasil.

As várias bolsas existentes no país dependiam da obrigação de as companhias abertas locais nelas se registrarem. Quando essa obrigatoriedade cessou pela revogação do decreto-lei nº 9783, de 1946, as pequenas bolsas perderam as receitas compulsórias que as sustentavam. O Mercado Nacional foi aprovado por convênio entre as bolsas, no âmbito da Comissão Nacional de Bolsas de Valores (CNBV). O impacto econômico da criação do Mercado Nacional é assim descrito:

Foi com base nesse acordo que várias empresas menores puderam ser lançadas sem registro de emissão no Banco Central, durante o movimento especulativo de 1971. O mercado estava ávido por novos papéis e adquiria o que quer que fosse oferecido em pregão na Bolsa. Os lançamentos de ações, tanto quanto os IPOS de 2008, eram ferrenhamente disputados, e os preços explodiam no primeiro dia de negociação. O caso mais emblemático foi de certa Cromagem Tarumã, do Paraná, que era uma oficina de tratamento de metais automotivos, registrada na Bolsa de Curitiba e lançada ao mercado no Rio de Janeiro no segundo trimestre de 1971.

A construção da bolha avançou em 1969. Nem um congelamento de preços baixado no governo Costa e Silva afetou negativamente as ações. Em janeiro, a Light lançou vultoso *underwriting*, que balizou a viabilidade das grandes subscrições. Em São Paulo e no Rio foram lançadas, em junho daquele ano, as ações da Siderúrgica Riograndense, do grupo Gerdau, pelo BIB. O pool de lançamento foi liderado pelo fundo Crescinco, que há muito acompanhava o grupo Gerdau. O sucesso da operação foi enorme. Cotada a 1,15 cruzeiros no lançamento, a ação chegou a valer 25 cruzeiros em maio de 1971, com valorização superior a 2000%. Nem o derrame cerebral que afastou Costa e Silva da presidência da República atrapalhou o mercado. Dois dias depois de o presidente ser substituído por uma junta de três ministros militares, o índice IBV atingia 928 pontos.

Em dois meses, a Bolsa registrou alta de 50%. Cedeu um pouco no final do ano, para 820 pontos, mas o clima era "favorável ao jogo". Texto publicado no jornal *O Globo* de 30 de dezembro de 1969, citado por Ney Carvalho, afirma:

A verdade é que não se podia falar de um mercado de capitais, embora a Bolsa de Valores já funcione há um século. Nela, porém, apenas um grupo de pessoas mais esclarecidas se atrevia a empregar seus recursos. Jogar na Bolsa é uma expressão que ainda circula por aí. [...] Comprar uma ação era um ato misterioso, uma pessoa modesta não se atreveria a tanto, porque as pessoas tendem a ter medo de fazer aquilo que não conhecem, principalmente quando se trata de soltar o seu dinheiro. Tudo isso foi assim até outro dia, e parece incrível que de repente se tenha mudado, transformado de uma hora para a outra, a ponto de existir um mercado de ações já irreversível. Milhares de investidores novos entraram de chofre na Bolsa.

O governo não perdeu tempo. Ganhou com as facilidades propiciadas por um mercado de ações mais forte para vender papéis de estatais e captar recursos. "O fato nunca discutido é que o grande beneficiário das turbulências, o maior captador de recursos do público então em histeria financeira foi o Estado brasileiro, suas diversas empresas e ramificações", lembra Ney Carvalho.

Em 1969 foram iniciadas vendas de participações acionárias do Tesouro na Vale do Rio Doce, que precisava de recursos para financiar o investimento na extração de minério na serra dos Carajás. A operação foi bem-sucedida e estendida à Companhia Siderúrgica Nacional (csn) e aos papéis da Cervejaria Brahma que estavam em posse do Tesouro. O poder público foi, segundo Ney Carvalho, o "principal beneficiário da orgia especulativa de 1971", por exemplo, ao vender ações para aumentar o capital de bancos como o Baneb (do estado da Bahia), do Banespa (do estado de São Paulo), do Banestes (do Espírito Santo) e do Banco da Amazônia (Basa). (No caso do Basa, quando as ações foram a mercado a Bolsa já estava em queda.)

Em 1970, ano que iniciou fraco para o mercado de ações, começaram a ser oferecidas ações ordinárias nominativas da Petrobras, em vendas efetuadas por estados e municípios de todo o Brasil. As vendas foram facilmente absorvidas. Entre agosto e setembro, o índice bv voltou a ganhar tração, subindo 12% num mês e atingindo 1260,4 pontos. Em 12 de novembro, declarações do presidente da Bovespa, João Osório de Oliveira Germano, ao jornal *O Globo* foram proféticas: "Este ano tivemos um primeiro semestre com menos negócios e preços muito retraídos; a partir do segundo semestre o mercado entrou em ritmo crescente, mas sem a característica de boom. [...] Em 1971, acredito, teremos uma expansão muito mais acentuada". No encerramento de 1970, o IBV atingiu 1652 pontos, alta anual de 104%.

Um clima de euforia era nutrido pela propaganda oficial, com destaque para a construção da ponte Rio-Niterói e da Transamazônica, enquanto se propalavam bordões como "Brasil, ame-o ou deixe-o", "Ninguém segura este país" e "Ritmo de Brasil grande". Vencer a Copa do Mundo de 1970 deu impulso à euforia — o Brasil conquistava em definitivo, com o tricampeonato, a Taça Jules Rimet. O presidente Emílio Médici comparecia aos jogos no Brasil com um radinho de pilha. Agia em sintonia com brasileiros pobres que não tinham TV em casa. Como nota Ney Carvalho, o símbolo do ufanismo foi a marchinha "Pra frente, Brasil", do jornalista e compositor Miguel Gustavo: "Noventa milhões em ação/ Pra frente Brasil/ Do meu coração/ Todos juntos vamos/ Pra frente Brasil/ Salve a seleção".

O governo "tomou carona" no desenvolvimento das bolsas. O IBGE destacou em sinopse estatística anual que as transações com ações no Rio e em São Paulo cresceram 80% em relação a 1969. "As ações dos setores de mineração, siderurgia e bancos estatais foram as mais procuradas e algumas apresentaram rentabilidade superior a 500%." O texto se refere à importância dos novos lançamentos e destaca que o mercado secundário era essencial para assegurar liquidez aos investidores e abrir espaço para a capitalização via mercado primário de ações.

Assim começou 1971, o ano do crash.

Em janeiro de 1971, o noticiário esquentava. No dia 5 de

janeiro, a Bolsa do Rio negociou 15,19 milhões de ações num valor equivalente de 10 milhões de dólares, recorde histórico. O IBV atingiu 1910,9 pontos, e as ações da Acesita, Ferro Brasileiro, Belgo-Mineira e CSN foram destaques. A revista *Business Week* tratou a Bolsa do Rio "como uma das mais ativas do mundo e certamente a mais espetacular". O que se deveu, segundo a publicação, ao incentivo do IR (DL n⁰ 157). Em 21 de janeiro, novos recordes de volume, enquanto o IBV atingia 2200 pontos. Em *O Globo*, fotos de pessoas defronte às vitrines, acompanhadas de um texto sugestivo:

> É principalmente na hora do almoço que os grupos se vão formando. As pessoas chegam, observam a tabela na vitrina, olham para o papelzinho que trazem na mão e fazem o comentário: "Subiu de novo? É, o negócio anda mesmo bom. Acho que vou comprar mais". A cena se repete em vários pontos do Rio, diante de bancos e companhias de investimento que expõem as últimas cotações da Bolsa. O carioca está descobrindo que a Bolsa não é uma entidade fechada a capitalistas e que lá, com boas informações e um pouco de sorte, se pode ganhar muito dinheiro.

Ney Carvalho escreve que "o mercado de ações foi, realmente, a grande coqueluche de 1971. A Bolsa era o modismo da época e estava em todas as atitudes, reuniões, conversas e notícias de jornal. Há exemplos interessantes dessa tendência, inclusive no meio artístico".

O ESTÁGIO DA EUFORIA

O coordenador editorial deste livro, o jornalista Fábio Pahim Jr., tinha então algumas ações em custódia e acabara de adquirir, a prazo, a casa

BRASIL

onde residiu na alameda dos Araés, no bairro Planalto Paulista, em São Paulo. Era preciso ficar atento ao que ocorria para vender os papéis e quitar a casa. Mas a alta era tão expressiva que parecia melhor esperar um pouco. Até que um fato relevante acelerou a decisão. O jornalista ouvia muitas fontes, e uma delas era Flávio Barroso, alto executivo do Banco de Boston. Certo dia de maio, Barroso estava fora e o entrevistado foi Caio, chefe da mesa de operações de Bolsa. Seguiu-se uma cena insólita. "Veja o que é o mercado hoje", disse Caio. Ligou para o pregão e falou com um operador conhecido, Djalma, que trabalhava na corretora Baluarte. "Olhe para a pedra", pediu a Djalma, ouvindo de volta um palavrão. "Diga o nome de uma empresa." Resposta: "Ferbasa". Então "compre 100 mil ações", ordenou Caio. "Mas não é a melhor opção", respondeu Djalma. "Compre assim mesmo". Voltando-se para o jornalista, Caio afirmou: "É assim, pode comprar o que quiser...". O jornalista agradeceu, saiu rapidamente e mandou vender as ações que tinha, refletindo: "Se isso ocorre com recursos administrados por um banco internacional, a Bolsa não é mais para pequenos aplicadores, mas só para profissionais". Isso ocorreu em maio de 1971, um mês antes do pico. O dinheiro da venda ajudou a quitar a casa. O jornalista alertou o diretor do jornal onde trabalhava, Murilo Felisberto, para o estado febril do mercado. Murilo não o ouviu e perdeu parte dos lucros que poderiam ter sido realizados naquele momento. Outro jornalista famoso, Ewaldo Dantas Ferreira, não hesitou em aplicar numa carteira de ações, no segundo semestre de 1971, uma quantia expressiva de recursos da mãe. Ele também não acreditava que o mercado estava se desfazendo, como ocorreu nos anos seguintes.

Músicas e livros com alusões ao mercado surgiam e conquistavam fãs. E festas pipocavam. Como relata Ney Carvalho, um documentário sobre a Bolsa foi feito pelo cineasta Antônio Carlos da Fontoura, tendo como pano de fundo o escritório do corretor Carlos Barroca. Chico Buarque compôs a "Bolsa de amores", que foi interpretada por Mário Reis, cujo irmão era corretor na Bolsa do Rio. A letra, enviada à censura em 20 de julho de 1971, quando as cotações já caíam, foi vetada. O disco saiu com onze faixas, seis de um lado e cinco do outro. Mário Reis se recusou a substituir a música censurada.

Festas pré-carnavalescas ocorriam à tarde, numa boate que ficava em cima de um posto de gasolina localizado no Morro da Viúva, relata Ney Carvalho. O horário se explicava porque os participantes eram, em geral, casados. E o nome do posto contrastava com a festa: Nossa Senhora de Nazaré. Outra festança ocorreu na casa noturna Le Bateau, em Copacabana. Foi um sucesso. Estavam presentes "provectos membros do conselho de administração da Bolsa do Rio e até mesmo corretores oriundos de outras praças".

Aproveitando o modismo, a editora do escritor Fernando Sabino relançou a crônica de Carlos Drummond de Andrade com nome sugestivo: *A Bolsa & a vida*. Também foi relançada a obra do visconde de Taunay *O Encilhamento: Cenas contemporâneas da Bolsa do Rio de Janeiro em 1890, 1891 e 1892*. Outros livros seriam lançados em 1971, tais como *O mercado de capitais e os incentivos fiscais*, de David Trubek, de Yale, Jorge Hilário Gouvea Vieira, futuro presidente da Comissão de Valores Mobiliários, e Paulo Fernandes de Sá, advogado do BC. E ainda *A grande negociata*, de John Gerstine; *O toque de Midas*, de Ivan Schaeffer; *Ganhe na Bolsa*, do astrólogo Arnold Silverman; e *A Bolsa de todos: Investimento a seu alcance*, escrito pelo padre José Ferreira da Rosa, que havia sido pároco em Aparecida do Norte e se incumbia das finanças de uma congregação religiosa. A editora de Rosa era a mesma Atlas que lançava os livros de um verdadeiro especialista em mercado, o professor Benedito Ferri de Barros. Um clássico internacional — o já citado *O colapso da Bolsa*, escrito por John Kenneth Galbraith, sobre a crise de Nova York de 1929 — foi reeditado com sucesso.

A febre das ações continuou em março de 1971, com recordes sucessivos e com o IBV atingindo 2517,01 pontos. Naquele momento, quando as oscilações diárias nas cotações de um papel superassem 10% sobre as cotações da véspera, as negociações seriam suspensas, reabrindo mais tarde. Esse limite era de 15% até aquele momento.

Mais uma vez recorremos à cronologia apresentada por Ney Carvalho para mostrar o ritmo tresloucado do mercado de ações no primeiro semestre de 1971 e o noticiário constante sobre as novidades das empresas. Uma grande companhia — a União de Indústrias Petroquímicas S/A (Unipar) — lançou emissão de debêntures conversíveis em ações concebida pelo notável jurista José Luiz Bulhões Pedreira, que mais tarde foi o autor do projeto de Lei das Sociedades Anônimas. Um grande lote de ações da Unipar foi negociado dias depois, em volume correspondente a 30% do movimento diário da Bolsa do Rio.

Em abril de 1971, boatos sugeriam que empresas como Varig, Volkswagen e Siemens consideravam a hipótese de abrir o capital. O colunista Zózimo Barrozo do Amaral comparava a euforia em Bolsa à provocada pelo lançamento da Loteria Esportiva.

Cresciam os negócios e o número de empresas com ações cotadas, que passou de 26 em 1967 para 92 em abril de 1971. Era um indicador de que a Bolsa cumpria seu papel como mecanismo de capitalização das empresas, favorecido pela liquidez proporcionada pelo mercado secundário.

Em maio de 1971, às vésperas do crash, que começaria no mês seguinte, uma reunião em Brasília tratou da criação do Fundo de Desenvolvimento do Mercado de Capitais (Fumcap).

CRISES FINANCEIRAS

O objetivo era financiar *underwritings* e estimular novas emissões para atender à demanda dos investidores, mas a iniciativa esbarrou na mudança radical do rumo do mercado, que elevaria muito o risco das aplicações. O volume alcançou 126 milhões de cruzeiros em 28 de abril, com transações de papéis de 99 companhias. Logo depois de o governo desmentir o boato de que pretendia taxar mais os lucros com ações, a Bolsa do Rio ultrapassou mais uma vez, na sexta-feira 14 de maio, a marca de 100 milhões de cruzeiros negociados, enquanto o IBV subiu 16,95% em duas semanas.

Siderurgia, bebidas, fumo, fertilizantes, bancos e têxteis tinham ações com forte presença no mercado naqueles dias "gloriosos". Ney Carvalho olha em retrospectiva sobre as empresas com ações negociadas:

> Algumas sobreviveram e, até hoje, nos são familiares, muitas foram absorvidas por fusões e aquisições, outras simplesmente desapareceram tragadas pelo darwinismo econômico, ou abandonaram seu status de capital aberto, ao longo dessas quase cinco décadas que nos separam daqueles fatos.

Entre as ações muito negociadas às vésperas do estouro da bolha estavam a Companhia Brasileira de Roupas (Ducal), a joalheria Casa Masson, a Empresa Brasileira de Varejo (Embrava), a Mesbla, a Casa Anglo-Brasileira (Mappin), a Ultralar. A geração atual mal conhece os nomes dessas e de outras empresas que atuavam naquele diversificado mercado da bolha de 1971.

Em depoimento para o livro *Histórias do mercado de capitais no Brasil*, de Marta Barcellos, o então chefe da Gerência do Mercado de Capitais (Gemec) no BC, Ari Cordeiro Filho, abordou o momento em que a Bolsa começou a cair:

Naquele início de mercado, aconteceram problemas primários com notas promissórias, caso da Mannesmann, e depois vieram esses lançamentos de Sudene, Sudam, muitos deles com distorções sérias. Foram lançamentos para uso dos benefícios fiscais que eram oferecidos. Não havia muita preocupação em termos de informações realísticas sobre os empreendimentos.

Cordeiro citou o caso "do 'muro da vergonha', uma empresa que gastou praticamente todo o dinheiro recebido na construção de um muro para esconder que não tinha feito nada no terreno".

A CRISE VISTA POR DENTRO

O autor deste livro, Roberto Teixeira da Costa, viu por dentro o que ocorreu naqueles anos eufóricos que culminaram no crash de 1971, pois era o gestor do fundo Crescinco, especializado em ações. Do prefácio que escreveu para o livro *A bolha especulativa de 1971*, de Ney Carvalho, alguns pontos precisam ser destacados:

> Vale lembrar que no Crescinco, então o maior fundo de investimento da América Latina, contávamos com um conselho consultivo bastante representativo. Ele havia sido criado anos antes e, quando passamos a administrá-lo, ampliamos seu quadro com representantes de vários segmentos industriais. Reuníamos líderes das empresas e, todo mês, transmitíamos o que estava havendo nas vendas do fundo, dos resgates e outras informações relevantes do mercado.

> A dificuldade foi explicar aos conselheiros por que o fundo já não investia 100% dos recursos em ações. "Ficava para eles a imagem de que nós, gestores, estávamos defasados, não ajustados à nova realidade

e que os conceitos que nos orientavam haviam sido superados." Ou seja, estaríamos agindo fora da "nova realidade". Só mais tarde se constatou que estávamos certos, "mas foi difícil vencer essa fase, porque éramos olhados com desconfiança, com uma visão de que éramos excessivamente conservadores".

De fato, o comportamento do mercado havia mudado totalmente. As ações e cotas de fundos passaram a ser compradas — e não vendidas, como na maior parte da história dos mercados de risco. "Qualquer coisa oferecida era imediatamente disputada, com demanda muitas vezes superior à oferta. Em alguns lançamentos, a oferta original foi superada e não se estabelecia um critério de rateio. Pelo contrário, aumentava-se o valor do lançamento para atender à demanda, descaracterizando a oferta e seus fundamentos."

Os intermediários "estavam totalmente despreparados para oferecer um retrato realista do mercado de ações", e a fiscalização — de corretores, bancos de investimento e das autoridades — era "precária e insatisfatória". Quando a tendência de alta foi revertida, houve um processo maciço de vendas, "cujos efeitos se fizeram sentir por muitos anos". A crise de 1971, em síntese, "prejudicou o trabalho que vinha sendo feito na construção do mercado de capitais", seguindo-se cinco anos de "ressaca, paralisia, desgaste e descrédito".

Os prejuízos foram incalculáveis. Patrimônios viraram pó. Mas em tempos de "milagre econômico", de Brasil grande, do amor à pátria, o governo tentou pegar carona na alta da Bolsa. Já havia sinais de fim de festa quando a Caixa Econômica Federal passou a comprar cotas de fundos para sustentar o mercado, na suposição de que o processo de correção de preços seria transitório e que o mercado retomaria a alta. O mercado era então fiscalizado pela Gerência do Mercado de Capitais do BC, que não era especializada em ações, "mas tinha de olhar ao mesmo tempo os fundos, as emissões de ações, o registro das emissões, a atuação das corretoras, a fiscalização das operações em Bolsa, ou seja,

BRASIL

tinha diversas funções que mal podia desempenhar a contento com uma equipe reduzida".

___

Com um movimento tão grande e uma demanda por ações tão excitada, avolumaram-se problemas administrativos — referidos por Ney Carvalho como balbúrdia. E a balbúrdia predominava. A custódia dos papéis era feita nas corretoras, muitas das quais não tinham estrutura para prestar o serviço de guarda, recebimento de bonificações e dividendos, bem como fornecimento de informações atualizadas sobre as posições. As corretoras chegavam a divulgar anúncios convocando os clientes para que exercessem seus direitos sobre os títulos possuídos, sob pena de perder as vantagens. Isso ocorria com ações negociadas no mercado secundário e com ações objeto de subscrição.

O corretor e ex-presidente da Associação Nacional das Corretoras de Valores (Ancor) Alberto Alves Sobrinho, que à época trabalhava na corretora M. Marcello Leite Barbosa, lembra que espertalhões se aproveitavam da confusão para buscar uns trocados no mercado. Alguns procuravam corretores para fazer uma operação *day trade* (em que a transação começa e termina no mesmo dia). Mas alguns investidores não tinham as ações que queriam vender. Mesmo assim, se as ações caíssem, procuravam o corretor com pedido para embolsar a diferença entre o preço inicial e o preço final. "De que ações você está falando?", indagava Alberto Sobrinho a quem queria buscar seus lucros sem ter papéis.

A Companhia Antarctica Paulista publicou anúncio no Rio informando que os serviços fornecidos pela Delfim Araú-

127

CRISES FINANCEIRAS

jo Corretora deixariam de ser prestados, pois a representante estava assoberbada "em face do excepcional crescimento de seus serviços administrativos". Era mais um exemplo da desorganização do mercado. Não havia computadores, e os enormes contingentes de funcionários das corretoras, mesmo trabalhando em fins de semana, não davam conta das tarefas. Como nota Ney Carvalho: "A desordem administrativa era particularmente crítica nas liquidações de ações nominativas em que o processamento burocrático era lento e podia levar meses e meses". Imagine-se o custo dos atrasos para um mercado em que a liquidez dos papéis é essencial para que os investidores não percam oportunidades.

Um novo tipo de arbitragem surgiu, devido à presença de profissionais que detinham estoques de ações ao portador. A diferença entre os preços de ações nominativas e ao portador era enorme: na Petrobras, por exemplo, as ações ao portador eram cotadas a 3,30 cruzeiros e as nominativas, a 2,80, diferença de 18% entre papéis com os mesmos direitos. A morosidade no processamento das operações com ações nominativas explicava as discrepâncias.

Em junho de 1971, o cume foi atingido. O preço máximo foi alcançado no dia 14, quando o IBV atingiu 5236,3 pontos, alta de 287% sobre janeiro. Era inverno, e o Rio viveu uma crise de influenza, logo apelidada de "gripe bursátil". A explicação: na gripe, a febre sempre sobe. Mas a partir dali o termômetro da Bolsa já começava a baixar. O cronista Zózimo Amaral sentia certo desalento. As reclamações dos clientes que não eram bem atendidos ao demandar ações lançadas em *underwritings* não eram mais tão numerosas. "Na verdade, aquela semana de meados de junho de 1971 marcava, definitivamente, o topo do movimento de alta e o princípio do fim da bolha especulativa."

128

Estourada a bolha, veio a hora de juntar os cacos. Famoso por seus ditos irônicos, o ministro Delfim Netto diria que chegara a Quarta-Feira de Cinzas, quando é tempo de limpar a sujeira deixada nas ruas pelo Carnaval. Mas o então czar da economia brasileira não gostou do que viu no mercado de ações. Não havia como segurar a queda. Bem que o governo tentou, arregimentando forças para evitar o dilúvio. Em depoimento a Marta Barcellos, para o livro *Histórias do mercado de capitais no Brasil*, Delfim Netto admitiu:

Quando a Bolsa começou a cair, armou-se um paraquedas em uma porção de lugares. Buscava-se um equilíbrio, mas sem jogar fora a criança com a água do banho. Houve sempre uma intervenção do governo — que era o maior empresário brasileiro, tinha setenta ou mais estatais. O governo tinha Banco do Brasil, Vale do Rio Doce e outras tantas, que representavam a própria Bolsa. Houve, sim, uma certa intervenção para acomodar o mercado, com o paraquedas aberto. Agora, era natural que algumas pessoas perdessem — como perderam.

Mas a queda da Bolsa, avança Delfim, "era um movimento que o governo não podia impedir, nem tinha razão para isso". Para ilustrar o impacto do crash de 1971 sobre as pessoas, Delfim citou a história de um colaborador:

Um assessor meu, figura eminente, vendeu um apartamento na Lagoa e foi para a Bolsa, entusiasmadíssimo. Chegava ao gabinete e dizia: "Já estou com dois apartamentos". E no dia seguinte: "Já estou com dois e meio apartamentos". Passados uns seis meses, ele entrou na minha sala e disse: "Delfim, acabei de perder o banheiro".

CRISES FINANCEIRAS

O então presidente do Banco Central, Ernane Galvêas, admitiu a perplexidade do governo quando as operações a termo chegaram a representar 90% do volume de negócios na Bolsa do Rio, restando 10% para o mercado à vista. O BC interveio, brecou o mercado a termo e a Bolsa desabou. Citado no livro de Ângela Ximenes, *Eduardo da Rocha Azevedo, a Bovespa e a BM&F*, Galvêas falou de seu próprio irmão, que largou o emprego no Banerj:

Ele pegou uma indenização, aplicou todo o dinheiro na Bolsa e, em pouco tempo, triplicou seu capital. Aí comprou carro, contratou chofer, e eu lhe avisei que era uma bolha. Meu irmão afirmava que eu não entendia de Bolsa, e sim de moeda e crédito. Eu retrucava que não poderia avisá-lo se a coisa piorasse. E ele quebrou. Perdeu praticamente todo o dinheiro.

O desconforto era tão grande que houve, segundo Ney Carvalho, uma ingerência política nas bolsas do Rio e de São Paulo. Marcello Leite Barbosa, famoso corretor carioca e presidente da Bolsa do Rio, afastou-se da Bolsa após participar de uma reunião tida como contrária ao governo e filmada por "arapongas" do Serviço Nacional de Informações (SNI). Não apenas Leite Barbosa, mas seu filho Marcelinho, também citado por Ângela Ximenes, havia sido crítico do governo na era militar. Somente doze anos depois — e após intensa pressão fiscal comandada pelo Banco Central, pela Receita Federal e pelo Ministério do Trabalho — Leite Barbosa foi inocentado. Seus advogados eram José Luiz Bulhões Pedreira e Antônio Fernando de Bulhões Carvalho. João Osório também deixou a presidência da Bolsa de São Paulo, embora nada houvesse contra ele. "Mas o fato passava a ideia de uma faxina nas bolsas, o que, àquela altura, interessava sobremodo ao governo", afirma Ney Carvalho.

130

Enquanto isso, o superintendente da Bolsa do Rio, coronel Hugo Coelho, pedia empréstimos para saldar a folha de pagamentos da instituição, folha que havia inflado nos anos de euforia com a contratação de inúmeros companheiros de farda. Como no crash de 1929 em Nova York, o mercado de ações levou anos para se recuperar. A grande diferença entre os dois episódios é a de que, no Brasil, a economia continuaria crescendo por mais alguns anos, pois dependia pouco do mercado acionário.

Manipulação documentada das ações do Grupo Audi

Usando e abusando de contratos de sustentação de preços, as empresas do Grupo Audi promoveram a alta artificial das cotações de suas ações na Bolsa de Valores de São Paulo, o que torna esse caso ilustrativo da fragilidade do mercado de capitais de décadas atrás e o diferencia de outros momentos em que as operações de manipulação de cotações promovidas no início dos anos 1970 foram perfeitamente identificadas pela Divisão Técnica e pela Divisão de Auditoria da Superintendência Executiva Técnica da Bovespa. São, portanto, fatos — não sujeitos à controvérsia. E esses fatos foram constatados pela superintendência criada por Hélio de Paula Leite, à qual se subordinava a Divisão Técnica (Ditec), liderada pelo economista Mário Sérgio Cardim Neto, e a Divisão de Auditoria, comandada pelo auditor Odilson Moré, pessoas conhecidas e respeitadas pelas atividades exercidas.

Mário Sérgio e outro relevante personagem do mercado de capitais, Vladimir Antonio Rioli, produziram o documento "Caso Audi: Exemplo de manipulação de preços na Bovespa", que faz parte do e-book comemorativo dos cinquenta anos das associações de analistas Abamec e Apimec. Lançado em 2022, o documento descreve em pormenores a manipulação dos preços das ações do Grupo Audi na primeira metade dos anos 1970. Causa espécie na história da Audi o desenvolvimento que o grupo parecia alcançar antes de empregar meios ilícitos na tentativa de crescer rapidamente, com a adesão de várias corretoras a um esquema que evidentemente não se sustentaria.

A Audi teve como origem a fábrica de thinner Química Industrial Paulista, criada pelo químico Nagib Audi em 1953 e produtora de tíner, um diluente com alto poder de absorção utilizado em limpeza. Em 1970, já estava formado o Grupo Audi, tendo como guarda-chuva a holding Audi Administração e Participações S/A, constituída em 1969, que controlava a Química Industrial Paulista, o Banco Econômico de São Paulo, a Audi Crédito, Financiamento e Investimento, a Audi Corretora de Valores Mobiliários e a Audi Distribuidora de Títulos e Valores Mobiliários, além da Audi Promotora de Vendas e da Petrosolve Distribuidora de Derivados de Petróleo. A holding era uma companhia aberta com ações negociadas na Bovespa. Acreditava-se na época que se tratava de um grupo promissor, controlado pelo empresário Nagib Audi, que já se notabilizava por atrair figuras da sociedade e era o maior criador de cavalos da raça árabe na conhecida Fazenda Santa Gertrudes — localizada no município de mesmo nome, na rodovia Washington Luís, e cujo auge ocorreu no final do século xix, quando pertenceu ao conde Prates.

O ambiente do mercado bursátil no início dos anos 1970 era marcado por uma alta insustentável das cotações, com a presença crescente de investidores individuais sem experiência e que pretendiam fazer fortuna da noite para o dia. Em meados do ano de 1971, isso mudou da água para o vinho.

BRASIL

Como notaram Cardim e Rioli, o Ibovespa "subiu aceleradamente até atingir, em 14 de junho de 1971, alta de 1216%, já descontada a inflação, algo em torno de 6,2% ao mês ao longo de 42 meses!". A partir dali, em contraste com a situação econômica favorável, houve um crash no mercado de Bolsa, com enormes prejuízos tanto para investidores como para empresas, inclusive sociedades corretoras, muitas das quais tiveram de encerrar as atividades. Mas se ia bem o mais importante — a economia do país —, muitos esperavam uma reversão das quedas na Bolsa. Para o governo, essa reversão parecia tão significativa que a crença na possibilidade de recuperação das cotações estimulou as autoridades a intervir no mercado. A queda das cotações provocou solavancos. Naquela conjuntura, e dadas as dificuldades enfrentadas pelos participantes do mercado, um grupo econômico que prometesse vantagens para corretoras e investidores despertaria grande interesse. E foi o que ocorreu. Intermediários e aplicadores ávidos por obter ganhos rápidos ou para recuperar os prejuízos que haviam sofrido com a queda das cotações buscaram lucro fácil com as iniciativas do Grupo Audi. Como relataram Carlos Coradi e Douglas Mondo em seu livro *Dinheiro podre*, Nagib Audi afirmava, segundo a revista semanal *Opinião*, que "seu grupo crescia com solidez e ainda prestava um favor à debilitada Bolsa, sacudindo o pregão com até 20% de sua negociação". Para bom entendedor, o simples fato de um grupo distante do ranking dos maiores do país ocupar 20% do movimento da Bolsa com as negociações de suas ações era, no mínimo, estranho — e deveria ser investigado. Ainda mais considerando que havia poucas informações sobre o grupo, pois só eram divulgados os dados sobre a holding, e não sobre cada empresa por ela controlada. Poderia ser, suspeitou Coradi, "um sinal de que ele [Nagib Audi] gostaria de esconder alguma coisa

133

dos acionistas". E todos os negócios do Grupo Audi pareciam depender do sucesso das transações no mercado bursátil.

Segundo Coradi e Mondo, "Audi recorria às operações da Bolsa, principalmente novas emissões de ações, para obter capital de giro por meio de mecanismos de sustentação de preços". Esse capital de giro "alimentava a sua financeira e, com isso, obtinha lastro para que a sua promotora de vendas financiasse compras de bens de consumo, com mil lojas em todo o país, alimentando o preço das ações e a entrada de novo capital de giro — um ciclo vicioso de fraude".

"Naqueles idos", completam Cardim e Rioli no texto mencionado, "havia escassez da matéria-prima necessária para que os analistas elaborassem seus relatórios de análise e recomendação para tomada de decisão de compra, de venda ou de manutenção dos ativos que compõem o portfólio do investidor, individual ou institucional". Nem o faturamento era explicitado nos demonstrativos de lucros e perdas. "A ausência de uma legislação adequada tornava o ambiente bursátil receptivo ao surgimento de verdadeiros *robbers barons*."

O trabalho de Cardim e Rioli tem valor histórico. Mostra em pormenores como se instalaram os esquemas de manipulação de preços do Grupo Audi. Explica, por exemplo, que foi a partir da estrutura de formação dos índices de ações que os problemas puderam ser analisados e a manipulação, comprovada.

O índice de ações da Bovespa — o Ibovespa — começou a ser calculado em 1968, sob a inspiração do IBV da Bolsa do Rio, concebido originalmente por Mário Henrique Simonsen. Anteriormente, em 1961, a Deltec havia lançado o Índice Deltec. O Ibovespa variava conforme a taxa de lucratividade da carteira de ações mais negociadas nos últimos doze meses. O cálculo do Ibovespa era diário, e a mudança da carteira teórica — feita a cada quatro meses — ficava sob a responsabilidade

BRASIL

dos analistas da Ditec, cuja divisão de estatística preparava o *Boletim Diário de Informações* (BDI).

A Ditec também distribuía informações sobre as empresas com ações cotadas em Bolsa, preparando análises sobre elas, "fornecendo o balanço patrimonial e o demonstrativo de resultados dos últimos três exercícios sociais com índices financeiros, inserindo esse conjunto de dados no BDI". No BDI também apareciam os gráficos das ações negociadas em Bolsa nos últimos doze meses, "demonstrando o volume negociado por barras e os níveis de preços contendo preços mínimos, máximos, médios e de fechamento". Uma análise das flutuações de preços permitia verificar tendências, bem como picos e vales decorrentes das flutuações diárias. Tudo era produzido manualmente, pois a Bovespa ainda não tinha computadores.

Assim, os primeiros indícios de manipulação dos preços das ações da Audi já eram notados pelos corretores que operavam na Bovespa desde o momento do registro dessas ações em Bolsa no primeiro semestre de 1970. Constatava-se que corretoras constituídas em pool, sob a coordenação da Audi Corretora, compravam e vendiam entre elas volumes expressivos de papéis a preços sempre ascendentes, buscando atrair investidores para os títulos. Quando ocorreu o crash, o Grupo Audi saiu de cena com expressivo superávit de caixa e, segundo Cardim e Rioli, "recompôs seu estoque de ações a preços desinflados e partiu para mais uma estimulante empreitada".

A nova empreitada foi uma inovação ao esquema anteriormente praticado. Nagib Audi oficializou a manipulação das ações da Audi com uma roupagem legal ao criar o que foi denominado de contrato de sustentação.

De fato, desde o primeiro esquema comprovado de manipulação após a criação do Ibovespa, com as ações da Audi Administração e Participações, essas ações já faziam parte da

135

CRISES FINANCEIRAS

carteira do Ibovespa, e os indícios do esquema começavam a aparecer no segundo semestre de 1972, quando foram realizadas eleições na Bovespa. A chapa vencedora encabeçada por Alfredo Rizkallah teve o apoio de bancos de investimento, como do Investbanco, cujo chefe de investimentos era Rioli. Rizkallah adotou um discurso firme, qualificando como nocivo para a eficiência do mercado que "corretoras e operadores se comportassem de forma antiética ou fraudulenta nos pregões da Bolsa".

Ao montar o gráfico das ações da Audi, a equipe técnica da Ditec identificou a tendência exponencial de alta das cotações, destoando do comportamento das demais ações numa fase de picos e vales. Não tardou a aparecer a explicação para a alta dos preços da Audi. "Havia um esquema de negociações diárias forçadas dos volumes e de manipulação dos preços das ações promovido por um grupo de corretoras interligadas."

Volumes expressivos de negócios eram feitos entre essas corretoras. As negociações ocorriam de tal forma "que seus preços tinham como características a prefixação, ou seja, cresciam diariamente à semelhança de um título de renda fixa, apresentando a tendência de uma função exponencial". Foi desse aumento constante das cotações que o empresário Nagib Audi se valeu para vender ações "aos investidores a preços muito acima do que valiam e de forma crescente". A movimentação financeira era tão alta que a ação da Audi Administração e Participações se tornou a segunda mais negociada na Bovespa, só abaixo da *blue chip* Belgo-Mineira. Ou seja, o Ibovespa foi afetado pela manipulação de preços de uma ação sem qualquer relevância e correu o risco de perder confiança como indicador.

Por isso, comprovada a manipulação, Cardim levou o fato ao conhecimento de Rizkallah, que mandou excluir as ações da

136

BRASIL

Audi do Ibovespa. "A decisão veio a público e o mecanismo criminoso foi desmontado. As ações da Audi despencaram. O que restou foi um saldo financeiro positivo para o empresário Nagib Audi." Esse saldo proveniente da venda de ações a preços elevados artificialmente foi usado para novas operações com ações. Assim Nagib Audi pôde retornar ao mercado tempos depois, mais líquido e com novo esquema de manipulação de preços. Motivo: com a queda das cotações da Audi, o empresário recompôs seu estoque de papéis a preços desinflados. E partiu para contratos de sustentação de preços, dessa vez com a anuência de autoridades federais.

Antes mesmo desses contratos formais de sustentação, o Grupo Audi havia dado saltos. Além de investir em cavalos árabes na Fazenda Santa Gertrudes, foi anunciada a constituição de uma fábrica de helicópteros, em associação com a empresa italiana Silvercraft SpA, seguindo-se a compra da fábrica de motores norte-americana Franklin — falida, mas a informação sobre a falência foi omitida no anúncio de aquisição. "Não tenham dúvidas, vamos inundar a América Latina de helicópteros", afirmou Nagib Audi ao *Estadão* de 19 de janeiro de 1972. Ele queria incentivos fiscais do governo para produzir helicópteros tanto para o mercado interno como para exportação.

Em 29 de maio de 1972, foi adquirido o Edifício Matarazzo, construído entre 1937 e 1939 em estilo neoclássico para abrigar o império industrial da família Matarazzo. Nagib deixou seu antigo escritório na rua Quintino Bocaiúva, próximo da Faculdade de Direito do Largo de São Francisco. O último Matarazzo a comandar o grupo teve o direito de permanecer no prédio, do qual saía com seu Cadillac Fleetwood preto. Era o conde Francisco Matarazzo Sobrinho, que ficou por pouco tempo no antigo escritório. Quando o conde queria sair, sempre havia outro automóvel na garagem dificultando sua passagem. Irritado, acabou por deixar o prédio, como queria Nagib. Enquanto o Ibovespa amargava anos ruins, as ações do Grupo Audi brilhavam nos pregões. No último dia útil do ano de 1972, por exemplo, ao final de uma queda anual de 44,8% no Ibovespa, as ações da Audi se incluíam entre as mais negociadas. Em 29 de dezembro, 37% do movimento da Bovespa veio dos negócios com ações da Fichet, da Petrobras, da Audi e da Icopasa. Era uma demonstração de que a Bolsa podia ser útil para os propósitos do grupo Audi de obter liquidez.

Em janeiro de 1973, segundo Cardim e Rioli, o Grupo Audi conseguiu aprovar no Banco Central, que era então o responsável pelo mercado de capitais, um contrato de sustentação de ações. Este oferecia, "na base de melhores esforços, liquidez" às ações da Audi com lastro em um fundo de recursos financeiros do próprio grupo. Um pool de corretoras dava suporte ao esquema, com base no qual expressivos volumes de ações da Audi eram objeto de compra e venda diárias. O gerente de mercado de capitais do BC — Ari Cordeiro Filho, não mencionado no documento de Cardim e Rioli — assim explicou o contrato em reunião com corretores gaúchos realizada em setembro de 1973: "Trata-se de contratos de melhor esforço de liquidez e com preços mínimos". Ele acrescentou que, "com o tempo, os grupos majoritários não deverão deles participar, mas, tão só, várias corretoras como especialistas". Era um simulacro do que se praticava na Bolsa de Nova York. A rigor, cabe lembrar que os contratos de liquidez então realizados no mercado de Nova York tinham por objetivo permitir que investidores negociassem suas posições quando quisessem. Contratos de liquidez faziam sentido quando, após o lançamento das ações em Bolsa, fosse importante estimular sua negociabilidade para ganhar seu próprio espaço. Contratos

BRASIL

de sustentação são um outro negócio, já que são destinados a sustentar a cotação. Ou seja, liquidez não é garantia de preço. Os contratos de liquidez nada tinham a ver com contratos de sustentação (de preços), em que o objetivo é manter ou elevar as cotações de um papel artificialmente.

De fato, contratos de liquidez eram postos em prática no mercado norte-americano sob fiscalização da SEC num tempo em que ainda não havia sido criada, no Brasil, a CVM. No país, os contratos de sustentação abriram espaço para a manipulação de preços. Na prática, a garantia de liquidez era absoluta e sempre a preços ascendentes — e, assim, em apenas nove meses o esquema permitiu quadruplicar o preço das ações da Audi num período em que o Ibovespa andava de lado. Os dois objetivos de Nagib Audi foram atingidos: voltar a vender ações da Audi com preços inflados a investidores incautos e obter autofinanciamento junto à Caixa de Liquidação da Bovespa. O capital obtido permitia ao Grupo Audi fortalecer sua atividade de crédito ao consumo, via financeira e promotora de vendas, por intermédio das lojas Audi abertas em todo o país.

Mais do que isso, esses contratos se tornaram um produto da corretora do Grupo Audi e foram firmados também com as distribuidoras de veículos Sopave e Borda do Campo, com a fabricante de suco de laranja Sanderson e com a fábrica de rádios e televisores Colorado. Deles participavam quarenta corretoras, entre as quais a Marcelo A. Ferraz e a Reaval (não citadas por Cardim e Rioli). Tão logo se anunciava o mecanismo de sustentação de preços, as cotações das empresas se multiplicavam. Como afirmam Cardim e Rioli: "O conto do vigário ficaria explícito meses depois, quando os balanços das companhias foram divulgados e vultosos prejuízos foram constatados. Assim como a Colorado, as demais clientes da Audi quebraram".

139

CRISES FINANCEIRAS

Uma pedra no caminho do Grupo Audi foi a ação dos analistas de investimento filiados à Abamec. Estes pediam que o Grupo Audi desse ampla divulgação aos demonstrativos financeiros das empresas por ele controladas, o que não ocorreu. Finalmente, Nagib Audi concordou em receber representantes da Abamec — o presidente Iosif Sancovsky e o diretor Vladimir Rioli — em sua sala no Edifício Matarazzo. Quem narrou o encontro foi Sancovsky:

Depois de muito tempo de espera, ele nos fez adentrar a sala. Como fazia muito calor, tirou o paletó e pôs na cadeira. Em seguida, sacou um revólver 38, que levava preso ao cinto, e colocou sobre a mesa enquanto tínhamos essa amigável conversa. Eu me lembro que o Vladimir ficou mais branco que uma vela e que, depois de uma rápida conversa, fomos embora.

Dias depois, finalmente ocorreu o encontro do Grupo Audi com os analistas da Abamec. Como lembrou Sancovsky: "Foi uma reunião normal, embora ele tivesse levado uma boa claque, que ocupou as duas primeiras filas de cadeiras do restaurante da Bolsa". Indagado sobre os demonstrativos financeiros, Nagib Audi afirmava: "A lei me garante o sigilo sobre minha empresa".

Segundo Coradi e Mondo, em agosto de 1973 um duro manifesto contra as práticas do Grupo Audi havia sido redigido por Herbert Cohn, diretor da corretora Novinvest. "Isso gerou uma avalanche de títulos resgatados [vendidos], criando grande pressão vendedora contra Audi", relatam Coradi e Mondo. Começava a se acentuar a pressão pública contra a manipulação de preços das ações da Audi. E enquanto a Gerência do Mercado de Capitais do BC continuava a defender os contratos de sustentação — que seriam "benéficos para o

140

mercado" —, algumas lideranças dos analistas de investimentos, como Wilson Nigri e Joubert Rovai, além de Sancovsky e Rioli, assinavam um documento, enviado ao BC, em que denunciavam os contratos de sustentação. Isso ocorreu em novembro de 1973. A seguir, dirigentes das bolsas de São Paulo e do Rio, bem como das associações das companhias abertas (Abrasca) e dos bancos de investimento (Anbid), assinaram manifesto em que acusavam formalmente o Grupo Audi por práticas não equitativas. Pouco depois, em janeiro de 1974, os contratos de sustentação das ações da Audi foram proibidos, as corretoras Audi e Adivel foram suspensas, e o gerente de Mercado de Capitais do BC foi exonerado. Não faltaram motivos para as sanções. Haviam sido emitidos volumes expressivos de letras de câmbio da financeira Audi sem lastro em contratos de venda a prazo de bens. Chegava a hora da verdade. O grupo teve de vender o Edifício Matarazzo, adquirido pelo credor Banespa.

Em 24 de abril de 1974, o escritório do professor Vicente Rao, representado por José Saulo Ramos, defendeu a Audi Corretora da inabilitação que lhe fora imposta em 12 de março de 1974 pelo Banco Central, a pedido da Bovespa, por fatos graves relacionados aos contratos de sustentação. Segundo a banca que defendeu a Audi, "consorciamento ilícito não se verificou, posto que existiam contratos de sustentação de preço, celebrados na forma permitida pela lei nº 4728/65, artigo 59, inciso v", devidamente registrados no Banco Central. Posteriormente, uma ata da 318ª sessão do Conselho Monetário Nacional, de 16 de maio de 1979, dedicou setenta páginas ao caso Audi, mostrando por que o BC decidiu pela inabilitação dos diretores da corretora Audi, Maria Cristina Audi Badra e Palmarino Landi Netto.

CRISES FINANCEIRAS

AS PROMESSAS DO GRUPO

A imprensa costuma saudar o surgimento de novos e grandes grupos empresariais com a promessa da geração de muitos investimentos e da oferta de milhares de empregos com carteira assinada. Nas origens dos grupos estão, em geral, empreendedores capazes de antever o futuro e de fazer girar a roda do capitalismo, superando as dificuldades conjunturais. Poderia ter sido o caso de Nagib Audi, mas não foi. O coordenador editorial deste livro, Fábio Pahim Jr., entrevistou inúmeras vezes o empresário. Até meados de 1973, acreditou — mea culpa, mea máxima culpa — na história de sucesso contada por Nagib e por alguns corretores entrevistados que manifestavam impressão semelhante. Ledo engano. Foi o diretor do *Jornal da Tarde*, Ruy Mesquita, que o alertou para os riscos crescentes que vinham sendo assumidos pelo Grupo Audi. Pahim Jr. ouviu então o diretor de uma das empresas do grupo Unibanco, Thomas Saraiva, que foi categórico em suas observações e denúncias contra o Grupo Audi. Thomaz sabia o que ocorria e ajudou a desembrulhar os problemas criados pela ação do Grupo Audi no mercado de capitais, em contratos de sustentação de preços de ações. A partir daí, as reportagens foram se tornando mais críticas, até que o escândalo da manipulação das cotações ficou evidente. Um assessor do Grupo Audi procurou o jornalista na tentativa de amenizar as notícias. Isso ocorreu pouco antes da publicação de uma reportagem na seção de economia do *Jornal da Tarde* com o título "O fim da Audi". A matéria ficou estampada na banca de jornal localizada no final do viaduto do Chá, defronte ao Edifício Matarazzo, ícone arquitetônico do centro velho que ainda pertencia ao grupo. Segundo o jornaleiro, Nagib Audi passou pela banca, viu a notícia e soltou um palavrão.

142

BRASIL

FORMANDO OPINIÃO SOBRE OS CONTRATOS
DE SUSTENTAÇÃO

A suspensão da corretora Audi, em janeiro de 1974, pôs um ponto final
num dos maiores esquemas de manipulação de preços no mercado
brasileiro de ações. O esquema atingiu seu auge em 1973, quando as
ações do Grupo Audi apresentaram preços e volumes totalmente dis-
crepantes em relação aos das demais empresas com ações negociadas
em Bolsa, inclusive as de maior expressão no país. A Audi Participações,
empresa líder do grupo, chegou a mostrar um valor de mercado muitas
vezes superior ao de Pirelli, Bradesco, White Martins, Lojas Americanas
e grupo Itaú, e assemelhado ao da Willys, o que dá uma ideia dos níveis
absurdos a que chegou o esquema de valorização artificial das ações,
por intermédio de contratos de sustentação de preços.

Além da Audi Participações, outras companhias que firmaram contratos de sustentação com a corretora Audi e outras participantes do
esquema alcançaram enorme valorização em Bolsa, embora fossem
empresas deficitárias e com baixíssima capitalização, caso da Colorado
Rádio e Televisão. Tudo ficou perfeitamente documentado pelos jornais
da época, em inúmeras edições, principalmente de 1973. Editoriais, reportagens e análises permitem rever essa história em pormenores.

Os contratos de sustentação foram autorizados pela Gerência do
Mercado de Capitais do Banco Central e, obrigatoriamente, tinham de
ser registrados no BC. Na época, o gerente da Gemec era Ari Cordeiro,
que se baseou na Resolução 39 do próprio BC. Os contratos foram inspirados na figura do especialista e nos contratos de liquidez existentes
no mercado norte-americano, principalmente para as ações de companhias que não tinham liquidez satisfatória em Bolsa. Essa liquidez era
propiciada aos vendedores de papéis das empresas que assinaram os
contratos, mas não havia garantia de que os preços propiciassem lucros aos investidores. Além disso, o regulamento da SEC proibia que os
especialistas atuassem, simultaneamente, como *dealer* e *broker* — ou

143

CRISES FINANCEIRAS

seja, como orientador de operações e operador de mesa —, evitando conflitos de interesse.

Mas não foi o que ocorreu no Brasil: com base nos contratos de sustentação, os preços das ações objeto dos contratos eram administrados com vistas a altas permanentes. Era como se fossem operações de renda fixa, com juros superiores aos dos papéis de renda fixa oferecidos no mercado pelas instituições financeiras. Reportagem do *Estadão* de 10 de dezembro de 1973 tinha o seguinte título: "Bolsa. Escolha: Ford ou Audi?". Isso ocorreu até que o esquema deixasse de se sustentar, os preços desabassem e as empresas quebrassem. Investidores perderam fortunas com tais esquemas.

O *Estadão* esteve entre os que mais editoriais dedicaram ao esquema Audi. Em inúmeros textos, o jornal mostrou que o efeito público da manipulação foi "o de comprometer, perante o investidor médio, o mercado de capitais". O texto louvou o efeito pedagógico da sanção à corretora Audi, lamentando apenas a demora na decisão de disciplinar as corretoras em falta. Para assegurar liquidez, é necessário criar fundos com recursos próprios e ações dos acionistas majoritários e através de conta de participação com o especialista e oferta de crédito stand--by da empresa ou de acionistas majoritários, para que o especialista possa atuar. Relatórios regulares sobre as operações e informações constantes sobre os demonstrativos financeiros deveriam ser fornecidos ao mercado.

Um dos maiores especialistas da época em mercado de capitais, o professor Benedito Ferri de Barros, defendeu um mercado sem contratos de sustentação, enfatizando: "A experiência indica que volume de negócios e preços são insustentáveis em mercados livres. Duram apenas enquanto durarem os fundos de sustentação". Ferri de Barros acrescentou, em entrevista ao *Estadão*: "Há uma ambiguidade nos próprios textos que disciplinam a matéria. Deseja-se colher os benefícios da sustentação sem pagar os custos da manipulação. Na prática, isso é inviável. A mais cândida sustentação imprime distorções imediatas

144

BRASIL

aos preços e volumes de negociação dos papéis, produz frenesis especulativos, rompe o equilíbrio das cotações entre papéis negociados no mesmo mercado".

O autor deste livro guarda inúmeras cópias de pedidos de saque de cotistas do Fundo Crescinco, por ele administrado, contendo procurações que autorizavam a Audi S/A a receber o cheque do valor de resgate, para aplicação em carteira de ações. O que foi feito com os recursos desses cotistas não é conhecido, mas pode ser imaginado. A mobilização das bolsas de São Paulo e do Rio, da associação dos analistas de São Paulo, das associações de bancos de investimento e de bancos de desenvolvimento e da Associação Comercial de São Paulo foi decisiva para pressionar as autoridades para pôr fim aos contratos de manipulação de preços. Mas isso demorou a ocorrer, como enfatizaram os jornais da época.

Figuras como Nagib Audi não foram raras ao longo dos anos de desenvolvimento do mercado de capitais, no Brasil e no exterior. Podemos classificá-las como visionárias, empreendedores obsessivos, jogadores compulsivos? Cada caso difere do outro. No caso Audi, as pessoas do meu convívio mais próximo falam de sua lealdade aos que com ele trabalharam e o compromisso com eles assumido. Em sua fase crítica, em que lhe faltavam recursos líquidos, ele dispôs das joias da esposa para saldar compromissos com funcionários. No entanto, sua debacle se deu principalmente pela paixão por cavalos árabes. Gastou fortunas para adquirir garanhões em leilões mundiais. Morreu pobre e desalojado de sua casa, que foi penhorada.

CRISES FINANCEIRAS

No ajuste dos anos 1970: lições dos casos Petrobras e Vale

Os anos 1970 se assemelharam a uma longa noite no mercado brasileiro de ações. A década começou com o crash das ações e a oscilação entre o baixo-astral e o registro de episódios marcantes, num momento de encolhimento do mercado. Era difícil impedir — e às vezes constatar — a prática de *insider trading* (o uso de informação privilegiada). A reação das autoridades veio sob a forma de uma nova Lei das Sociedades Anônimas e da criação da Comissão de Valores Mobiliários. Mas as mudanças positivas só foram implantadas gradualmente.

O mercado de capitais começou a década sob a jurisdição do Banco Central. Conforme relata Marta Barcellos no livro *Histórias do mercado de capitais no Brasil*, Ari Cordeiro Filho, chefe da Gerência do Mercado de Capitais, admitiu que não havia "um sistema institucionalizado para apurar as responsabilidades e condenar as pessoas" que cometessem malfeitos. Ainda hoje o governo federal dá sinais de que o mercado de capitais não é prioritário nas políticas públicas, como se vê no arrocho do orçamento da cvm, limitando o exercício pleno das responsabilidades do órgão.

OS DESAFIOS DA AGÊNCIA REGULADORA

Em janeiro de 2022, o autor deste livro, Roberto Teixeira da Costa, expressou perplexidade em relação à redução das despesas discricionárias da cvm. A decisão do governo "mostra falta de sensibilidade em função da relevância do órgão regulador para o melhor funcionamento do mercado", afirmou. Elogiando a administração do órgão regulador, então presidida por Marcelo Barbosa, Teixeira da Costa notou que o órgão

146

"tem feito um trabalho sério e dedicado", conquistando credibilidade no Brasil e no exterior. Numa conjuntura de mudanças sensíveis, "o nível de sofisticação dos produtos financeiros aumentou significativamente". Não "podemos correr atrás, temos de correr na frente", disse. A história se repete. A cvm sempre sofreu com o arrocho de verbas. Isso dificultou a contratação e a manutenção de quadros altamente qualificados — o último concurso para o preenchimento de vagas ocorreu em 2010 — e retardou decisões. As decisões da cvm têm de ser céleres, pois afetam o mercado. É preciso contratar talentos para acompanhar o mercado. Não adianta julgamento e punição dez anos depois do fato que foi recebido negativamente pelo mercado. "A cvm tem que estar atualizada, os julgamentos têm que ser expedidos o mais rápido possível para os investidores se sentirem tranquilos." Há, além disso, um papel educativo que a cvm deve desenvolver. Esse papel deve ser reconhecido e apoiado pelo governo.

Na década de 1970, as estatais — a começar pela Petrobras e o Banco do Brasil — eram as estrelas do mercado. O peso estatal desequilibrava o mercado de capitais. Era uma anormalidade.

Os agentes privados tampouco tinham capacidade para liderar uma recuperação célere do mercado de ações. A retomada dependia de iniciativas de entidades como a Associação Brasileira dos Analistas do Mercado de Capitais e da ação das bolsas. A Bovespa, nas presidências de João Osório de Oliveira Germano e de Alfredo Rizkallah — e isso se repetiria, mais tarde, por exemplo, na gestão de Eduardo da Rocha Azevedo —, deu saltos rumo à modernização, investindo em sistemas e preparando os corretores para os desafios. A Bovespa alterou o pregão, a compensação e a custódia dos títulos, mas havia a

CRISES FINANCEIRAS

questão cultural: trocar o modelo cartorial dos corretores de
fundos públicos para o modelo de sociedades corretoras, sem
os mesmos privilégios e obrigadas a conquistar investidores
para sobreviver. Nos anos 1970, havia muitas corretoras e pouco mercado, dizia o corretor Manoel Octávio Penna Pereira
Lopes, num tempo em que a Bolsa do Rio predominava sobre
São Paulo.

O caso Petrobras: a CVM em sua primeira investigação

O caso Petrobras, ocorrido entre fins de 1977 e início de 1978,
tem um significado histórico para o mercado brasileiro de capitais: marcou a primeira investigação de operações realizadas
nas bolsas de valores envolvendo ações de uma grande companhia aberta, realizada pela recém-criada Comissão de Valores
Mobiliários, com amplas repercussões. Mais do que se repor-
tar aos jornais da época, este texto se concentra no *Relatório
Petrobras* produzido pela CVM, que mostra não só o norte da
agência reguladora, mas a forma como se deve conduzir um
inquérito sobre fatos reais ocorridos no mercado, pondo em
discussão as provas obtidas, os agentes envolvidos, os even-
tuais beneficiários de um caso de *insider trading*, entre outros
procedimentos. Foi um exemplo de como se devem iniciar, em
alto nível, os trabalhos de uma agência reguladora disposta a
apurar a verdade, sem maiores preocupações com a natureza e os cargos dos comitentes das operações, sejam eles dirigentes de empresas estatais, altos quadros da administração
pública, grandes investidores ou especuladores. Ainda hoje,
pois, o *Relatório Petrobras* poderia servir como exemplo para
todas as agências reguladoras, que não devem estar a serviço

BRASIL

de governantes do momento, mas a serviço da transparência indispensável para a construção de um mercado decente e capaz de alcançar um grande desenvolvimento.

Fato inédito até agora ocorreu com o *Relatório Petrobras*: ele foi entregue em primeira mão ao ministro Mário Henrique Simonsen por mim, à época presidente da cvm, mas, como Simonsen tardava a devolvê-lo, fui informado de que o texto teria de ser divulgado. Um dia depois, o *Relatório Petrobras* foi devolvido pelo ministro à cvm com anotações de ninguém menos que o presidente da República Ernesto Geisel. O fato dá ideia da importância conferida naqueles tempos ao mercado de capitais e às sociedades anônimas, particularmente as petrolíferas, que já eram as empresas de maior negociabilidade no mundo — cuja legislação atualizada e contemporânea à da cvm também mereceu anotações de Geisel. O chefe da nação sabia o valor da segurança jurídica para as empresas abertas.

A cvm foi criada pela lei nº 6385, de 7 de dezembro de 1976, por iniciativa do ministro da Fazenda Mário Henrique Simonsen. Este encaminhou ao presidente Ernesto Geisel e ao Congresso Nacional a mensagem nº 203, de 2 de agosto de 1976. Mas o início efetivo das atividades da agência reguladora demoraria algum tempo. Centenas de horas foram consumidas em reuniões informais entre os primeiros dirigentes da cvm e os quadros qualificados que iam sendo contratados, porém o princípio das reuniões formais do colegiado, presidido por Teixeira da Costa, com o superintendente-geral só ocorreu em fins de 1978, com participação dos membros do colegiado Antônio Milão Rodrigues Lima, Emanuel Sotelino Schifferle, Geraldo Hess, Jorge Hilário Gouvea Vieira, além de Marco Antonio Moreira Leite e do superintendente em exercício, Antenor de Barros Leite Filho.

Por ocasião do caso Petrobras, a cvm se viu obrigada a an-

149

CRISES FINANCEIRAS

tecipar sua atuação. Como a agência ainda se estruturava para exercer suas funções, entre as quais a de disciplinar o mercado de capitais, era indispensável arregaçar as mangas para enfrentar o primeiro desafio. E este não foi pequeno.

A década de 1970 ficou marcada pelas crises globais do petróleo. A Organização dos Países Exportadores de Petróleo, fundada nos anos 1960, decidiu regular a oferta para valorizar o óleo bruto. Os países árabes embargaram a exportação para Estados Unidos e Europa. As cotações do barril foram de três dólares no final de 1973 para doze no início de 1974. Novamente entre 1978 e 1980, com a Revolução Iraniana e a Guerra Irã-Iraque, o preço do barril passou de dez dólares para a média anual de 38.

O pano de fundo é a relevância da energia e da commodity petróleo para as economias e seu impacto sobre as cotações das ações de empresas abertas, o que até hoje acontece. A primeira medida do valor de uma companhia de petróleo é dada pelo volume de reservas provadas e prováveis por ela detidas. Deve--se a isso o impacto das informações sobre a descoberta de novos poços ou províncias petrolíferas, como a Bacia de Campos, sobre as cotações da estatal brasileira de petróleo. Ainda mais num tempo em que a produção brasileira era pequena e a pegada de carbono preocupava menos. Achar petróleo em grande quantidade — como ocorreria duas décadas depois — era um fato notável. Teria o condão de alterar significativamente o valor da companhia.

A Petrobras, que desde o final dos anos 1960 começou a explorar poços marítimos a até trinta metros de profundidade, em 1974 descobriu a Bacia de Campos, que anos mais tarde se tornou responsável por 80% da produção nacional de petróleo. A partir de 1975 foram iniciados os contratos de risco — mecanismo de flexibilização do monopólio da União

150

sobre o petróleo, exercido pela Petrobras —, numa tentativa de responder ao ciclo de aumento de preços (o monopólio só cairia duas décadas depois, com a lei nº 9487/1997, no governo Fernando Henrique Cardoso).

A crise centrada nas ações da Petrobras durou pouco e teve por origem os resultados do contrato de risco firmado em 1976 com a British Petroleum (BP), uma das maiores petroleiras do mundo. Um ano depois, em dezembro de 1977, a BP iniciou a perfuração do poço 1-SPS-9 na Bacia de Santos. Mais dois contratos foram feitos dias depois. Em 23 de dezembro de 1977, o *Jornal do Brasil* (JB) noticiou a descoberta de petróleo na Bacia de Santos. No dia seguinte, o JB publicou nota da Petrobras desmentindo a notícia. Em 4 de janeiro de 1978, o JB voltou a noticiar a descoberta, indicando que o óleo deveria jorrar em quinze dias. No dia seguinte, a Petrobras divulgou nota técnica sobre o trabalho de perfuração e negou a ocorrência de petróleo. Em 6 de janeiro, o JB informou que a BP poderia iniciar a perfuração de mais dez poços em fevereiro e transmitiu otimismo: os técnicos esperavam achar petróleo a 3800 metros de profundidade. Mas o ministro de Minas e Energia afirmou que a notícia da descoberta de óleo não procedia. Entre 6 e 9 de janeiro, vários jornais publicaram entrevistas com técnicos contestando a possibilidade de descoberta e desmentidos oficiais da empresa.

Em 19 de janeiro, o JB publicou reportagem de página inteira afirmando que havia jorrado petróleo na Bacia de Santos. Em manchete de primeira página, o jornal *O Estado de S. Paulo* noticiou a descoberta de petróleo. No dia seguinte, a Petrobras informou que não se podia falar na existência de óleo. Nos dias subsequentes, destacaram-se as notícias do JB reiterando a descoberta de óleo e os desmentidos da Petrobras. Em 17 de fevereiro, comentários do governador paulista Pau-

CRISES FINANCEIRAS

lo Egydio Martins, em encontro com empresários britânicos (inclusive da BP), deram conta das boas perspectivas de achar óleo na Bacia de Santos.

Segundo o *Relatório Petrobras*, o "clímax desses eventos" ocorreu em 7 de março de 1978, quando a diretoria da Petrobras, em nota oficial, confirmou as declarações feitas pelo ministro de Minas e Energia na Alemanha de que o poço 1-SPS-9, em perfuração pela BP na Bacia de Santos, apresentara "indício de hidrocarbonetos [petróleo] no detector de gás, aparelho especial usado em perfuração, a uma profundidade de 4850 metros". Impacto claro na Bolsa.

No bimestre janeiro/fevereiro de 1978, as cotações de Petrobras PP na Bolsa do Rio oscilaram entre 2,50 e 3,90 cruzeiros, ensejando forte especulação com os papéis, ao mesmo tempo em que o volume de negócios crescia: em 8 de março de 1978, foram negociados na Bolsa do Rio 33 milhões de papéis no valor de 123,5 milhões de cruzeiros, números recordistas para o período; na Bovespa, foram negociadas quase 18,8 milhões de ações, volume próximo de 72,5 milhões de cruzeiros. O noticiário dos jornais ajudava a formar a opinião dos investidores, influindo nas decisões de compra.

Em 16 de março, o *Estadão* e o *Jornal da Tarde* (JT) publicaram mais uma notícia promissora: declarações do diretor da Petrobras José Marques Neto de que a camada produtora do poço da BP, "embora apresente baixa porosidade (reduzida conexão entre os poros da rocha reservatório), [...] poderá ter outras características compensatórias, capazes de proporcionar vazão satisfatória". No entanto, no dia 18 a *Folha de S.Paulo* deu a manchete "Poço de Santos é seco — diz BP". Em 21 de março, a Petrobras divulgou nota oficial revelando que o poço 1-SPS-9 não tinha interesse comercial. No dia 28, a Petrobras informou que o poço foi tamponado e abandonado.

BRASIL

As idas e vindas do noticiário e as informações ou comentários provenientes da Petrobras levaram a cvm a sair a campo. A agência estava em processo de organização, mas já dispunha de um serviço de acompanhamento de mercado, capaz de analisar motivos e circunstâncias que explicassem o comportamento extraordinário de alguma ação negociada — ainda mais se fosse uma *blue chip* como Petrobras, Vale, Banco do Brasil, Belgo--Mineira ou Acesita. A cvm teria de agir com absoluto sigilo, mas não podia evitar a publicidade em torno de sua atuação. O que fez de pronto foi pedir à Petrobras que enviasse às bolsas esclarecimentos sobre seu comunicado de 7 de março, com indícios da presença de petróleo no poço da bp. Um dia depois, a cvm questionou a Petrobras pela demora de dois dias em divulgar fatos que deveriam ter sido comunicados com celeridade.

A cvm deixava clara sua linha de averiguações: receber informações pormenorizadas, destacar a política de informações das companhias ao público, mostrar o que significa o *insider trading* e indicar se havia ou não se configurado a manipulação de cotações, o que é bem diferente de especulação. Seguiu-se uma dupla tarefa do órgão regulador: 1) conduzir a investigação; e 2) educar o mercado de capitais (empresas, bolsas, instituições financeiras, investidores) para a obrigatoriedade da transparência e do cumprimento dos deveres de lealdade e de responsabilidade dos administradores das empresas, tudo conforme a lei nº 6404/76, recém-editada. Ficava mais claro o papel dos administradores das companhias de capital aberto, privadas e estatais, o que se aplica, inclusive, aos subordinados ou terceiros de confiança dos administradores.

As conclusões do *Relatório Petrobras* mostram o estágio da evolução do mercado de capitais em uma época em que faltavam regras e boas práticas — transparência, governança corporativa, *compliance* e, mais ainda, princípios relativos

CRISES FINANCEIRAS

ao meio ambiente e aos *stakeholders* (públicos interessados nas atividades de uma empresa). Mas, apesar das flutuações de cotações e de volumes verificados no período investigado, o *Relatório Petrobras* não apontou culpados — ou seja, não identificou ações dolosas contra investidores desavisados, seja por parte de governantes, de dirigentes da estatal, de outras instituições financeiras ou da imprensa que noticiou, às vezes açodadamente, fatos e boatos, muitos deles colhidos de fontes não conhecidas. Entre suas principais conclusões destacam-se:

• Não se identificou que "administradores da Petrobras, seus subordinados ou pessoas de sua confiança tenham-se valido de informações privilegiadas para comprar ou vender ações da companhia".

• Ficou claro que, em alguns episódios, a companhia não deu a mesma ênfase à divulgação das informações sobre fatos análogos, preferindo, em dois momentos, guardar sigilo, "para reunir maiores elementos para a informação, quando, talvez, os acontecimentos exigissem uma pronta revelação da informação conhecida".

• O noticiário dos jornais sobre os trabalhos de perfuração do poço 1-sps-9 teve grande influência no comportamento da ação no período analisado. Mas as análises realizadas "não permitiram concluir que no período considerado tenha havido negociações com ações da Petrobras, por parte de pessoas ligadas a esses jornais, realizando lucros por força do reflexo, em mercado, do teor das notícias divulgadas". Tampouco se caracterizou a ocorrência de negociações por pessoas do governo "direta ou indiretamente relacionadas com a companhia ou com o episódio do poço da Bacia de Santos".

• Apesar dos aumentos de volume e de cotações, não se configurou manipulação que pudesse evidenciar infração de in-

154

vestidores e intermediários. Porém o relatório adverte que distinguir ignorância e dolo é tarefa complexa num mercado concentrado em poucas ações e no qual é comum a prática da concessão de crédito para operações em mercado. "A CVM optou pela prudência." No entanto, a CVM fez recomendações ao examinar aspectos referentes ao dever de lealdade e dever de informar dos administradores da Petrobras.

- Por exemplo, "ficou evidenciado na análise efetuada que certas declarações sobre assuntos altamente especializados, apresentadas isoladamente, poderão [se] refletir no mercado de maneira indesejável". Havia a necessidade de uma conscientização de que afirmações feitas sem o necessário formalismo, ou não revestidas da condição técnica adequada, podem ser indevidamente usadas e gerar desgaste à imagem de credibilidade que se quer manter para o mercado. Mais à frente, quando tratarmos do caso Vale, será possível observar o quanto as autoridades do governo federal se pretendiam mais importantes do que o mercado, ignorando ou desconhecendo princípios e normas da CVM.

- O *Relatório Petrobras* também recomendou "a maior prudência e exatidão por parte das autoridades quando tiverem que fazer referência a fatos relevantes que envolvam companhias abertas".

- Tão ou mais importante é o acesso à informação. "Mercado eficiente é aquele cujo preço das ações nele negociadas reflete com exatidão todas as informações disponíveis sobre a empresa."

- Entre as regras práticas incluiu-se a de que administradores e funcionários graduados que tenham acesso a informações privilegiadas sejam obrigados a declarar, por escrito, a quantidade de ações possuídas da empresa e subsidiárias;

CRISES FINANCEIRAS

que todas as alterações nessa quantidade sejam prontamente informadas; que seja proibida a negociação com ações da empresa no período de um mês que antecede os fechamentos dos demonstrativos financeiros até a publicação de editais relativos a aumentos de capital e distribuição de proventos; que as ações sejam mantidas por prazo mínimo entre a compra e a venda, para descaracterizar operações especulativas. Em algumas empresas das quais participei no conselho de administração, tornou-se obrigatório que as pessoas com acesso a informações privilegiadas tivessem de relatar suas operações de compra e venda de ações da companhia ao comitê financeiro.

• É essencial definir regras para o relacionamento das empresas abertas com os acionistas minoritários, pois esse trato "não se limita exclusivamente ao campo financeiro, invadindo o campo psicossocial e recomendando, portanto, que a ele seja dado um tratamento tal que possibilite o entendimento e a implementação da reforma cultural" que a Lei das Sociedades Anônimas introduziu.

Afinal, uma nota de esclarecimento minha lembrou que a agência era um órgão novo, obrigado a tratar de um caso de grandes dimensões. As ações da Petrobras representavam quase 50% dos negócios na Bolsa do Rio. Era pequeno o número de investidores ativos, cujas decisões eram decisivas para o mercado. Cabia separar bem as figuras do especulador — "presente em qualquer mercado e, sob certos aspectos, até importante para a sua liquidez" — da figura do manipulador. A manipulação é prática proibida, favorecendo um grupo de pessoas em detrimento do mercado. O manipulador age às vezes em conluio com insiders. Para proteger os acionistas minoritários, o mais importante é a informação de qualidade, seja

156

BRASIL

ela prestada pelo governo, pelas empresas ou por instituições. Ao tomar conhecimento do aumento dos negócios com ações da Petrobras e do noticiário da imprensa, a cvm agiu.

O caso Vale: o governo tropeça nas regras de transparência

A data-chave do caso Vale foi o primeiro trimestre de 1980, ainda sob influência direta da crise dos anos 1970. Em 12 de março de 1980, os negócios na Bolsa do Rio dobraram em relação ao dia anterior, superando 1 bilhão de cruzeiros. Quase metade do valor se referia a ações da Companhia Vale do Rio Doce. Na Bolsa do Rio foram vendidas 98 milhões de ações da Vale, que totalizavam 456,8 milhões de cruzeiros. No início do mês, o volume diário de ações negociadas da estatal variava entre 3 milhões e 7 milhões.

Preventivamente, a Bovespa suspendeu as negociações com ações da Vale. Mas a cvm determinou a volta dos papéis ao pregão. O presidente da cvm, Jorge Hilário Gouvea Vieira, afirmou que se tratava de venda atípica de papéis, sem caráter de manipulação. No dia seguinte, mudou de opinião, admitindo ter ocorrido uma infração legal por parte da corretora incumbida da intermediação — a corretora Ney Carvalho, do presidente da Bolsa do Rio, Fernando Carvalho, que teria infringido o item 10 da carta-circular n° 303/78 da cvm, que estabelecia condições para a execução de operações consideradas "especiais".

Faltando dez minutos para o encerramento do pregão de 11 de março de 1980, um volume gigante de vendas ocorreu, lembra Gouvêa Vieira, citado por George Vidor no livro *A história da CVM pelo olhar de seus ex-presidentes*. "Não tínhamos o mercado na tela do computador. Não acompanhávamos o mo-

157

vimento em tempo real. Mas, mesmo assim, entrou na minha sala o superintendente de Mercado avisando sobre o que estava acontecendo." Mais tarde, chegaram na sede da CVM Fernando Carvalho e Luís Tápias, superintendente da Bolsa. "Soube, então, que a ordem de venda havia sido dada pelo governo." A reação de Jorge Hilário foi dizer que o governo não podia ter feito isso. O ministro Ernane Galvêas negou saber da operação. Jorge Hilário e os diretores da CVM Horácio Mendonça Neto e Antônio Milão foram na manhãzinha de 13 de março à casa de Galvêas em Brasília. "Estava em jogo a vida da CVM." Da casa surgiram Galvêas e Langoni, e Jorge Hilário se disse preocupado. "Por quê?", indagou Galvêas. "Vou cancelar as operações com as ações da Vale", disse Jorge Hilário. Resposta: "Não pode. O Banco Central tem motivos". "A CVM terá de abrir um inquérito", disse Jorge Hilário. "Pois abra", respondeu o ministro.

No livro *A saga do mercado de capitais no Brasil*, o ex-corretor e historiador Ney Carvalho chamou de "farsesco" o episódio que envolveu Banco Central, CVM e Ministério da Fazenda. "O que o mercado desconhecia", afirmou Ney Carvalho, "é que o chamado caso Vale não era a primeira, mas foi a última e, sem dúvida, mais desastrada das intervenções dos poderes públicos no mercado de ações." Este é um ponto que sempre menciono em relação às dificuldades enfrentadas durante os trabalhos iniciais da CVM: as empresas estatais negociadas em Bolsa se achavam acima da regulação.

O caso Vale foi bem mais do que uma operação isolada. Desde 1969 a corretora Ney Carvalho recebera do governo a missão secreta de vender ações da Vale em Bolsa. O que o BC deveria ter feito era o registro na CVM de uma oferta secundária de ações da Vale a ser executada por corretores selecionados. O que fez foi operar numa só corretora por uma conta codificada que não permitia identificar o vendedor. As vendas eram

BRASIL

paulatinas, "sem movimentos bruscos", conforme a orientação recebida. "O condutor das operações da parte do BC seria Carlos Brandão, gerente da Gedip [Gerência da Dívida Pública], habituado a lidar com o mercado na condução da política de open market", escreveu Carvalho. As figuras-chaves do momento eram o ministro da Fazenda Delfim Netto — "nada se fazia de relevante, no que diz respeito às finanças no governo, sem que ele fosse ouvido", segundo o autor; o ministro da Fazenda e ex-presidente do BC, Ernane Galvêas; Carlos Brandão; e o diretor do BC, Francisco de Boni.

A legalidade das vendas de papéis da Vale se amparava nas leis nos 4728/1965 e 5710/1971 e pressupunha a manutenção pelo governo de no mínimo 51% do capital. O governo tentava desde 1971 conter a euforia das bolsas vendendo papéis. O nó foram as mudanças institucionais: nova Lei das Sociedades Anônimas e criação da CVM, alterando as regras dos negócios. A carta-circular no 303 da CVM recomendava às bolsas ampla divulgação de operações de alienação de ações de volume muito superior à média habitual. Mas as vendas de ações da Vale — decididas por Galvêas e pelo presidente do BC Carlos Langoni — seriam uma forma de "esfriar" o mercado. A corretora Ney Carvalho foi incumbida da venda, e a Bolsa do Rio, presidida por Fernando Carvalho, achou que os fatos eram normais. O caso ganhou dimensões públicas. No Congresso, Galvêas argumentou que a legislação permitia as vendas, sem tratar da carta-circular no 303 da CVM, que era uma novidade num país onde há leis e regras que pegam e outras que não pegam.

Abriu-se caminho para um escândalo, escancarado com as críticas de José Luiz Bulhões Pedreira e Alfredo Lamy Filho, autores da Lei das Sociedades Anônimas. Em artigo publicado no *Jornal do Brasil* de 30 de março de 1980, intitulado "A venda das ações da Vale, o mercado de capitais e o império

159

da lei", os juristas desancaram a Fazenda e o BC. O governo, afirmaram, deveria ser o primeiro a respeitar as normas de ampla divulgação de operações especiais que ele mesmo, por meio do órgão apropriado (a CVM), havia imposto ao mercado. As críticas dos juristas foram consideradas um "acinte" pelo ministro da Fazenda.

A CVM procedeu ao inquérito, puniu com penas brandas a corretora, seu dirigente e um operador de mercado. Mais tarde, Gouvêa Vieira deixou a agência, sendo substituído por Herculano Borges da Fonseca, tido como "um fiel escudeiro" de Galvêas. A CVM perdeu independência, situação que se agravaria no futuro, com outras agências aparelhadas por governos populistas. Mudanças no órgão regulador afetaram negativamente sua condução. Por exemplo, uma dessas mudanças — posteriormente revertidas — consistiu em manter a responsabilidade de cada diretoria pelas diferentes áreas de atuação do regulador, retirando assim a responsabilidade dos superintendentes. Isso contrariou fortemente o modelo de gestão estabelecido no lançamento da CVM, que consistia em deixar os membros do colegiado com as mãos livres para se ocupar dos inquéritos, processos administrativos e julgamentos.

Duas semanas antes do artigo de Bulhões Pedreira e Lamy, o *Jornal do Brasil* se referira ao caso Vale em editorial com o título "Um escândalo".

Errou o presidente da CVM, quando afirmou que foi tudo feito em nome do superior interesse do governo. Erro típico de burocrata. O superior interesse é o da sociedade, no caso representada pelos milhões de investidores que não tiveram acesso a uma informação privilegiada que, agora se vê, só era compartilhada pelo governo (o ministro da Fazenda e, talvez, a diretoria do Banco Central) e uma forte corretora carioca.

Galvêas respondeu na mesma edição: "O dinheiro é para a caixa única do Tesouro, e não me perguntem mais nada".

Anos mais tarde, Bulhões Pedreira voltou ao assunto em entrevista a Marta Barcellos. "O Banco Central resolveu vender escondido as ações da Companhia Vale do Rio Doce detidas pelo governo." As investigações apontaram que o ministro Galvêas determinou que fosse colocada no mercado quantidade apreciável de ações sem que tivesse havido um registro de emissão secundária. O ministro da Fazenda não entendia o impacto de interferir no mercado, sem aviso a ninguém, "vendendo escondido". O jurista lembrou que as autoridades não compreendiam conceitos como informação privilegiada e manipulação de mercado. "Quando João Figueiredo era presidente (1979 a 1985), eu li no jornal: 'O presidente do Banco Central disse que o Banco do Brasil vai dar filhote. É bom comprar ações'. Ou seja, ninguém tinha noção do que era *insider information*. Esses valores custaram a colar."

Recentemente, em 2021, o presidente Jair Bolsonaro, em mais de uma ocasião, referiu-se à Petrobras indicando fatos que ocorriam na empresa que eram desconhecidos pelo mercado, caracterizando assim uma *insider information*. Mas Figueiredo foi mais longe.

A VERDADE OFICIAL

Em entrevista já mencionada, publicada no livro *Histórias do mercado de capitais no Brasil*, de Marta Barcellos, o ministro Ernane Galvêas apresentou sua versão sobre a venda de ações da Vale.

Era a verdade oficial: não havia nada demais em vender uma parte das ações da Vale e da Petrobras, sem perda do controle e sem o registro de uma oferta secundária. "Começamos esse processo vendendo

CRISES FINANCEIRAS

algumas ações da Petrobras, do Banco do Brasil — e da Vale do Rio Doce. Quando o Antônio Dias Leite foi ministro de Minas e Energia (1969-74), fizemos todo o financiamento do ministério, incluindo Petrobras, vendendo títulos da Vale do Rio Doce e do Banco do Brasil." E explicou: "Em 1980, tivemos uma necessidade de mobilização de recursos, porque estávamos com o Pró-Álcool, que era vital para o Brasil, por causa da elevação do preço do petróleo desde 1979. Precisávamos, rapidamente, de recursos para financiar o programa e os recursos orçamentários estavam escassos, iam demorar". As ações da Vale "eram as mais disponíveis". Chamaram o corretor Fernando Carvalho, que era especialista em Vale, e incumbiram "o Banco Central da tarefa, dada ao presidente Carlos Langoni".

"Era uma operação legítima", disse Galvêas. Que o governo vinha fazendo há cinco ou seis anos. "Havia uma resolução (da CVM), mas ela se aplicava ao mercado como um todo." Não tinha, afirmou o ex-ministro, "nada a ver com o acionista", mas com a Bolsa. O Tesouro Nacional era apenas o dono das ações e mandou vendê-las dentro da lei, segundo Galvêas.

Marta Barcellos lembra: a CVM abriu um inquérito sobre o caso Vale, mas a CVM é subordinada ao Ministério da Fazenda e tinha de julgar uma atitude do governo. Galvêas respondeu: "Todos dentro da organização administrativa do Brasil são subordinados a algum ministério. A CVM, o Banco do Brasil, a Caixa Econômica e o Banco Central estão dentro da esfera administrativa da Fazenda. A CVM é um colegiado. E esse colegiado, inclusive, se comunicava com o Ministério da Fazenda permanentemente". O conceito de agência reguladora foi desprezado.

Nos últimos anos, com as mudanças no processo de escolha dos membros da diretoria e presidência da CVM, estes passaram a ter mandato por prazo determinado e a ser sabatinados pelo Senado Federal. Assim, a CVM ganhou mais independência.

No entanto, as escolhas do presidente e dos demais diretores ainda não é feita de forma totalmente livre. A mão do ministro da Fazenda (ou

162

da Economia) é forte nesse processo de indicação de pessoas próximas à presidência. A alternativa seria uma lista tríplice submetida pelo mercado ao ministro.

Os casos Petrobras e Vale são bem diferentes. No primeiro (Petrobras), começava a atuação do órgão regulador do mercado de capitais — a cvm, que substituía na função o Banco Central. Era um tempo de aprendizado e da definição de regras para averiguações de situações inusitadas de mercado. No segundo (Vale), refletia-se um Brasil em que as autoridades ainda ignoravam as regras de transparência do mercado de capitais e dos poderes conferidos à agência reguladora para disciplinar os negócios, inclusive as operações das quais o governo era participante. Tão ou mais grave será supor, quarenta anos depois, que problemas semelhantes aos do caso Vale ainda estão presentes, dada a virtual ausência, nas políticas públicas, do respeito ao papel essencial da cvm.

No rastro de Naji Nahas, a Bolsa do Rio desapareceu

O caso Nahas surgiu em mais um período de crise no mercado de capitais. Trata-se das decisões de um personagem notório nas bolsas brasileiras — ainda hoje presente nas rodas sociais. De fato, o empresário libanês Naji Robert Nahas tem raras habilidades. Ele reúne na mesa de jantar de sua casa presidentes e ex-presidentes — de partidos, da República, do Banco Central, de empresas —; insinua-se como hábil ganhador de dinheiro e faz gastos ostensivos; encanta figuras ilustres;

aparece nas colunas sociais ao lado de famosos; e, em especial, conta histórias. Quem as ouve ou reproduz parece entrar num universo à parte, em que estão presentes "bandidos" que se interpuseram no seu caminho. Ele fala em números mirabolantes e contrata grandes bancas de advocacia para se defender ou processar organizações, declara-se embaixador de potentados orientais prontos para investir fortunas no Brasil e afirma ser o controlador de muitas empresas — chegaram a ser 28, nos anos 1980.

A realidade é algo diferente. O mérito de Nahas foi mostrar que, por mais bem estruturados que sejam os mercados, por mais que tenham avançado os padrões de governança corporativa e por mais eficientes que possam ser as agências públicas de controle — a começar pela Comissão de Valores Mobiliários —, há brechas no caminho. E ele se mostrou um mestre na identificação dessas brechas. Nisso reside sua capacidade, que alia conhecimentos efetivos sobre mercados ao trabalho com a psicologia do homem comum, em quem desperta delírios de poder e riqueza. A qualificação de Nahas como intérprete de regras não afetou apenas grandes organizações e empresas brasileiras, mas chegou ao maior mercado de ativos do mundo, os Estados Unidos.

Conhecedor como poucos das normas que regem os mercados, exercitou-se nesse domínio como grande jogador — mostrando-se, talvez, um mito. Não hesitou em apostar fichas que havia tomado emprestado para ir até as últimas consequências. Quem viu Nahas ser preso na operação Satiagraha (em 2008, que alcançou também Daniel Dantas e Celso Pitta) ou leu a notícia (em 2021) de que ele teria de devolver o imóvel que ocupava por não ter pagado o IPTU pode imaginar que há um complô contra ele. Mas a história completa não foi contada — e provavelmente nunca será. Só momentos relevantes dela foram narrados, por exemplo no livro de Ney Carvalho *Três episódios marcantes das bolsas do Brasil*, de 2018. O texto ajuda a entender a anatomia dos esquemas criados por Nahas. Alguns pontos-chave são elucidativos.

Primeiro vem o jogo. Segundo Ney Carvalho, "o jogo e o jogar fazem parte do status econômico dos libaneses afluentes", e Naji Nahas "não se [desvia] desse padrão". Trata-se "de uma forma de ostentar riqueza e poder". E "sua obsessão por jogo transferiu-se ao mercado de ações". Os traços do apostador aparecem no romance *Um jogador*, de Dostoiévski, citado por Ney Carvalho. Às vezes Nahas pareceu perto de ganhar, mas ignorou regras não escritas, entre as quais está a de que as bolsas precisam manter a casa aberta, o que significa não contemporizar com quem ameaça implodir os negócios. As bolsas devem atrair não um, mas milhares de investidores e especuladores, para permitir a formação de preços no curto, no médio e no longo prazo. E bastava Nahas entrar para que outros investidores saíssem.

Segundo, Nahas opera com método. Foi o que ocorreu no mercado da prata. Em 1979, em associação com os irmãos Nelson Bunker Hunt e William Herbert Hunt — milionários que herdaram fortuna na área petrolífera e vinham atuando com êxito no mercado do metal desde o início dos anos 1970 para tentar se proteger dos riscos de desvalorização do dólar —, Nahas tentou manipular os preços da prata, operando por intermédio de pessoas jurídicas e físicas, algumas das quais tinham parentesco com ele, relata Ney Carvalho. Atuando principalmente na Bolsa Comex, de Nova York, na CBOT, de Chicago e na LME, de Londres, Nahas e seus parceiros foram acusados pela Commodity Futures Trading Commission (CTFC), agência reguladora oficial norte-americana. Motivo:

CRISES FINANCEIRAS

[...] individualmente e intencionalmente ajudaram e instigaram uns aos outros com o propósito e a intenção de causar alta artificial nos preços da prata em metal e contratos futuros e de fato causaram a alta artificial de tais preços desde, pelo menos, aproximadamente setembro de 1979 a, pelo menos, aproximadamente meados de março de 1980.

É o que relata o historiador, mostrando que Nahas e seu grupo, junto com os irmãos Hunt, montavam grandes posições no mercado futuro de prata e, no vencimento das operações, exigiam a entrega física do metal. Nada ilegal, não fosse o esquema delineado para elevar artificialmente os preços da prata, algo essencial para que as manobras dessem certo. As posições compradas por esses comitentes chegaram a representar, em 31 de agosto de 1979, 130% do consumo total de prata da indústria americana naquele ano. Houve, enfatizou Carvalho, uma tentativa de açambarcamento do mercado, provocando uma explosão dos preços da prata, que valorizou 450% entre setembro de 1979 e janeiro de 1980, superando os cinquenta dólares por onça. Preços no topo, a Comex decidiu agir: proibiu a abertura de novos negócios e criou uma regra de "liquidação exclusiva". Impediu, assim, a continuidade do esquema. Até que, em 27 de março de 1980, os irmãos Hunt não conseguiram mais depositar as chamadas de margem exigidas, ficaram inadimplentes, e as cotações voltaram à casa dos dez dólares a onça, onde estavam antes do esquema. Condenado, Nahas fez um acordo para o pagamento de multas e foi proibido de operar em qualquer mercado dos Estados Unidos por cinco anos.

Roberto Altenhofen Pires Pereira escreveu na publicação *Infomoney* de 17 de julho de 2009 que a queda dos preços da prata levou os irmãos Hunt a tomarem uma linha de crédito ban-

166

BRASIL

cário de 1,1 bilhão de dólares e, em 1988, a pedir recuperação judicial. Décadas atrás, os Hunt estiveram entre os mais ricos magnatas de petróleo dos Estados Unidos. A fortuna de Nelson Bunker Hunt chegou a ser estimada em 16 bilhões de dólares. Mas os irmãos perderam parte da fortuna na crise da prata. Um ex-conselheiro da Bovespa, Raul Forbes, relatou, segundo a jornalista Ângela Ximenes, que Nahas também se aproximou de outros grandes traders — Leon Israel, A. C. Israel e J. Aron, membros de duas famílias de origem judaica que controlavam o mercado de café em Nova York —, que acabaram insolventes. Como alertou Forbes, "vocês vão entrar pelo cano com Nahas. Vocês estão tratando o Naji como se ele fosse um principiante, e o Naji é um profissional".

Da prata, Nahas passou no início dos anos 1980 ao mercado de ações no Brasil. Entre 1981 e 1982, passou a atuar no mercado futuro de ações de empresas estatais, em especial Petrobras e Banco do Brasil. Nahas anunciou que compraria 1 bilhão de ações do Banco do Brasil de maior liquidez e da Petrobras, falando num aporte de 14 bilhões de cruzeiros, mas o mercado caiu. Nahas havia comprado a patente de um pequeno banco comercial e com ela fundou o Sogeral, em associação com o banco estatal francês Société Générale. O Banco Central demorou para homologar a pretensão de Nahas de se tornar presidente do Sogeral, lugar para o qual foi indicado Elmo de Araújo Camões, que mais tarde presidiu o BC. Para operar no mercado futuro, Nahas levantou recursos vultosos no banco Multiplic, com garantia do Société Générale. Ele se apresentava como grande investidor, mas, de fato, não tinha a posse das ações dadas em garantia de seus empréstimos. Não podia, portanto, comprar e vender aquelas ações a seu bel-prazer. Se o mercado caísse, o risco de inadimplência era enorme. Nahas foi acusado de causar prejuízos de 2 bilhões de dólares ao So-

167

CRISES FINANCEIRAS

ciété Générale — que não se manifestou mais sobre o assunto, salvo para informar, anos depois, que não tinha mais negócios com o empresário libanês radicado no Brasil.

O terceiro episódio com Nahas — e com consequências gravíssimas — foi a tentativa de se tornar dominante nos mercados da então estatal Vale e da estatal Petrobras, além da Paranapanema. Para isso mobilizou enorme esquema, atuando por meio de inúmeras corretoras e empresas por ele controladas. O tamanho dessas companhias que controlava não parecia ser problema. De fato, só uma delas chegou a figurar entre líderes de mercado antes que Nahas tomasse participação expressiva e depois assumisse o controle: a Companhia Internacional de Seguros.

Entre 1987 e 1988, Nahas começou a atuar no mercado de opções da Bovespa. Operava com um grupo de corretoras que ganharam muito dinheiro com seus negócios. E havia o fator sorte: Nahas evitou grandes prejuízos decorrentes da queda recorde na Bolsa de Nova York, de 22,6%, em 19 de outubro de 1987. A queda de Nova York chegou ao Brasil, onde Nahas estava comprando e onde o Ibovespa caiu 19,3%. Os vendidos se salvaram. Como afirmou o então assessor de imprensa da Bovespa Octávio Costa, em depoimento divulgado no livro *Eduardo da Rocha Azevedo, a Bovespa e a BM&F*, de Ângela Ximenes: "O Nahas, quando escolhia uma corretora para operar, em geral corretoras de médio porte, ela rapidamente adquiriria grande porte". A Bovespa começou a se preocupar com as operações. Em 20 de junho de 1988, segundo Ângela Ximenes, o conselho de administração da Bovespa começou a agir, proibindo cinco grandes especuladores de abrir novas posições.

Citado no livro *Histórias do mercado de capitais no Brasil*, de Marta Barcellos, o então superintendente-geral da Bovespa, Horácio de Mendonça Netto, afirmou:

168

BRASIL

O Nahas era conhecido mundialmente como um especulador que se financiava para assumir posições. Foi exatamente isso que ele fez no Brasil. O papel do superintendente-geral da Bolsa é exigir um mercado ordenado, sem concentração, sem condução artificial de preços e sem risco. A corretora se responsabiliza pelo pagamento do ativo, caso o investidor não o faça. Neste caso, Nahas assumiu posições muito grandes, que as corretoras não conseguiriam cobrir, e administrar esse risco era uma de minhas funções.

Entrevistado para o mesmo livro, o então presidente da Bovespa, Eduardo da Rocha Azevedo, completou sobre o caso Nahas:

Foi uma coisa horrorosa. Já em 1988, começamos a descobrir umas operações na Bovespa. O fundamento é o seguinte: a Bolsa é uma entidade sem fins lucrativos, auxiliada pelo poder público.* Serve para garantir as operações feitas no seu recinto, além de dar flexibilidade a essas operações. Mas, quando uma corretora não paga, a Bolsa é obrigada a pagar. Começamos a descobrir que todas as operações do Nahas eram feitas com a compra por uma corretora pequena e a venda por uma grande. Naquela época, a liquidação era em D+5, ou seja, a liquidação demorava cinco dias. No quinto dia, a corretora pequena dava um cheque para a Bolsa, para uma operação muito grande. A Bolsa depositava aquele cheque e liberava as ações da custódia para essa corretora. No dia seguinte, o Nahas ia ao mercado, vendia aquelas ações e recebia em D+0. Isto é, o financiador dele depositava o dinheiro na sua conta e cobrava cinco dias de juros dele.

---

* A Bovespa deixou de ser uma instituição sem fins lucrativos e se tornou uma sociedade por ações em 2007. (N. A.)

CRISES FINANCEIRAS

O problema, explicou Rocha Azevedo, era o seguinte:

[...] se o cheque voltasse, não haveria garantia. A corretora era pequena, não tinha patrimônio para cobrir. A Bolsa teria um prejuízo, e não teria mais as ações, que já foram transferidas para a custódia de uma outra operação. Ainda em 1988, alertei a CVM sobre o que estava acontecendo. Aquela operação já estava em 80 milhões de dólares na Bolsa de São Paulo, que não tinha patrimônio para isso. Ia virar uma bola de neve. Mais tarde, isso ficaria provado nos autos do processo que foi aberto. Ao mesmo tempo, o Nahas ia ao mercado futuro e comprava índice futuro. Subia os preços. Para pagar esses cinco dias de juros, as ações tinham que subir, porque se caíssem ele ir ter de arcar com o prejuízo, mais os juros. O que ele fazia? Um rolo compressor para as ações subirem.

Quando Nahas transferiu suas operações de São Paulo para o Rio, Rocha Azevedo alertou a Bolsa do Rio de que o esquema "iria explodir lá". Explodiu, de fato, algum tempo depois.

Enquanto Nahas operava em São Paulo, a Bolsa era comparada a um cassino em que, além de Nahas, apareciam outros grandes especuladores, como Leo Kryss, do grupo Tendências e dono da Evadin. Em fins de dezembro, um corretor conhecido, Luciano Schwartz, dono da corretora Título, procurou a Bovespa para informar que havia recebido um cheque sem fundos de Nahas — e teve de receber apoio para não ficar sem liquidez. Frequentemente, os cheques eram pagos com atraso, mas corretores que operavam muito para Nahas — e tinham caixa — deixavam barato. Entre as corretoras que quebraram com Nahas estavam a Progresso, de Ricardo Thompson, e a Pebb, de Luís Afonso Otero.

Ao transferir suas operações de São Paulo para o Rio, Nahas buscou evitar as regras mais rígidas da Bovespa. Como notou Ney Carvalho:

170

BRASIL

Em 1989, Nahas começou a atuar no mercado futuro de ações mediante operações D+0. Operações normais em Bolsa eram pagas em D+5, ou seja, cinco dias úteis após a compra. Nas operações D+0, não havia necessidade de mostrar capacidade financeira. Nahas tomava empréstimo de um banco para quitar a operação imediatamente, deixando as ações em garantia.

Tratava-se de "um método de operar sem dinheiro", afirma Ney Carvalho. Note-se que não há irregularidade formal na operação. Mas era preciso usar "laranjas" ou pessoas de um mesmo grupo para girar as operações na data da sua liquidação. As operações foram apelidadas de "Zé com Zé". O esquema ignorava quatro variáveis de risco, citadas por Carvalho: 1) as oscilações de preços; 2) as comissões e custos financeiros; 3) a hiperinflação presente em 1989; e 4) a necessidade de que o mercado estivesse em alta constante.

"Sem capital, qualquer variação negativa nos preços derrubaria o castelo de cartas", escreveu o historiador. "Era imprescindível que o mercado estivesse subindo todos os dias, para evitar a derrocada e cobrir os custos envolvidos." Como isso não é possível num mercado livre, o risco se tornou absurdo. Para justificar as operações, Nahas conversava com autoridades e se valia de pareceres, como os do ex-ministro Mário Henrique Simonsen, conhecedor profundo do mercado de capitais, que assessorou a Companhia Internacional de Seguros, do grupo Nahas. Como já fizera antes no mercado da prata, Nahas tentou controlar o mercado de ações da Vale. Entre as consequências da operação despontava a expulsão de outros investidores, que não queriam correr o risco de o valor de seus ativos dependerem de um grande participante.

Assim, as operações de Nahas tinham como resultado concentrar o mercado, o que não interessa à Bolsa. Tira liquidez,

171

CRISES FINANCEIRAS

e a formação de preços fica horrível, prejudicando os volumes e os negócios. Ainda mais quando a concentração criava riscos para o patrimônio da Bolsa e de corretores comitentes. Ney Carvalho afirma que "a alquimia de Naji Nahas era equação impossível de ser resolvida", pois as cotações "não sobem ad infinitum, e recursos financeiros não são ilimitados". A inadimplência de Nahas, ocorrida em junho de 1989, "era uma fatalidade quase matemática". E tinha data marcada: 19 de junho, dia de vencimento de opções de compra.

Mas a crise foi antecipada em alguns dias. Na sexta-feira, 9 de junho de 1989, a Selecta Comércio e Indústria, holding das empresas de Nahas, depositou na conta da corretora Ney Carvalho um cheque de 38,9 milhões de cruzados novos, sacado contra o Digibanco. Era usual, naquele tempo, o saque sobre depósitos em cheque, sem esperar a compensação. No mesmo dia, a corretora Ney Carvalho emitiu cheques para várias instituições com base no cheque da Selecta. Aí foi informada de que o cheque da Selecta não havia sido compensado pelo Banco de Crédito Nacional (BCN), por falta de fundos. Controlador do BCN, o banqueiro Pedro Conde agiu para acabar com a farra da compensação de cheques sem provisão. Corretoras e distribuidoras de valores que operavam para Nahas ficaram ilíquidas e foram liquidadas, caíram os presidentes da Bolsa do Rio, Sérgio Barcellos, e do BC, Elmo Camões. O BCN, comprado posteriormente pelo Bradesco, era um banco bem administrado. Dizia-se que Pedro Conde operava na Bolsa pela manhã e cuidava dos negócios do banco à tarde. Cuidava tão bem que, quando foi feita a *due dilligency* (encontro de contas) da venda do BCN ao Bradesco, sobrou muito dinheiro, beneficiando a família Conde. Altos executivos do BCN foram incorporados ao Bradesco.

Autoridades do alto escalão, mas não todas, fecharam os

olhos para as traquinagens de Nahas. Não era o caso do ex-presidente do BC, Ibrahim Eris. Citado por Ângela Ximenes, Eris afirmou — e esse entendimento é do tempo em que ele ainda não era presidente do BC — que a alavancagem dos negócios de Nahas havia chegado a níveis absurdos. Eris relatou uma passagem em que se encontrou com Nahas num leilão de cavalos, dele ouvindo a pergunta: de dois empréstimos em negociação, qual devo tomar? E respondeu: "Pega os dois, porque você vai precisar". E foi além: "Você está seguindo para a explosão".

Ibrahim Eris avançou:

Naji é um especulador, um especulador de muita audácia. Não somente no Brasil, não. Ele fez a mesma coisa no mercado da prata, nos Estados Unidos. Logo, ele é uma pessoa que os órgãos reguladores do mercado têm que olhar com cuidado. Vamos dizer, ele pode virar de um cliente querido a uma ameaça para os mercados, dependendo do que ele faz, que práticas você permite e não permite a um especulador desses — isso não é só Naji, isso se aplica a qualquer especulador.

A questão é saber se Nahas era apenas um especulador. Ney Carvalho diz que não, qualificando-o como "manipulador" ou "megamanipulador", apontando ainda infrações legais supostamente cometidas por ele. Nahas foi acusado, por exemplo, de vender à Companhia Internacional de Seguros, ao preço unitário de oitenta cruzados novos, ações do Banco Noroeste do Estado de São Paulo, que valiam treze cruzados novos na Bolsa na época, operação pela qual foi multado pela Comissão de Valores Mobiliários. Ou de deixar sem ressarcimento cerca de 4 mil segurados da mesma Internacional de Seguros. Ou de mentir ao afirmar que era dono de centenas de milhões de dólares em ações da Vale e da Petrobras — quando essas ações já estavam dadas em garantia aos bancos que o financiavam.

Ainda hoje (como em entrevista a um assessor da plataforma de investimentos Genial, que estava no site da empresa em 2021), Nahas se diz uma vítima, que só não se tornou o homem mais rico do mundo porque o então presidente da Bovespa, Eduardo da Rocha Azevedo, não deixou. Mas Ibrahim Eris, entre outros, mais que justificam as ações de Rocha Azevedo na Bovespa. Rocha Azevedo, segundo Eris, "fez o papel dele". "Quando Naji começou a virar uma clara ameaça, aí Eduardo reagiu", escreveu Ângela Ximenes.

VISÃO INSTITUCIONAL DAS TRAQUINAGENS DOS ANOS 1980, SEGUNDO O JURISTA ARY OSWALDO MATTOS FILHO

O embate entre as bolsas de valores do Rio e de São Paulo dominou o ambiente institucional dos anos 1980, mostra o jurista e ex-presidente da Comissão de Valores Mobiliários Ary Oswaldo Mattos Filho. Passadas quatro décadas, ele relata como é difícil construir um mercado de capitais bem governado e justo tanto para acionistas controladores como para minoritários. As operações de Naji Nahas, ao alterar as condições de oferta e demanda de ativos, confundiam o mercado naquele momento, pondo em xeque os limites de atuação dos reguladores e das bolsas não apenas do país, mas do exterior. As lições aparecem na entrevista de Mattos Filho ao coordenador editorial deste livro, Fábio Pahim Jr., resumidas a seguir.

Na década de 1980, Mattos Filho afirma que o mercado ainda era incipiente, com disputa feroz entre as bolsas de valores do Rio de Janeiro e de São Paulo, lembrando que a Comissão de Valores Mobiliários fora criada no final de 1976. Seu nascimento ocorreu de forma não indolor, pois até então a tarefa era realizada pela diretoria de mercado de capi-

BRASIL

tais do Banco Central — então transformada em diretoria de normas. A burocracia do BC resistiu, e a CVM só nasceu pela intervenção direta do então ministro Mário Henrique Simonsen, com o apoio que lhe prestava o presidente Geisel. O primeiro presidente da CVM, Roberto Teixeira da Costa, teve que lutar por uma sede, formar o pessoal técnico em um assunto verdadeiramente estranho a um mercado nascente. E teve de lidar com a entrega afobada dos processos e estudos que se acumularam desde a edição da Lei Bancária de 1964. Foi nesse período inicial que o presidente — conhecido como PTE pela burocracia do mercado — pôde contar com o auxílio de abnegados como Luís Leonardo Cantidiano, Jorge Hilário Gouvea Vieira, José Luiz Bulhões Pedreira, Antônio Milão, Geraldo Hess, Emanuel Sotelino Schifferle, Francisco Gros, Paulo Cezar Aragão, entre outros. Foi uma época muito difícil enfrentada pelo Roberto Teixeira da Costa.

É preciso lembrar que a CVM nasceu com a dupla responsabilidade de proteger — à época — o acionista não controlador e incentivar o crescimento do mercado. Convenhamos que eram tarefas razoavelmente contraditórias a serem cumpridas num ambiente novo, cujo regramento básico fora estabelecido pela lei nº 4728, de 14 de julho de 1965, e pela instrução nº 39 do CMN, de 1966, que transformou radicalmente a estrutura do sistema de emissão, de distribuição e da estrutura operacional das bolsas de valores. Ou seja, a CVM deu em seu início maior ênfase ao trabalho de organização do mercado de valores mobiliários. Também não se deve esquecer que entre as tarefas que atormentavam o Banco Central estavam a inflação e a descapitalização de boa parte do sistema financeiro, então extremamente pulverizado.

Entre as lições tiradas do caso Nahas, Mattos Filho lembra que Naji, à época, poderia ser considerado um investidor agressivo e bom conhecedor do funcionamento das regras de oferta e demanda no mercado de valores mobiliários, que se utilizava das normas existentes para conseguir alta lucratividade. Era detentor de fortes contatos internacionais com a comunidade árabe. Ou seja, era profundo conhecedor de mecanismos

175

CRISES FINANCEIRAS

que poderiam ser considerados heterodoxos, como atuar em grande volume visando alterar a oferta e a demanda de determinado ativo e a consequente alteração dos preços de mercado. Uma situação que exemplifica isso foi a crise no mercado futuro da prata ocorrida nos Estados Unidos em 1979, descrita em pormenores no livro *The Great Silver Bubble*, de Stephen Fay. Naji, associado aos irmãos Hunt, norte-americanos, bem como a Mahmoud Fustok e outros dignatários sauditas, iniciaram direta ou indiretamente a compra de grande quantidade de opções de compra de contratos de prata. Com a compra da enorme quantidade de contratos futuros, os preços destes e as respectivas chamadas de margem passaram a subir constantemente, deixando grandes investidores em situação difícil e estimulando os compradores com recursos a adquirir mais contratos com vencimento futuro. As margens depositadas pelos vendedores estavam financiando o *squeeze*, que caminhava para se tornar um *corner* no mercado da prata. A situação ficou muito mais aguda quando os compradores anunciaram, ao se aproximar a data do vencimento dos contratos, que exigiriam a entrega física do produto, não aceitando a liquidação financeira. Ocorre que o volume físico da prata a ser entregue era superior ao estoque disponível da prata realmente existente no mercado. Ou seja, o mercado estava em *corner*, já que não conseguiria realizar a entrega física do mineral. Como previsível, a prata atingiu preços astronômicos, o que levaria à quebra de vários mercados, na medida em que estes são interconectados. Tal situação impôs uma resposta dos reguladores: numa reunião de fim de semana em Boca Raton, na Flórida, a Commodity Futures Trade Commission (CFTC) e o Federal Reserve Board (Fed) anunciaram que o governo iria vender quantidade indeterminada de prata física a quem quisesse. Com esse aviso do governo norte-americano, na abertura do mercado futuro, na segunda-feira, houve uma queda enorme do preço físico da prata, desmanchando o *corner* que até então se anunciava e seria fatal.

Do ponto de vista dos danos, Mattos Filho observa que o

BRASIL

mercado é risco. O que os organismos governamentais têm de fazer é criar regras que beneficiem a maior transparência possível de informações relevantes para dar ao investidor — comprador ou vendedor — a capacidade para julgar a oportunidade e o montante de risco que está disposto a aceitar. Ultrapassadas essas regras mínimas de convívio civilizado, o mercado perde a capacidade de ser minimamente equitativo para vendedores e compradores, aproximando-se mais de uma esperteza sem limites. Os danos são perdas financeiras injustas, já que o mercado de valores mobiliários se caracteriza pela premissa constante de que para alguém ganhar, na outra ponta alguém perderá o mesmo montante.

Quanto às tentativas de manipulação, o jurista nota que "os mercados de valores mobiliários oferecem, em termos gerais, inúmeros produtos que se dividem entre aqueles de renda fixa e os de renda variável. O termo minoria se aplica mais a uma disputa de voto, na qual podem surgir as figuras de maiorias ou controladores em oposição às minorias, tendo como exemplo típico as proteções previstas nas legislações das sociedades anônimas. As regras básicas devem prever o maior volume de informações, punir a utilização de informação privilegiada, abuso das minorias e das maiorias como regra geral. Entretanto, devemos lembrar que o excesso de regras de determinado produto terá sempre o condão de dificultar sua negociação e, consequentemente, provocará uma pior formação do preço de mercado. A sintonia tem que ser sempre de ajuste fino e periódica, já que as condições de mercado mudam com as alterações macro das economias e com os humores dos investidores".

Eike Batista — ascensão e queda de um visionário

Já neste século, outra figura de grande projeção apareceu no mercado de capitais brasileiro. Com a audácia dos empreen-

177

CRISES FINANCEIRAS

dedores mais dispostos ao risco, somada à inteligência nata, à capacidade de conceber enormes projetos estruturantes e aos conselhos familiares, o empresário Eike Fuhrken Batista fez carreira espetacular nos negócios — e no mercado de capitais. Ao contrário de Naji Nahas, quase se tornou o homem mais rico do Brasil, quando as ações das empresas X, por ele controladas, superaram o valor de 30 bilhões de dólares medidos pelo valor de mercado em Bolsa de outubro de 2010, e os papéis da OGX, a companhia mais valiosa do grupo, atingiram valores recordistas. Segundo a revista *Época Negócios*, o valor da fortuna de Eike teria chegado a 34,5 bilhões de dólares em 2012.

Suas decisões eram, às vezes, desconcertantes, enlouqueciam executivos do grupo X, sócios minoritários de Eike e bancos financiadores. Mas os políticos a quem ele cortejava agradeciam os mimos recebidos, a começar pelo então governador carioca Sérgio Cabral, hoje cumprindo prisão domiciliar. O empresário se aproximou do ex-presidente Lula — que demorou para assimilar seu estilo — e até de Dilma Rousseff, que visitou as obras do Porto do Açu, no Rio, uma das joias da coroa do EBX, nome do grupo que reúne as empresas de Eike.

Nenhuma história sobre ele é melhor do que a relatada pela jornalista Malu Gaspar, que escreveu *Tudo ou nada: Eike Batista e a verdadeira história do grupo X*. Mas há farta informação sobre o empresário, que com seus carros de luxo estacionados na sala de casa, o casamento com a beldade Luma de Oliveira e sob os holofotes do pai famoso e da mãe Jutta Fuhrken, tornou-se figura carimbada no mundo social e empresarial.

O pai Eliezer Batista da Silva foi um primus inter pares. Ex-presidente da Vale e ex-ministro de Minas e Energia, ficou conhecido por trabalhos monumentais. Na Vale, maior produtora mundial de minério de ferro, pelotas e níquel, liderou

178

a construção do porto de Tubarão, no Espírito Santo, para escoar minério de ferro. Tão ou mais importante, implantou o Projeto Carajás, maior mina de ferro a céu aberto do mundo, com produção superior a 100 milhões de toneladas, das 300 milhões de toneladas de minério produzidas anualmente pela Vale. E teve papel decisivo na construção da hidrelétrica de Tucuruí, no Pará, com capacidade de geração de 8,37 mil megawatts. Além dos legados empresariais, Eliezer estudou a infraestrutura logística da América do Sul — e, se os governos tivessem aproveitado seu conhecimento, a região seria hoje mais desenvolvida. Tinha reconhecimento mundial: do Japão recebeu a Ordem do Sol Nascente, entregue pelo imperador Hiroito, e da Rússia obteve o título de doutor honoris causa da Academia Russa de Ciências. Foi imortalizado no filme *Eliezer Batista: O engenheiro do Brasil*, financiado pelo filho Eike.

A mãe Jutta era uma alemã decidida e preparada, com quem Eliezer teve sete filhos. Mas Eike recebeu atenção especial. Ela percebeu os dotes de genialidade e audácia do menino e não se incomodava com as diferenças que ele tinha com o pai. Eliezer achava, com razão, que era arriscado se meter nos negócios do petróleo. Mas ao chegar à terceira idade, passou a reconhecer no filho um desbravador, disposto a investir em infraestrutura e correr os riscos próprios dessas operações.

Em bilhete a Eike, Eliezer escreveu em 2005: "O meu grande sonho é ter um filho melhor do que eu. Você já o demonstrou e está no caminho para ultrapassar tudo isso — e — privadamente. Um grande abraço do Pappi". O texto resumiu o sonho de Jutta de que o filho superasse o pai.

Com o legado de Eliezer e Jutta, desde cedo Eike sabia o que fazer — e se dispunha a tudo para enriquecer. Investiu em minas de ouro no Canadá, na Grécia e na Rússia, com altos e baixos — e estes predominaram. Estabelecia contatos com mineradores, distribuidores e investidores. Comprava direitos de mineração. E arriscava muito. Em tempos difíceis, recebeu, graças a uma palavra do pai, o apoio de Otávio Lacombe, controlador da Paranapanema, uma das grandes mineradoras do país. E foi sócio da internacional TVX e da termelétrica Usina Senador Carlos Jereissati, no Ceará, conhecida como Termoluma.

O GRUPO EBX

As principais empresas do grupo Eike Batista (EBX), segundo a revista *Veja* de 29 de janeiro de 2021, eram:

OGX: chegou ao mercado de ações em 2008 captando 6,71 bilhões de reais. Entrou em recuperação judicial em 2013, quando Eike já não tinha ações da companhia, hoje denominada Dommo.

CCX: fundada em 2006 para explorar minas de carvão na Colômbia, entrou em processo falimentar em 2016.

MPX: empresa de energia elétrica que valia 3,2 bilhões de dólares em Bolsa em novembro de 2011, entrou em recuperação judicial, foi integrada à OGX Maranhão e hoje se chama Eneva.

LLX: operadora de logística criada para transportar minério de ferro e petróleo e responsável pela construção do Porto de Açu, no estado do Rio. A participação de Eike foi diluída, e hoje a empresa é controlada pelo grupo EIG e se chama Prumo Logística.

MMX: mineradora e primeira empresa do grupo a abrir o capital. Vendeu parte das operações para a Anglo American por 5,5 bilhões de reais. Teve duas recuperações judiciais, e Eike tem 49,7% do seu capital. Seu valor de mercado era de 16,2 milhões de dólares em novembro de 2021.

OSX: empresa de operação naval que captou 2,8 bilhões de reais na Bolsa em 2010. Entrou em recuperação judicial, e Eike detém 49,4% do seu capital.

Eike sempre foi um excepcional vendedor e seu entusiasmo era contagiante. Mas nem sempre agradava os investidores. Em agosto de 2011, na quinta edição do Congresso de Campos de Jordão, da Bolsa de Mercadorias & Futuros (BM&F), antecessora da B3, Eike falou por cinco minutos e depois apresentou um vídeo de trinta minutos sobre realizações e promessas do grupo EBX. Cansou os convivas do almoço, mas deu seu recado.

A megalomania de suas ações continuava de pé, ali e em encontros com empresários que faziam parte da nata dos negócios no Brasil. O grupo EBX se destacou entre 2008 e 2013 e teve seu apogeu no início da década de 2010.

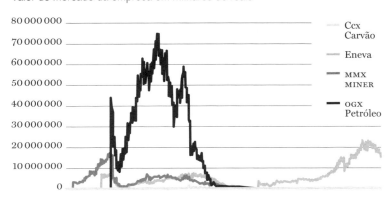

Comportamento das ações das empresas EBX
Valor de mercado da empresa em milhares de reais

Fonte: Economatica.

Não é difícil identificar os erros de Eike. Indisciplinado por natureza, não tinha prioridades — queria fazer tudo ao mesmo tempo. E não era pouca coisa. Investia em mineração, energia, portos — e, em especial, em petróleo. E havia o Hotel Glória,

CRISES FINANCEIRAS

a despoluição da lagoa Rodrigo de Freitas, o estaleiro, o Edifício Serrador (recuperado para abrigar o grupo EBX), o velho navio *Pink Fleet* (restaurado para levar turistas à baía de Guanabara). Além, claro, de seus prazeres pessoais: lanchas para competição, automóveis, restaurantes. De Nova York, trouxe o chef chinês Mr. Lam, bancado para preparar sua comida no restaurante que Eike mandou construir defronte à lagoa Rodrigo de Freitas, perto de sua casa.

Tantos investimentos simultâneos exigiriam equipes preparadas e enormes, capazes de tratar ao mesmo tempo de projetos tão diversos, e fartos recursos de longo prazo e custo baixo. Recursos estes que não existiam no Brasil — ou só existiam para os "campeões nacionais", eleitos pelos governos do PT para serem financiados pelo Banco Nacional de Desenvolvimento Econômico e Social (BNDES).

Outro equívoco ainda mais grave do grupo EBX foi tratar com amadorismo os números sobre as descobertas de petróleo, tentando fazer crer que havia reservas relevantes. Mas esse é um segmento sobre o qual há olhares aguçados e qualificados, e novos participantes têm de trabalhar com dados confiáveis. Não era o que Eike oferecia. Ele demorou para tomar consciência de que se tratava de um mercado de cachorros grandes, habituados a aniquilar oponentes. O empresário acreditava que bastaria ter um corpo de profissionais qualificado para entrar no segmento petrolífero. Contratou Rodolfo Landim, ex-presidente da BR Distribuidora (hoje Vibra Energia), que conhecia bem a Petrobras. Dela atraiu cerca de cinquenta executivos, ávidos por salários duplicados e a promessa de outros ganhos. Fortunas foram feitas por muitos desses profissionais depois de serem contratados por Eike. À frente do time estava um executivo de peso: Francisco Gros, que já havia presidido o Banco Central e a Petrobras.

182

BRASIL

Fundada em 2007, a Óleo e Gás Participações (OGX) nasceu com o objetivo de explorar petróleo nos campos do pré-sal, dominados pela Petrobras. Os técnicos originários da estatal sabiam das perspectivas de achar óleo abundante nesses campos. Em outubro de 2007, a OGX estava pronta para participar do leilão que ocorreria em breve, mas a expectativa se frustrou.

O presidente Lula foi convencido pelo diretor Guilherme Estrella e pelo presidente da estatal, Sérgio Gabrielli, de que seria "um crime de lesa-pátria" permitir a exploração de áreas do pré-sal (como relata Malu Gaspar). Seria, segundo Estrella e Gabrielli, entregar aos concorrentes um "bilhete premiado". O argumento dos acusadores era de que a OGX contratara técnicos como Paulo Mendonça e Luís Reis, que sabiam quais blocos interessavam à Petrobras. Foi a pá de cal. A OGX selou ali sua história. Mas Eike não se deu por vencido.

De fato, a Petrobras sempre teve privilégios, além de conhecer melhor do que outros *players* as perspectivas sobre campos promissores. Não deixaria escapar áreas tão promissoras.

A decisão de atrair especialistas para trocar a Petrobras pela OGX selou o destino de Eike. Não houve, assim, o leilão do pré-sal. Sem poder explorar as áreas mais auspiciosas, Eike teve de reformular os planos. Então vendeu para os investidores a ideia de que outras áreas também seriam promissoras. Valia a pena, argumentava, comprar áreas em águas rasas da Bacia de Santos e em terra, no Pará e no Maranhão. A maioria dos investidores continuou com ele na OGX. O carro-chefe eram as promessas, que foram, em geral, aceitas — pois Eike já embutia no projeto a expectativa de resultados extraordinários. Ele exercitava com maestria sua capacidade como vendedor. Uma boa mostra disso ocorreu em agosto de 2008 com minas de ferro da MMX, vendida ao grupo Anglo American.

183

CRISES FINANCEIRAS

No caso da OGX, prometia-se que os técnicos da empresa sabiam como descobrir muito petróleo. O IPO da OGX foi um grande sucesso, captando 4 bilhões de dólares em junho de 2008 e selando "definitivamente a reputação de Eike como Midas", segundo Malu Gaspar. A queda do preço do petróleo atrapalhou os projetos de Eike nos meses seguintes, mas não destruiu seus planos mais grandiosos. A crise do Lehman Brothers e do mercado de hipotecas *subprime*, nos Estados Unidos, que provocou quedas expressivas no índice Dow Jones, de Nova York, teve efeitos transitórios no mercado brasileiro de ações. O Brasil era visto com interesse por investidores globais.

Eike não tinha limites e tentou dar um passo gigantesco. Pôs na cabeça, em abril de 2009, que poderia comprar participação relevante — com vistas a chegar ao controle — da poderosa Vale, então só menos valiosa que a Petrobras. Jogaria ao lado de Lula, que queria remover Roger Agnelli da presidência da empresa, o que teria feito nos tempos em que ela era estatal. A Vale se tornou o sonho de consumo de Eike, mas a ilusão de que o negócio poderia dar certo logo se desfez. O Bradesco, que fazia parte do grupo controlador via Bradespar, recusou-se a tratar do assunto. André Esteves, do BTG, tentou ajudar Eike na empreitada. Tudo em vão. Nem o Bradesco, nem outro sócio, a Previ, queriam vender.

Eike teve então de se voltar para o próprio umbigo — o grupo EBX —, sabendo, provavelmente, que não havia petróleo farto naquele momento, e poderia não haver também no futuro. Mas os executivos do grupo EBX, que precisavam alimentar os sonhos do empresário, não pararam de se mexer. Investimentos enormes foram mobilizados na tentativa de achar petróleo abundante fora do pré-sal. Os geólogos de Eike divulgaram, em 2011, a expectativa de que a OGX teria campos

BRASIL

capazes de produzir cerca de 10,8 bilhões de barris de petróleo — um décimo da demanda global anual do bruto divulgada no Relatório Mensal de Petróleo da Organização para Cooperação e Desenvolvimento Econômico (OCDE), que reúne os países ditos desenvolvidos. Ou seja, os números da OGX eram absurdamente inflados.

Durante meses, entre 2012 e 2013, a OGX alimentou o noticiário com promessas fantásticas de descobertas. Até que se descobriu que o rei estava nu. Em 1º de julho de 2013, um comunicado do grupo EBX informou que um único campo — Tubarão Martelo — era passível de exploração, e outros (Azul, Areia, Tigre e Gato) seriam devolvidos à Agência Nacional do Petróleo (ANP) ou deixariam de receber investimentos. As promessas falsas relativas à OGX fizeram deteriorar o estado das demais empresas do grupo. Em 3 de julho de 2013, Eike renunciou à presidência da MPX, de energia. Naquele ano, estima-se que tenham evaporado 25 bilhões de dólares do valor de mercado das ações do grupo EBX que Eike detinha. "Seu conglomerado, que chegara a valer 46,6 bilhões de dólares nos tempos de glória, valia então 8 bilhões — e seguia derretendo", escreveu Malu Gaspar.

Uma grande diferença entre a derrocada do grupo EBX e de outros casos de desastre na Bolsa está no fato de que o maior prejuízo não ficou com o mercado de capitais como um todo, via depreciação dos índices, ou com milhares de acionistas minoritários, mas com grandes instituições — muitas delas internacionais. Fundos de investimento globais haviam aplicado 3,6 bilhões de dólares em títulos de dívida da OGX, esperando dividendos futuros. Gestores bem reputados, como Pimco e BlackRock, também investiram bastante, assim como o fundo de Abu Dhabi, o Mubadala e a GE. Grandes bancos brasileiros haviam financiado o grupo EBX, como Itaú, Bradesco e BTG.

185

CRISES FINANCEIRAS

A MMX havia recebido aporte de 1,3 bilhão de reais do fundo Gávea, dirigido por Arminio Fraga — "um selo de qualidade", segundo Eike. Negociações com financiadores internacionais haviam sido intermediadas por Aziz Ben Ammar, tunisiano especializado em computação a quem Eike ouvia muito, contratado pela EBX em 2011, mas que não tinha a confiança dos credores do grupo.

Em seus tempos mais complicados, Eike havia tido os conselhos de Eduardo Eugênio Gouvêa Vieira (que, ao tomar conhecimento dos números, renunciou ao Conselho) e André Esteves, sócio principal do BTG — este havia sido incumbido, em março de 2013, de reorganizar e vender empresas do grupo EBX. Na hora da derrocada, Eike contratou Ricardo Knoepfelmacher, mais conhecido como Ricardo K., especializado em reestruturação de empresas. Sinal de que a corda ficara mais apertada. Era a hora de entrar em recuperação judicial e tentar extrair as melhores condições possíveis dos grandes credores.

Uma categoria à parte era formada pelos sócios minoritários de Eike: os executivos das empresas X, que se sentiam muito afetados. Ricardo K. logo começou a trombar com alguns desses executivos, entre os quais estavam conhecedores profundos de suas áreas de atuação, como Luiz Eduardo Carneiro, da OGX. Este se assessorava com a consultoria norte-americana Blackstone, que fez um plano de recuperação para a OGX. E Eike ainda era cobrado por ter se comprometido, anos antes, a injetar 1 bilhão de dólares na OGX se esta ficasse sem recursos.

Foi a imagem da Bolsa brasileira entre investidores estrangeiros que ficou chamuscada. Mas Eike não saiu incólume. Após enormes prejuízos e o pagamento de multas vultosas, além dos problemas com a Justiça (chegou a ficar preso, mas ainda não foi julgado definitivamente), ele tem tentado, nos últimos anos, voltar ao mundo dos negócios. Sua disposição física continua firme.

Desfecho surpreendente da crise de covid-19

A crise deflagrada em 2020 nos mercados globais de ações como efeito da pandemia de covid-19 foi a maior desde *o big crash* de 1929 — e talvez comparável à crise do *subprime* norte--americano de 2008. A surpresa é que, no caso do mercado de ações, a tempestade se concentrou no primeiro semestre daquele ano. No Brasil, o Ibovespa caiu do nível máximo de 2020 — 119,5 mil pontos registrados em 23 de janeiro — para 63,5 mil observados em 23 de março, recuo de 46,8%. O impacto inicial da queda foi enorme, mas o primeiro semestre fechou em 95 mil pontos, já em recuperação. E o segundo semestre foi ainda melhor, oscilando entre o equilíbrio e o positivo. Se o nível mais baixo foi de 93,5 mil pontos em setembro, o mais alto foi de 119,4 mil pontos em dezembro. Entre dezembro de 2019 e dezembro de 2020, o Ibovespa subiu 1,5% — o que parece uma proeza, posto que a comparação foi feita com tempos muito favoráveis para as ações (alta de 31,5% em 2019, no quarto ano consecutivo de avanços) e depois de uma crise sanitária que, àquela altura, já havia deixado 200 mil mortos. Em 2021, o Ibovespa caiu 11,9%, mas já não foi o efeito direto da pandemia — mas sim indireto, das consequências relativas a juros e inflação em alta e desconfiança em relação ao futuro.

Ainda mais reconfortante foi o comportamento dos índices norte-americanos. Saindo de 28,5 mil pontos em dezembro de 2019, o Índice Dow Jones despencou com a covid-19, atingiu 25,8 mil pontos em junho de 2020, mas fechou o primeiro ano da pandemia em 30,6 mil pontos — alta anual de 7,3%. Bem melhor foi o resultado de 2021, em que o Dow Jones terminou o ano em 36,3 mil pontos, avanço anual de 18,9%. Esta é, no entanto, uma avaliação inconclusa, pois a crise sanitária não terminou.

Ibovespa
Fechamento ajustado por proventos em moeda original

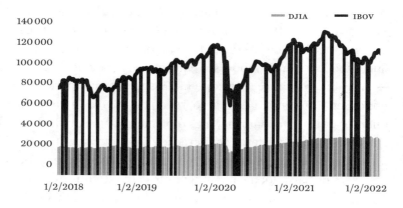

Fonte: Economatica.

Olhando o conjunto, a pandemia parece ter deixado poucas sequelas no mercado de capitais. Em 2021, a somatória mundial de vendas de ações, emissões globais de dívida mobiliária e contratação de novos empréstimos foi de 12,1 trilhões de dólares, elevação de 17% em relação a 2020 e superior aos números de 2019, segundo estimativa do jornal *Financial Times* de 28 de dezembro de 2021. No Brasil, as emissões de capital quebraram recordes, chegando a 596 bilhões de reais, segundo a Associação Brasileira das Entidades dos Mercados Financeiro e de Capitais (Anbima). A renda variável captou 128,1 bilhões

BRASIL

de reais — dos quais 63,6 bilhões em ofertas iniciais (IPOS), montante só inferior ao de 2010 —, voltando assim a níveis iguais ou superiores aos da fase pré-pandemia. Mas as cotações das ações nos IPOS deixaram a desejar e, em sua maioria, os lançamentos previstos foram adiados. Se o panorama de 2022 não foi positivo, isto se deveu, em parte, à volta da inflação a níveis surpreendentemente altos, que foi o fator mais perturbador, antes da Guerra da Ucrânia, e à variante ômicron, mais contagiosa que outras cepas. Para o Índice Dow Jones, 2022 começou com uma pequena queda, inferior a 1% no primeiro decênio de janeiro. No Brasil, o Ibovespa caiu 2,7% em igual período, esboçando recuperação além da que seria esperada.

Políticas monetárias frouxas e políticas creditícias acomodatícias criaram, nos países desenvolvidos e em grandes economias emergentes, um ambiente satisfatório para o reequilíbrio das empresas. Isso ajudou na superação da recessão provocada em 2020 pela covid-19, quando as empresas capitalizadas tiveram de formar enormes reservas de caixa para evitar riscos maiores. A situação foi pior para as pequenas e para as microempresas, mas só se pode falar em grave crise para as pessoas físicas que tiveram de enfrentar a falta de emprego, o subemprego e o desalento.

O que a covid-19 trouxe foram novos desafios para o mundo em geral e para o Brasil em particular. O maior desses desafios foi a inflação, pondo em xeque o prestígio dos governos. Ao provocar recessão e desorganizar a oferta de bens, além de abrir caminho para políticas monetárias e fiscais frouxas, a crise sanitária foi componente importante dos desequilíbrios macroeconômicos. Nos países da OCDE, a inflação anual até novembro atingiu 5,8%. Na Europa, chegou a 5% em 2021. Nos Estados Unidos, atingiu 8,5% anuais em março de 2022,

CRISES FINANCEIRAS

maior porcentual em 41 anos. Esse número trouxe tal desconforto para os norte-americanos que o Fed elevou os juros básicos, que estavam num campo francamente negativo. "É hora de começarmos a normalização da política monetária", declarou o presidente do Fed, Jerome Powell, em 11 de janeiro de 2022. Já se dava como certo que o juro dos Fed *funds* começaria logo a subir — o que de fato ocorreu.

No Brasil, a inflação oficial de 10% em 2021 e de 5,8% no acumulado de 2022 fez com que a taxa básica de juros terminasse 2022 em 13,75% ao ano, porcentual desconfortável para quem mais depende de crédito. Além disso, esse cenário tornou mais difícil avaliar os balanços das empresas, pois nem todos os resultados incluem os efeitos da inflação. Foi o que alertaram os professores Ariovaldo dos Santos e Eliseu Martins, citados na coluna do jornalista Fernando Torres, publicada no jornal *Valor* de 13 de janeiro de 2022. O temor de indexação da economia continua na cabeça de todos os brasileiros que viveram essa situação no passado. Com a guerra da Rússia contra a Ucrânia e seus efeitos nefastos sobre a energia e alguns insumos essenciais, o Banco Central chegou a admitir que o IPCA de 2022 poderia superar 7%. Com a pandemia, a economia global caiu 3,2% em 2020, segundo o FMI. Em 2021, o crescimento foi de 5,9% e, em 2022, é estimado em 3,2%. No Brasil, o recuo de 3,3% em 2020 foi seguido pela alta de 5% em 2021 e pela projeção de 3,1% de crescimento em 2022.

Mas não só na economia, embora principalmente nela, um pedaço do mundo parece ter virado de cabeça para baixo. O sociólogo italiano Domenico de Masi, conhecido pelo livro *O ócio criativo*, em entrevista ao jornalista Pedro Bial, da TV Globo, no início de 2019, referiu-se à covid-19 como "o professor vírus", que passou a comandar as ações globais, "com poder de vida e morte sobre os alunos" — ou seja, sobre todos nós. A inflação

BRASIL

trouxe novos problemas, políticos e econômicos, por exemplo para o governo Biden, reiterou o historiador Niall Ferguson, no programa *Roda Viva*, da TV Cultura, no começo de 2022. A pandemia, de fato, tem tudo a ver com os desafios, além de deixar muito mais claras as deficiências socioeconômicas do Brasil. O impacto do aumento da inflação tem relação com os custos de energia e petróleo, principalmente pela quebra da cadeia de produção de produtos agrícolas de consumo, também afetados por questões climáticas. A falta de insumos que se seguiu à rápida recuperação global foi determinante para o estouro da meta de inflação no Brasil, segundo o presidente do Banco Central, Roberto Campos Neto, na carta em que explicou o desvio da meta. Com a pressão cambial, a desvalorização do real ajudou a empurrar a inflação oficial para cima e a empurrar para baixo o PIB brasileiro na comparação com os demais países: o país migrou da nona para a décima segunda posição entre as nações com maior PIB. Ao derrubar a renda real da maioria dos brasileiros, a inflação teve entre suas consequências secundárias a de empurrar as famílias para o endividamento. Este atingiu, segundo a Confederação Nacional do Comércio de Bens, Serviços e Turismo (CNC), o maior nível da história. E ao impor a alta de juros, a inflação interrompeu um ciclo de bonança do crédito imobiliário, enquanto muitos investidores buscaram se defender adquirindo imóveis com recursos próprios. Afinal, a inflação deixou a ilusão de que as contas públicas estavam melhorando, mas isso só ocorreu em 2022, por conta do aumento da receita tributária. Se o crescimento econômico continuar em níveis pífios, é improvável — para não falar impossível — que a melhora fiscal observada seja sustentável no médio prazo.

Também foi dramático o impacto da pandemia sobre as cadeias globais de produção e sobre a oferta de matéria-prima.

CRISES FINANCEIRAS

Depois da queda abrupta do consumo e dos preços, as cotações do petróleo dispararam, elevando o custo dos combustíveis no mundo e encarecendo as despesas com transportes. Gargalos ficaram visíveis nas indústrias de plásticos, metais, madeira e produtos químicos, além de semicondutores, cuja produção insuficiente impediu um aumento mais vigoroso da fabricação de veículos automotores. Com a variante ômicron atingindo centenas de milhões de pessoas, o Banco Mundial estimou que o crescimento do PIB global ficará estagnado, com projeção de 2,9% para 2022 e de 3% para 2023. Antes da variante ômicron, parecia crescer o risco de uma estagflação — ou seja, a combinação de inflação e recessão. Foi o que escreveu em outubro de 2021 o economista e consultor global Nouriel Roubini. Seria, se confirmadas as primeiras tendências de retorno da demanda combinada com políticas macroeconômicas "relutantes", uma estagflação "leve" — que já bastaria para esticar os efeitos do coronavírus, mas foi agravada pela guerra.

Se crescer em 2023 algo em torno de 1% — ou se tiver nova recessão —, o Brasil cairá mais um pouco na comparação com os demais países. Para isso, contribuirá o elevado nível de desocupação, fazendo declinar a renda média e o consumo. Em 2021, subiram muito os preços de itens como etanol, café moído, mandioca, açúcar refinado, gasolina e óleo diesel, todos com aumentos superiores a 40%. O gás de botijão subiu quase 37% e o frango, quase 30%. Os mais pobres foram os mais atingidos.

E o risco climático, outro fator de desequilíbrio dos preços, continua sendo visto como muito elevado em todo o mundo, sem que se possa prever a repetição dos quadros agudos verificados entre o final de 2020 e o início de 2022. Vale lembrar que chuvas torrenciais e inundações na Europa e no Brasil, causando mortes e vultosos prejuízos, dominaram por vários dias o noticiário de 2021 e do início de 2022. Os estados do Rio de Janeiro, da Bahia e de Minas Gerais sofreram enormes danos, alcançando moradias, infraestrutura viária e barragens, com o número de mortes chegando a 242 em Petrópolis, trazendo de volta o temor de uma nova tragédia como a de Brumadinho, ocorrida em 2019.

A leniência com que os riscos ambientais são tratados não só no Brasil, mas sobretudo por grandes potências, como a China, faz crescer a hipótese de que a temperatura continuará subindo, e o problema, numa perspectiva global, deverá se agravar muito antes de começar a regredir.

OS PRINCÍPIOS ESG E A CARTA DE LARRY FINK, DA BLACKROCK

Nem as ameaças ambientais crescentes bastam para mudar radicalmente a conduta e as práticas das empresas. Deveria estar claro que a adoção de princípios ESG (respeito ao meio ambiente, às questões sociais e à governança corporativa) é essencial para o futuro da humanidade, mas a adesão é titubeante. Manifestação relevante veio de Larry Fink, presidente do conselho de administração e CEO da BlackRock, maior gestora de recursos do mundo, com 10 trilhões de dólares em ativos. Em carta anual dirigida a outros CEOs, Fink afirmou que a BlackRock aderiu aos princípios ESG em 2018 e está avançando na implantação deles. Ele propõe um capitalismo não só de acionistas, mas de *stakeholders* — grupos afins, como clientes, comunidade, fornecedores e empregados.

"Sabemos que o risco climático é um risco de investimento", sempre afirmou Fink. Mas, na carta de 2022, ele foi adiante: "Não se trata de política. Não é uma agenda social ou ideológica. Não é 'justiça social'.

CRISES FINANCEIRAS

É capitalismo, conduzido por relacionamentos mutuamente benéficos entre você e os funcionários, clientes, fornecedores e comunidades dos quais sua empresa depende para prosperar. Esse é o poder do capitalismo", afirma.

Segundo o executivo, nunca foi tão essencial que as lideranças tenham uma voz consistente, um propósito claro, uma estratégia coerente e uma visão de longo prazo. "O objetivo da sua empresa é definir seu rumo nesse ambiente turbulento. Os *stakeholders* dos quais sua empresa depende para gerar lucros para os acionistas precisam ouvir diretamente de você — estar engajados e ser inspirados por você", diz.

A macroeconomia instável — com a pandemia afetando até a oferta de mão de obra qualificada necessária na indústria e nos serviços, inclusive hospitais — põe mais pressão negativa sobre os mercados, inclusive o acionário. Sem crescimento econômico firme, torna-se improvável uma recuperação real expressiva dos preços das ações, normalmente afetados pelas taxas de juros. No Brasil, juros anuais de dois dígitos empurram aplicadores para a renda fixa. E dado o peso dos investidores globais, estes também deslocarão poupança para os Treasury Bills. Muitos investidores, ao dar preferência a títulos norte-americanos, estão buscando segurança em tempos de volatilidade, mas hoje correm o risco mais evidente de desvalorização do dólar.

E surgem novos e agudos desafios para alguns setores em particular, como o turismo e a aviação. Em outros, chegam novos concorrentes, seja devido a instrumentos monetários novos, caso das criptomoedas, seja pelas mudanças institucionais em curso na cena global, determinadas pelo crescente autoritarismo político na Rússia e na China — onde também

194

são evidentes os sinais de autoritarismo econômico. É do que se vai tratar na próxima seção.

Blockchain, a revolução digital e as criptomoedas são o embrião de novas crises?

Nestes tempos de rápidas e enormes transformações, a riqueza se mede cada vez menos pelo valor do patrimônio físico de empresas e famílias e mais pelo patrimônio imaterial, seja ele representado por marcas, patentes, domínio da tecnologia e de mercados modernos ou especialização, seja pelo grau de educação e conhecimento das pessoas. Não há, assim, resposta conclusiva para a pergunta-título desta seção. Certo é que o espaço aberto pela economia digital e seus desdobramentos é revolucionário, ao mexer com a vida de países, instituições, empresas de todos portes — das micros às transnacionais — e de pessoas físicas, estejam elas na base ou no topo da pirâmide social, onde se concentram grandes investidores em aplicações de risco, como ações. E essa economia pode tirar proveito da instabilidade dos mercados causada, por exemplo, pela crise de covid-19 ou pelos desequilíbrios provocados pela guerra da Rússia contra a Ucrânia, entre tantos outros fatores. Isso vale para investidores de todos os portes, como se viu no caso GameStop. Vale a pena esmiuçar esse caso.

Quedas de braço entre pequenos e grandes acionistas não são, propriamente, novidade. O que distinguiu o caso Game-Stop foi a força inusitada conquistada pelos ultraminoritários. Pequenos investidores conseguiram se unir na plataforma de fóruns Reddit, ingressaram no foro virtual ligado a essa plataforma, "r/wallstreetbets" (wsb, que tinha 9 milhões de participantes no primeiro trimestre de 2021) e operaram por

CRISES FINANCEIRAS

intermédio da corretora RobinHood, onde os clientes negociam ações, opções, criptomoedas ou outros ativos sem pagar comissões ou taxas. Tais foram as peças essenciais do caso. A plataforma Reddit e a corretora RobinHood permitiram, entre 2020 e 2021, que pequenos aplicadores apostassem na alta dos papéis da GameStop, virando o jogo "contra os grandes hedge funds que apostam nas quedas das cotações de determinados papéis", como notou Fabiane Goldstein em artigo publicado em março de 2021 na *Revista RI*, especializada em mercado de capitais. Fabiane escreveu: "O mercado entrou em parafuso quando percebeu que, na prática, os pobres estavam efetivamente tirando dos ricos".

A GameStop exemplifica os efeitos da revolução digital, que seriam impossíveis de ocorrer nos tempos do telefone ou dos estágios iniciais da internet, quando predominavam os e-mails, aos poucos substituídos pelo WhatsApp e por aplicativos operados por smartphones que permitem transações em tempo real. A condição básica é que os investidores dominem os recursos que a tecnologia tornou disponíveis.

A revolução digital tem impacto crescente na vida de empresas e trabalhadores, criando novas oportunidades de negócios e atividades profissionais. Tudo começa pela informação. Jornais tradicionais como o *Estadão* investem pesadamente na informação digital, atendendo à demanda de leitores para os quais as notícias têm de ser oferecidas on-line, ficando para o jornal impresso, com as notícias da véspera, análises aprofundadas. Canais que incluem vídeos e podcasts se tornam acessíveis aos leitores. A Rede Globo investe muito na transformação digital, criando canais de filmes e de reportagens concentrados na plataforma de streaming Globoplay. Dessa revolução fazem parte os maiores órgãos de imprensa do mundo, a começar pelo *New York Times*, que hoje tem liderança no jornalismo digital. O serviço noticioso *Broadcast*, do Grupo Estado, é outro exemplo bem-sucedido da revolução digital em curso.

Ao mesmo tempo, milhares de novas empresas passam a oferecer conteúdo on-line, enquanto se amplia o papel dos influenciadores digitais, que se dirigem aos mais diversos públicos, como os interessados em esportes, moda, culinária, turismo, entre outros segmentos. A diversidade de interesses aparece com toda transparência no ambiente digital. E tudo isso ganha celeridade com a chegada da tecnologia de quinta geração (5G) para a telefonia celular, acelerando a transmissão de dados móveis e viabilizando a expansão de inovações.

O impacto da revolução digital é vasto e generalizado. Na feira mundial Retail's Big Show, realizada em Nova York no início de 2022, destacaram-se robôs que selecionavam produtos nos centros de distribuição, carregavam pacotes e interagiam com humanos. Inovações terão repercussão sobre o mercado de trabalho de empresas e famílias, além de abrir espaço para o mercado de capitais, via ipos, pois as empresas usam esses mecanismos para se capitalizar.

O comércio digital brasileiro mudou de patamar: em 2021, respondeu por 11,3% das vendas do comércio varejista restrito, que exclui veículos, peças e material de construção, segundo reportagem de Irany Teresa, do *Estadão*. Também em 2021, o crescimento do e-commerce atingiu 18%, de acordo com o acompanhamento da Associação Brasileira de Comércio Eletrônico (Abcomm), que congrega 9500 empresas do setor. Estudo da gestora Canuma Capital mostrou que as vendas digitais de 260 bilhões de reais em 2021 superaram pela primeira vez as vendas em shopping centers. A tendência poderá consolidar o e-commerce como segundo principal canal de vendas varejistas, atrás do comércio de rua e à frente dos shoppings. "Além das empresas que surgiram no mercado, a onda

CRISES FINANCEIRAS

de digitalização bateu firme nas grandes redes varejistas, nos supermercados e lojas de vestuário, que não [estavam] dispostas a esperar o fim da pandemia para consolidar mercado", afirmou o economista Fábio Bentes, da CNC.

A força da revolução digital atende a bons propósitos, mas também serve para objetivos puramente competitivos ou até questionáveis. Um exemplo positivo está na Agenda BC# do Banco Central. O BC introduziu no país o sistema de transferência de recursos Pix, as contas digitais de baixo custo e o chamado *open banking*, em que os dados dos clientes podem ser compartilhados com outras instituições. É parte da revolução digital em curso no mundo financeiro, abrindo espaço, por exemplo, para as *fintechs* e para os criptoativos, que precisam ser avaliados com cuidado. As *fintechs* estão provocando verdadeiros tsunamis no oceano relativamente calmo das grandes instituições, para as quais mecanismos como as regras da Basileia, testes de stress do BC e apuração acurada dos níveis de inadimplência pareciam, até há pouco, bastar para permitir acompanhar a concorrência saudável no setor.

Numa perspectiva local, o ápice das *fintechs* surgiu com o lançamento das ações do Nubank na Bolsa de Nova York, em dezembro de 2021, com valor de mercado da ordem de 41,5 bilhões de dólares. Dias após o lançamento, as ações do Nubank já acusavam queda. Entre o IPO e agosto de 2022, a desvalorização dos papéis era da ordem de 60%. Mas não se questiona o sucesso do banco nascido em 2013, que tem a brasileira Cristina Junqueira entre os sócios controladores (com 2,7% do capital) e entre seus investidores Warren Buffett, um dos maiores do mundo. Outras *fintechs* constituídas nos últimos anos também ganham momento. O jornal *Valor* de 20 de janeiro de 2022 deu conta de que a *fintech* Creditas, que oferece crédito com garantia de imóveis e carros, além de atuar no consignado, já mirava ser listada nos Estados Unidos. Imaginar que o êxito é a regra das *fintechs* seria uma suposição sem maior cabimento. Banqueiros tradicionais comentavam no início de setembro de 2022 que a alta nas taxas de juros trouxe problemas para essas empresas, que perderam competitividade.

O que há de consensual são os valores elevadíssimos envolvidos na economia digital. E não se está falando apenas de Apple, Amazon, Google ou Microsoft, o quarteto digital com maior valor de mercado do mundo, mas de companhias que valem dezenas ou centenas de milhões de dólares — ou mais — porque cresceram no universo digital. A desenvolvedora de jogos eletrônicos Activision Blizzard foi avaliada em 68,7 bilhões de dólares em janeiro de 2022 ao ser adquirida pela Microsoft, que investe em entretenimento. A Activision tem experiência no metaverso — o conjunto de mundos virtuais onde os usuários podem entrar por meio de vários dispositivos e interagir com objetos ou outras pessoas. O metaverso, escreveu o professor da FGV Fabio Gallo no *Estadão* de 22 de janeiro de 2022, é "uma espécie de lugar on-line, combinando realidade virtual, realidade aumentada, internet, experiências de entretenimento, jogos e vida no ambiente digital". A ideia por trás disso, afirmou Gallo, "é que sua identidade e bens sejam multiplataforma e transportáveis". O metaverso já atrai vultosos recursos de investidores, pelo potencial de renda anual desse segmento (estimada em até 1 trilhão de dólares). Nele já entraram empresas líderes ou de grande porte, como Nike, Ralph Lauren, Adidas, Itaú, Stella Artois, Lojas Renner, Disney, Tinder, NVIDIA e Fortnite, notou Gallo. "No Brasil, já temos fundos de investimentos dedicados exclusivamente a aplicar recursos no metaverso."

Os números chamam a atenção. O mercado de jogos eletrônicos, com ícones como o Playstation, teve em 2021 um faturamento estimado em quase 180 bilhões de dólares, dos quais a metade nas regiões da Ásia e do Pacífico, 24% na América do Norte e 18% na Europa, segundo a *Newzoo*, especializada no mercado de jogos.

O crescimento de um outro mercado — dos NFTS (*tokens* não fungíveis, na sigla em inglês) — também é evidente. Na edição de 25 de fevereiro de 2022 do EU&Fim de Semana, do jornal *Valor*, foi relatada a história de Rafael Grassetti, paulistano de 33 anos que reside em Los Angeles, nos Estados Unidos, e pôs à venda cerca de setecentas esculturas digitais que havia desenvolvido — trabalhos de animação — e apurou 3 milhões de dólares com as operações. Leilões das obras de Grassetti foram feitos inclusive pelas famosas casas Christie's e Sotheby's. Mas o brasileiro é apenas um, e nem de perto um dos mais importantes, artistas que enriqueceram no mercado de NFTS.

CRIPTOATIVOS: FORÇA E DÚVIDAS

A revolução digital trouxe sensíveis mudanças para os mercados financeiro e de capitais. Destaca-se, obviamente, o mercado de criptomoedas, objeto não apenas de amor e ódio dos aplicadores, mas de temores por parte de bancos centrais e reguladores de todo o mundo, inclusive do Brasil. É um tema a ser tratado em tópicos, mostrando do que se trata, dos prós e dos contras, bem como das soluções que se apresentam para enfrentar os riscos antevistos.

Primeiro, as criptomoedas começaram a surgir em 2008, na esteira da crise do mercado *subprime* de hipotecas nos Estados Unidos e da quebra do banco Lehman Brothers. O objetivo era oferecer alternativas digitais para o dólar que melhor protegessem o poder de compra dos ativos em caixa. Sem lastro nem vinculação a qualquer tipo de ativo, como o ouro, as criptomoedas são registradas de forma descentralizada, em operações globais não regulamentadas (*blockchain*). A estrutura de transações se baseia numa rede independente de computadores, sem relação com instituições estatais. Há milhares de criptoativos, mas poucos têm ampla negociação.

O mais relevante é o bitcoin, seguindo-se ethereum, tether, USDC, litecoin, binance coin, XRP, ripple, cardano e dogecoin. Novos criptoativos foram surgindo e ganhando liquidez. E mais empresas passaram a aceitar que os clientes paguem suas contas com as principais criptomoedas. Entre essas empresas esteve a Tesla, uma das mais valiosas companhias do mundo, controlada por Elon Musk. Depois de muitas oscilações e de críticas ao impacto ambiental da criação de bitcoins (a mineração), Musk deixou de aceitá-los no pagamento dos automóveis que vende. Mas outras companhias passaram a aceitar as criptomoedas. E um país — El Salvador — tornou o bitcoin moeda oficial, enquanto a maioria da população operava com dólares.

Em segundo lugar, muitos países tiveram de aceitar a livre movimentação de criptomoedas — entre eles estão os Estados Unidos, o Japão, a Alemanha, a Suíça e a Holanda —, ou seja, a nata do mundo ocidental desenvolvido. E algumas empresas fazem testes ou investem em negócios relacionados aos criptoativos, como o Mercado Livre, de origem argentina.

O MERCADO LIVRE ENTRA NO BITCOIN

O Mercado Livre anunciou em janeiro de 2022 a compra de uma participação no Grupo 2TM, que controla o Mercado Bitcoin, e também na

CRISES FINANCEIRAS

Paxos, plataforma de infraestrutura de *blockchain*. A companhia é uma das maiores empresas latino-americanas, tem sede na Argentina e atua via plataforma varejista. Habilita-se, com a compra do Grupo 2TM, a entrar no mercado de compra e venda de ativos digitais. A 2TM é uma start-up que recebeu aporte de 200 milhões de dólares do Softbank em julho de 2021 e valia mais de 1 bilhão de dólares, passando a ser incluída entre os chamados unicórnios. Os fundos GP Investments e Parallax Ventures já haviam injetado dezenas de milhões de dólares na empresa. Reportagem de Aramis Merki e Talita Nascimento, divulgada no Broadcast, do *Estadão*, de 21 de janeiro de 2022, afirma: "Trata-se de testar as águas de um mundo que ainda não está acabado, e, hoje, pode custar mais investimentos do que dar retorno. Mas o pioneirismo oferece tanto riscos quanto oportunidades".

Aceitar transações com criptomoedas parece ter um significado estratégico para o Mercado Livre. Mas não se sabe o que ocorrerá em cinco ou dez anos, admite Eduardo Yamashita, da consultoria Gouvêa. Entrar no ramo de compra e venda de ativos digitais como os NFTS é uma possibilidade. Citado na reportagem do *Estadão*, Alberto Serrentino, da consultoria Varese, acredita que a compra está alinhada com a proposta do Mercado Livre e com as tendências. "É uma agenda que provavelmente vai ganhar força mais à frente, assim como NFTS e *blockchain*. Dominar e estar presente ativamente nessas tecnologias fortalece a plataforma", disse.

O Mercado Livre é uma companhia aberta que pretende ser mais do que um shopping virtual. Além de vender produtos dos lojistas virtuais, quer vender serviços para clientes e vendedores da plataforma. E já atua em serviços financeiros via uma *fintech* sob seu controle — o Mercado Pago, tido como um dos braços de pagamento e crédito mais desenvolvidos do comércio eletrônico brasileiro. Desde 2021 já flertava com os criptoativos. No primeiro trimestre daquele ano, comprou 7,8 milhões de dólares em bitcoins como parte da "estratégia de tesouraria" que "estamos divulgando dentro de nossos ativos intangíveis de duração indefinida", informou à SEC.

202

Desde abril de 2021, a empresa aceita o pagamento de imóveis em bitcoin na Argentina. Por aqui, a companhia decidiu inaugurar a ferramenta de compra e venda de criptomoedas dentro da sua carteira digital, o Mercado Pago, em parceria com a Paxos. Mas os clientes não podem pagar suas compras com moeda digital. A Paxos foi pioneira no desenvolvimento de tecnologias para a custódia de criptoativos para investidores institucionais. E é líder no segmento de "tokenização" de ativos. A empresa tem *stablecoins* (criptomoeda que replica o preço de um ativo real) ligadas ao dólar e ao ouro.

Em terceiro lugar, muitas instituições resistem à livre circulação de criptomoedas, temendo dificuldades jurídicas — em especial, a ausência de regulação — ou de mercado. Bancos centrais sabem que a entrada de uma nova moeda no mercado causará entraves à política monetária. Numa situação extrema, o BC pode assistir à redução da importância da moeda nacional. Outro risco é o da volatilidade, capaz de provocar enormes transferências de riqueza entre compradores e vendedores de criptomoedas.

A jornalista Maria Clara do Prado, autora do livro *A real história do real*, enfatizou em artigo publicado no jornal *Valor* de 8 de junho de 2021 que os bancos centrais estão bastante preocupados com a chegada de moedas privadas capazes de tornar inócuas as políticas monetárias — e, portanto, de pôr em risco o controle da inflação. A ameaça se agravou com a decisão do Facebook de criar a Libra, depois rebatizada de Diem.

As preocupações fazem sentido, pois aumentam os negócios com criptomoedas. Famílias com grandes posses estão apostando uma fração dos seus recursos líquidos nesse mercado. O número crescente de fundos criados para administrar posições de criptomoedas — inclusive abertos por instituições de ponta — contrasta com o número expressivo de críticos das dimensões atingidas pelos mercados de criptoativos. No Brasil, o mercado de criptomoedas deverá negociar 120 bilhões de reais em 2022, estimou em 27 de março do mesmo ano a Spiralem Innovation Consulting, segundo o jornal *Estadão*.

O presidente do Banco Central, Roberto Campos Neto, afirmou em videoconferência com membros da Federação Brasileira de Bancos (Febraban) sobre os investimentos em criptoativos: "Esses são ativos arriscados, não regulados pelo BC e devem ser tratados com cautela pelo público".

No âmbito jurídico, o professor de direito constitucional Joaquim Falcão escreveu artigo no jornal *Valor* de 6 de agosto de 2021 que a Lei Constitucional tenta, mas não consegue entrar no sistema de criptoativos. "Não pode nem executar simples penhora desses ativos em crime comprovado por si próprio." O mundo dos criptoativos é quase uma terra de ninguém, cuja "autoridade é um logaritmo", disse Falcão.

Em outro encontro da Febraban, o professor da USP e advogado Pierpaolo Bottini afirmou que a expansão das *fintechs* e dos criptoativos traz desafios adicionais para a prevenção contra a lavagem de dinheiro. "Novas tecnologias podem facilitar crimes", disse o advogado. "A pandemia elevou os crimes digitais." E os criminosos, acrescentou o diretor executivo do Bradesco, Moacir Nachbar Junior, procuram sempre o elo mais fraco. São argumentos poderosos contra os criptoativos — e há outros.

O Comitê de Supervisão Bancária da Basileia, o mais poderoso órgão formulador de padrões bancários no mundo, defende a tese de que as criptomoedas têm de obedecer a normas de capital bancário mais rígidas entre todos os ativos. Segundo o Comitê, "o crescimento dos criptoativos e dos serviços afins tem o potencial de elevar os temores em torno da estabilidade financeira e de aumentar os riscos enfrentados pelos bancos". Por isso, bancos com exposição a criptomoedas deveriam enfrentar exigências mais rígidas de capitalização, a fim de refletir os maiores riscos envolvidos.

Editor econômico do *Financial Times*, Martin Wolf argumentou em artigo publicado em julho de 2021 que os bancos centrais e os governos "têm de entender e controlar o novo faroeste do dinheiro privado". Para ele, "o governo não pode abandonar seu papel de garantir a segurança e a viabilidade de utilização do dinheiro". Wolf vê como ameaça a criação de monopólios privados. "É fundamental", escreveu, "que o monopólio natural do dinheiro e que o bem público representado por um sistema de pagamentos não assumam a forma de monopólios privados de gigantes digitais." O requisito fundamental "é o mesmo de sempre, isto é, sistemas seguros nos quais o público pode confiar". A responsabilidade é dos bancos centrais.

No mundo das criptomoedas, a ruína de Sam Bankman-Fried, jovem multimilionário dono de um império em moedas digitais, foi um fato marcante nos mercados. Fundador da FTX, plataforma de criptoativos que faliu em novembro de 2022, desapareceu com mais de 1 bilhão de dólares de seus clientes. Ele foi indiciado em 13 de novembro por fraude e violação de regras de campanha eleitoral nos Estados Unidos. SBF, como ficou conhecido, construiu uma persona pública em cima da filantropia que chamou de "altruísmo efetivo" e também foi doador de recursos para o Partido Democrata. Sua meta era doar 99% de sua fortuna, que, antes de quebrar, era avaliada em 26 bilhões de dólares.

De acordo com a SEC, Bankman-Fried fraudou mais de 1,8 bilhão de dólares de clientes da FTX desde 2019 em um "esquema descarado" no qual desviava dinheiro para sua outra empresa, o hedge fund Alameda Research. Os clientes também foram enganados por balanços fraudulentos.

As investigações avançaram depois que a FTX anunciou a

CRISES FINANCEIRAS

falência no início de novembro, após um portal especializado, CoinDesk, apontar as coincidências nos balanços da corretora e da Alameda. Depois da divulgação, houve retirada em massa de recursos da FTX, crise que piorou quando a Binance, maior corretora do mundo, cancelou a oferta para adquirir a empresa de Bankman-Fried. Isso derrubou o valor da empresa, até então tida como a terceira do mundo no setor. O episódio foi descrito como uma das maiores fraudes financeiras dos Estados Unidos. Segundo os procuradores, SBF usou "dezenas de milhões de dólares" de clientes em doações de campanha. A FTX entrou com pedido de falência em 11 de novembro, três dias depois das eleições americanas.

Enquanto aguarda julgamento, ele foi solto após pagar uma fiança de 250 milhões de dólares, talvez uma das mais altas da história.

O *Valor* de 31 de agosto de 2022 cita estudo da firma de auditoria PwC, de relevância mundial, revelando que o segmento de "criptonativos" (com "n"), que surgiu aplicando em bitcoins e ativos digitais, aperta controles, melhora a governança e adota práticas comuns a produtos tradicionais do mundo regulado, contratando custodiantes, administradores e auditores independentes.

Isso se deve ao maior interesse público no universo de criptoativos, particularmente após a valorização de 74% do bitcoin em 2021. No entanto, em junho de 2022 desceu abaixo de 20 mil dólares devido à alta dos juros e pôs em alerta investidores.

Em artigo publicado pelo jornal *Valor* de 29 de outubro de 2021, o ex-diretor de Política Monetária do Banco Central, Reinaldo Le Grazie, e o advogado Pedro Eroles, sócio do escritório Mattos Filho, Veiga Filho, Marrey Jr. e Quiroga, trataram dos problemas objetivos presentes nos mercados de criptoativos — perda de senhas e acesso aos ativos, o desaparecimento de intermediários com recursos dos clientes, plataformas que ficaram insolventes e o uso dos ativos para lavagem de dinheiro e financiamento do terrorismo. Entre as providências, os autores notam que o Comitê da Basileia sugeriu, em 2019, quatro "expectativas prudenciais a serem observadas pelas instituições financeiras" em jurisdições onde não haja vedações dos reguladores: 1) auditoria; 2) governança e gerenciamento de risco; 3) transparência; e 4) reporte (as instituições devem informar os órgãos reguladores sobre a exposição atual e pretendida em criptoativos). Para integrar os criptoativos no sistema financeiro é recomendável, afirmaram, criar um arcabouço regulatório "seguro e eficiente para as criptomoedas".

Em setembro de 2021, o presidente da SEC, Gary Gensler, disse ao jornal inglês *Financial Times*: "Com valor em torno de 2 trilhões de dólares no mundo, [as criptomoedas] estão num patamar e natureza que, se quiserem ter qualquer relevância daqui a cinco ou dez anos, será dentro do marco de políticas públicas". Gensler enfatizou que os criptoativos não são diferentes de nenhum outro ativo no que se refere a imperativos de política pública, como a proteção dos investidores, a prevenção a atividades ilícitas e a manutenção da estabilidade financeira. As criptomoedas são, de fato, um instrumento que permite a lavagem de dinheiro e o pagamento de atividades criminosas. Seus titulares, avalia o advogado Eduardo de Albuquerque Parente em texto publicado pelo *Valor Investe* em 6 de setembro de 2022, poderiam até tentar fugir dos credores e da Justiça, alegando não ter contas de criptoativos. De fato, essas contas estão, afirma Parente, "armazenadas" em endereços eletrônicos similares a contas bancárias, cujo acesso depende do fornecimento de uma "chave privada". O Judiciário terá de enfrentar o problema de descobrir onde estão os ativos, que podem nem ter sido declarados no imposto de renda.

CRISES FINANCEIRAS

No Brasil, uma regulação de criptomoedas avançava no Senado, onde a Comissão de Assuntos Econômicos (CAE) aprovou projeto que define as regras para esse mercado no país. Foram ouvidos pela CAE o Banco Central e a CVM, o que foi um bom sinal. Mas em 2 de setembro de 2022, segundo o jornal *Valor*, a CVM mudou de posição, pressionando por mudanças no arcabouço legal do mercado de criptoativos. A autarquia quer a separação clara dos ativos que devem dos que não devem ser incluídos na área de competência da CVM.

Entre as normas aprovadas está a de que os ativos devem ser declarados à Receita Federal e estão sujeitos tanto ao Código de Defesa do Consumidor como à Lei de Prevenção à Lavagem de Dinheiro. É um passo na direção certa, mas não se deve ignorar que regras para os criptoativos, para que sejam eficazes, precisarão ser adotadas universalmente. É um tema que desperta interesse crescente, tais suas implicações — como se vê na manifestação de Julien Dutra, diretor de Relações Institucionais da 2TM, holding do mercado bitcoin. "A integridade do mercado cripto", afirmou Dutra em artigo publicado pelo jornal *Valor* de 3 de agosto de 2022, "está transcrita no PL 4401, por ser uma proposta principiológica com a previsão de haver um regulador que será, acima de qualquer coisa, um facilitador do desenvolvimento do mercado cripto." Ao defender enfaticamente a regulação, o diretor da 2TM deixa evidente que o arcabouço legal é necessário para a legitimação desse mercado.

A manifestação se tornou necessária depois que sucessivas tempestades caíram sobre o bitcoin e o mercado cripto. Com a alta dos juros, as operações mais especulativas, como as do mercado cripto, entraram em crise. O diretor-geral e o pró-reitor do Ibmec, Reginaldo P. Nogueira Jr. e Samuel Monteiro de Barros, respectivamente, puseram o dedo na ferida. O título do artigo assinado por ambos e publicado em 20 de julho de

208

2022 pelo *Valor* evidencia a crítica: "Criptomoedas são mesmo moedas?". De fato, argumentam, "elas não cumprem todos os pontos esperados para uma moeda no sentido clássico, não deixando de ser basicamente um ativo especulativo". Não são reserva de valor nem ativo de conta, afirmaram. E serão afetadas pelo avanço das emissões de moedas digitais por bancos centrais. "O que de valor econômico esses ativos adicionam à moeda digital emitida pelos bancos centrais", indagou o ex-presidente do BC, Gustavo Loyola, em artigo publicado no *Valor* de 30 de maio de 2022.

A crise que se abateu sobre as criptomoedas foi tremenda: em junho de 2022, todas fecharam no vermelho. A líder bitcoin cash perdeu 44% do valor. No primeiro semestre de 2022, ela caiu 59%, ocorrendo perdas ainda maiores com as criptomoedas cardano (-67%), ethereum (-72%) e solana (-81%). Além das quedas das cotações, "multiplicaram-se os casos envolvendo fraudes, uso de criptomoedas para lavagem de dinheiro e financiamento ao terrorismo e esquemas Ponzi envolvendo esses ativos", escreveram Reinaldo Le Grazie e Pedro Eroles no *Valor* de 8 de julho de 2022. Stablecoins (criptomoedas garantidas por outros ativos) entraram na berlinda com o colapso da terraUSD e luna.

O mercado cripto vive dias difíceis. Investidores chegaram a perder a totalidade dos recursos aplicados com a falência da Celsius Network, plataforma de empréstimos e outros serviços financeiros com criptomoedas cujas operações chegaram a atingir 20 bilhões de dólares. Mais de 100 mil usuários perderam seus recursos, como se soube em julho de 2022.

Mas nem todos os riscos, alertas e temores quanto ao mercado cripto permitem prever, com um mínimo de segurança, que ele definhará e poderá ser extinto. Citando novamente Martin Wolf, em artigo publicado pelo jornal *Valor* de 6 de julho de 2022, embora o universo criptográfico não propor-

CRISES FINANCEIRAS

cione um sistema monetário alternativo desejável, a tecnologia pode fazer isso, e os bancos centrais precisam desempenhar papel central na facilitação de um sistema que proteja e sirva as pessoas melhor do que o atual. "É hora de podar o bosque criptográfico. Mas novos ramos também precisam crescer na árvore do dinheiro e dos pagamentos."

IMPACTO GEOPOLÍTICO

A revolução digital também traz impactos na vida institucional e no equilíbrio geopolítico — com consequências nem sempre transparentes. E essas consequências poderão ser tantas e de tal intensidade que o mundo político e diplomático tenderá a seguir aos solavancos no futuro próximo. Esses solavancos deverão ser mais fortes do que no passado recente.

A cena geopolítica global também mostra que a revolução digital pode abrir espaço para que as ditaduras ampliem seus traços ameaçadores, introduzindo novos riscos às democracias. A estas parecem faltar instrumentos para coibir o poder gigantesco dos que faturam com as redes sociais e não estão submetidos à Justiça por permitirem a veiculação de fake news. Estas alimentam a fúria de governantes contra a oposição ou buscam manter coesas suas bases políticas radicais.

Como se pôde constatar nesta seção, entre as palavras-chave da revolução em curso estão *fintechs* e criptomoedas. É possível olhar para os jornais de qualquer dia da semana ou do mês para encontrar dezenas de expressões dessa revolução — digital, ambiental, cultural, concorrencial, estimulada pelo uso frenético de redes sociais como o Facebook, o Twitter ou o Instagram, postas em xeque por permitirem a circulação de notícias falsas ou meras detratações do prestígio alheio.

BRASIL

Em 2021, começou a ser discutido no Supremo Tribunal Federal (STF) o bloqueio no Brasil das operações da rede social Telegram. Nascido na Rússia, o Telegram hoje se baseia em Dubai. Em 2022, passou a receber interpelações judiciais, pois parecia ter todas as características para ser veículo de divulgação de fake news — e influir em pleitos eleitorais. É possível chamar isso de liberdade de imprensa?

Liberdade para mentir e detratar é próprio de ditaduras de todas as épocas — de stalinismo, maoismo, nazismo ou getulismo —, mas não de democracias dispostas a preservar valores básicos, como a liberdade de opinião, de fazer oposição e de pedir socorro à Justiça quando os direitos são injuriados. O Tribunal Superior Eleitoral (TSE) foi buscar um acordo para limitar danos institucionais, valendo-se da experiência alemã que identificou responsáveis pela rede que toleravam a presença de grupos organizados contrários à democracia.

São evidentes as implicações da revolução digital para os mercados de capitais. É uma questão a complicar mais um pouco a avaliação dos papéis. Um exemplo: o Estado chinês pressionou os grupos Alibaba e DiDi (dono do aplicativo 99), cujas cotações caíram, afetando investidores globais. E há mais ameaças. Qual o risco de manipulação das cotações por parte de um grupo organizado de investidores? Que interesse pode despertar em pequenos investidores ativistas? A CVM dispõe de instrumentos para impedir ações criminosas disfarçadas de institucionais? A Bolsa está pronta para agir? Essas perguntas devem ser feitas, em especial quando estão em jogo não só *blue chips*, mas ações menos líquidas e com menor número de investidores ativos. Se há muitos investidores, é mais provável que estes possam reagir face a tendências imprevistas ou movimentos excepcionais em Bolsa.

Em resumo, a revolução digital obriga governos, empresas e famílias a mudar a maneira de pensar e de agir, pois se desfazem em velocidade supersônica os laços da economia analógica, em rápida transformação para a economia digital. Estados, empresas e pessoas mais preparadas — e antenadas — tirarão enorme proveito das mudanças, deixando para trás quem ignorar o tamanho das inovações. Fica evidente como os avanços tecnológicos interferem na vida das pessoas e até na geopolítica, pondo em destaque os mais capazes — ou mais aparelhados para emparedar os vizinhos —, em detrimento de governos negacionistas voltados para um passado morto e sepultado, ditaduras atuais em que se identificam os mesmos vícios do velho comunismo stalinista ou maoista e sua busca pelo poder. As diferenças entre Vladimir Putin e Nicolás Maduro são menores do que parecem ser. Os métodos mudaram com a inteligência artificial e a digitalização.

A guerra na Ucrânia e o mundo devastado

Os efeitos devastadores da invasão da Ucrânia pela Rússia se ampliavam no final do primeiro quadrimestre de 2022, quando este livro foi escrito, na medida em que a chamada "operação militar especial", assim designada por Vladimir Putin, estendia-se para além do que muitos analistas estimavam. Não se previa a resistência na escala que os bravos e valentes ucranianos ofereceram, liderados pelo presidente Volodimir Zelenski, cuja determinação não foi antecipada pelos russos, como tampouco foi antecipado o apoio recebido por este do mundo ocidental. Independentemente de seu desfecho, ainda difícil de definir, algumas considerações iniciais podem ser anotadas, como objeto de reflexão.

Como registrou o economista Kenneth Rogoff, acabou o

BRASIL

"bônus da paz". Efetivamente, nas várias décadas que se seguiram à Segunda Guerra Mundial houve alguns conflitos localizados, mas que em nada se assemelham ao da Ucrânia. Vivemos uma situação que poderá mudar o curso da história e da geopolítica, sem falar nos seus desdobramentos presentes e a consequente instabilidade política no relacionamento entre os países ocidentais e Rússia e China. As sanções consensualmente impostas à Rússia vêm sendo um remédio amargo, com consequências dolorosas para o resto do mundo. Segundo Martin Wolf: "O desafio é defender a civilização liberal da Europa. A oportunidade é de uma redenção histórica. A Rússia não pode prevalecer. Isso é o que mais importa. De fato, haverá sofrimento, mas ele deve ser suportado em nome de uma causa muito maior".[1]

O multilateralismo que Biden procurava reconstruir depois dos ataques enfrentados no governo Trump sofrerá novo revés, e o protecionismo poderá ser intensificado. A globalização sofrerá consequências. Segundo Pierre-Olivier Gourinchas, economista-chefe do FMI, o processo de desglobalização que já estava em curso antes mesmo da covid-19 se acentuou com a guerra na Ucrânia. Teremos uma reglobalização? Em quais termos?

De forma jamais vista, o mundo ocidental se uniu e se solidarizou na condenação do ataque à Ucrânia, e vem fornecendo recursos materiais e humanos para ajudar os ucranianos. O Alto Comissariado das Nações Unidas para Refugiados (Acnur), com longo histórico de apoio a deslocados e refugiados, mencionou que a solidariedade e a hospitalidade dos países vizinhos foi algo notável, particularmente da Polônia. Outra consequência foi a solidariedade entre os países que formam a União Europeia e o fortalecimento da Organização do Tratado do Atlântico Norte (Otan).

CRISES FINANCEIRAS

O apoio incondicional da China a Putin, expresso por Xi Jinping, não só surpreendeu o mundo como terá impacto não desprezível em função de sua busca pela liderança mundial. Alguns o definem como um casamento sem aliança, que não implicará apoio militar. A China se vê num conflito em função de sua política de não intervenção e do silêncio em relação à invasão da Ucrânia. Serguei Lavrov, chanceler russo, mencionou que "tem que haver uma redistribuição do poder mundial, custe o que custar". Não descartou, inclusive, o risco de uma Terceira Guerra Mundial. Acrescente-se: a insanidade de regimes autoritários empurra o mundo para tempos que já se imaginavam sepultados, como os da crise EUA-Cuba de 1962.

Nesse contexto, quais as possíveis consequências para os Brics e o New Development Bank (NDB), sediado em Xangai e liderado pelo brasileiro Marcos Troyjo? Lembremos que China, Índia e África do Sul se abstiveram de votar na ONU, repudiando o ataque russo à Ucrânia. Foram 141 votos a favor, cinco contra e 35 abstenções. Qual será a política adotada pelo banco? Quais os desdobramentos da guerra para os Brics? O bloco será fortalecido ou desaparecerá?

O conflito reedita o potencial de uma Guerra Fria com o isolamento da Rússia do mundo ocidental, num momento crítico em que a reunião dos países para combater a questão ambiental climática é fundamental.

O êxodo de refugiados ucranianos implica o maior número de deslocamentos da era moderna. Como serão alocados os mais de 4 milhões de ucranianos que representam 10% de sua população, sendo que mais da metade são crianças? Até agora os países vizinhos foram os que mais os receberam, bem como algumas nações emergentes. A pergunta é quando e se retornarão ao seu país destruído.

Orçamentos militares estão aumentando entre países eu-

214

ropeus, como a Alemanha. No orçamento de 2022 dos Estados Unidos, 813 bilhões de dólares foram destinados para a Defesa, dos quais 40 bilhões para defesa interna. Para fazer face ao aumento das despesas, foi proposto um imposto sobre grandes fortunas (acima de 100 milhões de dólares), com alíquota de 20%. Se aprovado, a arrecadação aproximada será de 300 bilhões de dólares. Os objetivos dos Estados Unidos, segundo seu secretário de defesa Lloyd Austin, são degradar o potencial militar russo e fortalecer o da Ucrânia. "Queremos ver a Rússia enfraquecida até o grau em que não possa fazer coisas como fez com a Ucrânia."

Encerrando essa breve análise, vale uma apreciação específica sobre a economia mundial:

- Pontos em comum: queda no crescimento global anteriormente projetado. O Banco Mundial previa alta de apenas 2,6% no PIB das economias avançadas e 2,9% do PIB global de 2022 e risco de recessão em alguns países. Inflação presente em maior ou menor escala nos diferentes países. Na economia norte-americana, a taxa de inflação, que antes da guerra já sinalizava sua maior taxa dos últimos quarenta anos, foi agravada pelo aumento dos preços de combustíveis e das commodities agrícolas.
- No entanto, embora nos Estados Unidos a guerra tenha influência crescente na Bolsa, ainda é bem menor do que o que aconteceu na crise de 2020, quando a Organização Mundial da Saúde (OMS) caracterizou a covid-19 como pandemia. Em função da inflação, está havendo perda do poder aquisitivo. A inflação e o comportamento do Fed serão decisivos.
- A interrupção nas cadeias de suprimento causou, no curto prazo, impacto nos preços. Alguns países vão reformular seus canais de abastecimento, optando pelo suprimento in-

CRISES FINANCEIRAS

terno ou dentro de sua zona de influência, o que implicará aumento do custo de produção. Aconteceu com insumos farmacêuticos e medicinais na pandemia de covid-19. Como consequência, houve a pressão sobre salários, impactando a inflação. A inflação não cederá rapidamente e poderá ter características mais duradouras. Alguns analistas projetam queda apenas a partir de 2025.

• América Latina e Caribe poderão desempenhar papel importante na compensação dos preços básicos para a economia mundial. Os títulos da América Latina denominados em dólar foram os que menos sofreram depois da invasão.

Larry Fink, CEO da BlackRock, um dos maiores gestores mundiais de fundos de investimentos, mencionou que a reorganização das cadeias de suprimentos decorrente do conflito poderá beneficiar países da América Latina. O presidente da Goldman Sachs, John Waldron, em declaração ao jornal *Valor*,[2] ressaltou que o Brasil poderia ser muito interessante para o capital estrangeiro. Durão Barroso, ex-primeiro-ministro de Portugal, em entrevista ao *Estadão*,[3] declarou: "Há um grande potencial [no Brasil] que não [é] totalmente explorado". Ele também afirmou que o país pode avançar mesmo em momentos difíceis para os emergentes. Se Brasil, México e Colômbia se mostrarem preparados para negociar, veremos mais empresas se aproximando e nos considerando de forma diferenciada.

O subsecretário de Estado norte-americano para o Crescimento Econômico, Energia e Meio Ambiente, José Fernández, indicou que o Brasil poderá ser um líder regional no processo de reorganização das cadeias globais de valor. A capacidade de produção de imunizantes faz do Brasil um parceiro estratégico dos Estados Unidos. A balança de transações correntes do Brasil, que tem sido favorecida pelo resultado da balança comercial, pode alcançar um saldo positivo após quinze anos minimizando o déficit. As reservas cambiais do Brasil superaram 324 bilhões de dólares em dezembro de 2022. O analista internacional Robin Brooks registrou que o país saiu da covid em situação bem melhor que muitos mercados emergentes, com saltos respeitáveis em sua balança comercial com o exterior.

Os gráficos e informações a seguir retratam alguns aspectos de nossas contas externas, inclusive a evolução de nosso comércio sobre o PIB, com a situação superavitária ou deficitária. Somente temos déficit na relação com os Estados Unidos e podemos constatar a crescente participação da corrente comercial brasileira.

Variação da participação do comércio sobre o PIB entre 2018 e 2021
Membros do G20

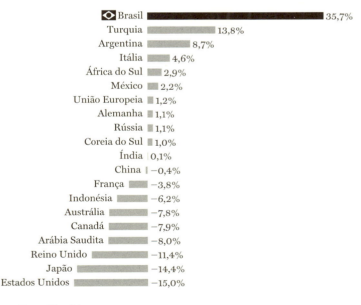

País	%
Brasil	35,7%
Turquia	13,8%
Argentina	8,7%
Itália	4,6%
África do Sul	2,9%
México	2,2%
União Europeia	1,2%
Alemanha	1,1%
Rússia	1,1%
Coreia do Sul	1,0%
Índia	0,1%
China	−0,4%
França	−3,8%
Indonésia	−6,2%
Austrália	−7,8%
Canadá	−7,9%
Arábia Saudita	−8,0%
Reino Unido	−11,4%
Japão	−14,4%
Estados Unidos	−15,0%

Fonte: Banco Mundial.

CRISES FINANCEIRAS

SUPERÁVIT OU DÉFICIT (EXPORTAÇÕES-IMPORTAÇÕES) NO COMÉRCIO EXTERIOR BRASILEIRO*

Janeiro a dezembro de 2022:

Ásia: superávit de US$ 45 bilhões
União Europeia: superávit de US$ 6,6 bilhões
América do Norte: déficit de US$ 11,8 bilhões
América do Sul: superávit de US$ 20 bilhões

Como se sabe, o aumento da inflação é inimigo mortal no combate às desigualdades e, no Brasil, por causa da pandemia, afetará 13 milhões de pessoas que estavam saindo da pobreza. Infelizmente, as desigualdades deverão se ampliar. O nível mundial de pobreza poderá crescer em 20%.

Sem dúvida, fato auspicioso, apesar de todas as dificuldades, o comportamento empreendedor não está sendo abalado. Em 2021, os fundos de venture capital investiram o valor recorde de 46,5 bilhões de reais em start-ups brasileiras — mais que o triplo do registrado no ano anterior.

O Brasil poderá se beneficiar na crise, mas no curto prazo temos o risco da seca e do preço dos fertilizantes impactarem fortemente a produção agrícola, até que esses insumos estejam disponíveis ou encontremos mecanismos para continuar

---

* A corrente comercial brasileira (exportações mais importações) de janeiro a julho de 2022 estava 20% acima do desempenho de 2021. Chegou a 600 bilhões dólares em 2022, o que constituiu recorde histórico para o Brasil. Os dados foram extraídos a partir das estatísticas de comércio exterior da Secretaria de Comércio Exterior — Ministério da Economia (Secex- me) de janeiro a julho de 2022.

importando da Rússia. Artigo de Samuel Pessôa cita que em 2021 o investimento no Brasil correspondeu a 20,8% do PIB. Depois de nossa grande crise da economia entre 2014 e 2016, o investimento cresceu quatro pontos percentuais do PIB, basicamente em função do investimento privado, e o investimento das empresas de capital aberto subiu de 1,5% do PIB nos anos de 1995 a 2007 para o pico de 1,8% em 2008. Isso sugere que as empresas se reajustaram após a pandemia e estão rentáveis e prontas para elevar seus investimentos. Ainda não é possível prever as consequências do substancial aumento dos juros, devido a uma inflação alta, o que poderá vir a afetar as taxas de investimento. As indicações apontam que novos lançamentos de ações estão paralisados após um número recorde de 64 lançamentos em 2021. Do lado fiscal, são dignos de registro os números recordistas de arrecadação tributária, muito beneficiados pela inflação.

No Brasil, as relações internacionais e nossa política externa estarão presentes nos programas do próximo governo? Com certeza deveríamos estar totalmente antenados com o cenário externo que irá nos afetar. Mais do que nunca deveríamos colocar o Brasil numa posição compatível na nova geopolítica mundial, que certamente ocorrerá, qualquer que seja o resultado da guerra. Se formos hábeis, poderemos aproveitar as novas condições da economia e finanças mundiais pós-guerra. Ainda sob o governo Jair Bolsonaro, o Itamaraty se posicionou contra a saída da Rússia do G20, decisão que julgo correta. Isolar totalmente a Rússia indica que o preço que pagaremos não será desprezível. Cortar os canais de comunicação parece questionável.

CRISES FINANCEIRAS

Lojas Americanas: A maior crise do mercado financeiro brasileiro no século XXI

Dois fatos notáveis — um político e outro econômico — marcarão para sempre a memória dos primeiros dias de 2023: Luiz Inácio Lula da Silva assumiu a Presidência da República depois de uma das mais conturbadas disputas eleitorais da história recente do Brasil; e a quebra — fulminante e imprevisível — das Lojas Americanas, a mais tradicional das empresas varejistas do país e uma estrela do mercado de capitais.

No plano político, temia-se algum embaraço à posse de Lula, que emergiu para um terceiro mandato fustigado por intensa campanha nas redes sociais, eivada de fake news, após mais de um ano e meio preso. O marco chocante foi a invasão dos palácios da Praça dos Três Poderes — Executivo, Legislativo e Judiciário —, em Brasília, no dia 8 de janeiro. Felizmente, o bom senso predominou dali em diante, com a união das forças democráticas que propiciaram a confirmação da legitimidade do governo eleito. Poucas semanas depois, Lula já seria recebido pelo presidente norte-americano, Joe Biden, em um encontro memorável no qual ambos compararam os atos de barbárie registrados no Brasil à invasão ao Capitólio, em Washington, dois anos antes.

No plano econômico, a erosão das Lojas Americanas gerou perplexidade e dúvidas pertinentes: como empresas de auditoria renomadas, entidades públicas como a CVM, grandes bancos, analistas e outros *stakeholders* (públicos de interesse) ignoraram por completo o que ocorria numa companhia de capital aberto e com balanços auditáveis? E, ainda mais grave, como acionistas de referência e quase controladores, como Jorge Paulo Lemann, Marcel Telles e Carlos Alberto Sicupira — este até há pouco presidente do Conselho de

220

BRASIL

Administração da Americanas —, poderiam ter ignorado as principais práticas contábeis da companhia e os riscos incorridos? Se tudo aconteceu nas barbas de atores notáveis, devemos indagar: os pilares de um mercado de capitais com boa governança e regras conhecidas estão ameaçados? Os aspectos principais dessa história ainda longe de acabar e que tem tudo para ser incluída em tristes memórias estão descritos a seguir.

Um comunicado oficial da empresa em 11 de janeiro de 2023 informou que o presidente Sérgio Rial, depois de nove dias à frente da companhia, cargo para o qual fora indicado em 19 de agosto de 2022, pedira demissão ao constatar inconsistências contábeis da ordem de 20 bilhões de reais denunciada por dois executivos.

O comunicado deixou os mercados atônitos, com implicações nas cotações da companhia em Bolsa, no sistema financeiro e em suas atividades. O que se buscava entender era o que realmente acontecera e as possíveis consequências. Em seguida, a Americanas entrou com pedido de recuperação judicial na Corte do Rio de Janeiro, onde tem sua sede social. A Justiça acolheu o pedido determinando que em sessenta dias a empresa apresentasse um plano de recuperação e enquadramento da dívida, estimada em 43 bilhões de reais com seus 16 mil credores. Os maiores credores são bancos comerciais financiadores de suas operações, entre eles Bradesco, Santander (no qual Rial era presidente do conselho, mas também acabou renunciando), Itaú, BTG, Safra, BNDES e Banco do Brasil. Essas instituições mostraram grande indignação pelo que chamaram de "fraude contábil", assim como outros agentes financeiros, acionistas minoritários (cerca de 140 mil) que assistiram à

221

CRISES FINANCEIRAS

queda de 80% do valor de suas ações no mercado imediatamente após o comunicado.

A companhia tem cerca de 54 milhões de clientes ativos, 44 mil funcionários e mais de 3 mil lojas em todo país, além de subsidiárias como lojas de conveniência e operação on-line com a Submarino. E em 2021 havia adquirido o controle da Hortifruti Natural da Terra.

Não é simples entender como em uma das maiores empresas de varejo, quase centenária e com uma marca valiosa, em cujo quadro de acionistas constava há bastante tempo o reputado grupo 3G (de Jorge Paulo Lemann, Carlos Alberto Sicupira e Marcel Telles) com 31% de seu capital, seus "acionistas de referência" pudessem anunciar que, como todos os demais envolvidos na governança da companhia, tinham ficado surpresos pela fraude contábil. Vale lembrar que a presidência do conselho de administração era ocupada por Carlos Alberto Sicupira. Nesse conselho também estava presente Paulo Lemann, filho de Jorge Paulo.

Em minha longa vivência em conselhos de administração, resumiria em dois os tipos de presidentes. Os mais frequentes são aqueles que não se envolvem com o cotidiano da empresa e deixam a critério do CEO toda a gestão. Presidem as reuniões do conselho (com frequência em bases trimestrais), analisam resultados e se ocupam principalmente de uma visão estratégica. Outro tipo é aquele que acompanha a gestão de perto com *hands on*, ou seja, conduzindo o dia a dia da empresa. Esse parece ser o caso do Beto Sicupira.

Que explicação plausível justificaria que, além de seu conselho, sua diretoria executiva, seu comitê de auditoria interna e de seus auditores independentes, a reputada Pricewaterhouse-Coopers, uma das líderes do mercado internacional de audito-

BRASIL

ria, não tivesse feito nenhuma ressalva e que os demonstrativos financeiros da companhia nada tivessem revelado?

A comunicação transmitida por meio de fato relevante teria sido o resultado da descoberta de uma fraude contábil oriunda de uma operação conhecida e praticada no setor de varejo como "risco sacado".

A Americanas adiantou no comunicado do dia 11 de janeiro de 2023 que há vários anos não vinha contabilizando corretamente as operações de risco sacado, ou seja, o financiamento de suas compras junto aos bancos. As operações eram lançadas como redutor da conta de fornecedores e os juros das transações não eram reportados como despesas financeiras.

Se a Americanas tivesse que abrir negociação das faturas vencidas, todos os atrasos iriam virar dívida e, obviamente, não era o desejo contabilizá-los assim, pois pressionaria seus indicadores financeiros, afetando os *covenants*[*] e, consequentemente, seus resultados finais.

No início de março foi noticiado que o risco sacado, cerne da crise, está desaparecendo com bancos relutando em renovar ou estender essa linha de crédito.

Como não havia uma contabilização apropriada, os juros não apareciam como despesas, o que inflava seus lucros e a distribuição de dividendos e participação nos lucros, inclusive por meio de *stock options*. Após a renúncia de Sérgio Rial da presidência, foi criado um comitê independente para, no menor prazo possível, avaliar e apontar as responsabilidades. Na sequência, foi contratado o banco de investimentos Rothschild e a Alvarez & Marsal para o restauro das operações e a negociação com os credores.

---

[*] Compromissos assumidos com os credores na contratação das operações.

223

CRISES FINANCEIRAS

Como consequência inicial, o que se viu foi uma queda de braço entre os bancos e a 3G, os acionistas de referência, detentores de 31% do capital da companhia, mas que anteriormente, há dois anos, possuíam mais de 50%. As referidas instituições imputaram responsabilidade pela fraude à 3G por ter sido no mínimo negligente, ou mesmo conivente. Reivindicavam que o grupo aportasse 10 bilhões de reais para que a Americanas sustentasse as suas demandas mais urgentes. No entanto, em comunicado posterior, a 3G mostrou disposição para colaborar na recuperação da empresa, mas limitaria sua participação à sua fatia do capital votante da companhia.

Do referido comunicado de oito itens, selecionamos cinco:

1) Jamais tivemos conhecimento e nunca admitiríamos quaisquer manobras ou dissimulações contábeis na companhia. Nossa atuação sempre foi pautada, ao longo de décadas, por rigor ético e legal. Isso foi determinante para a posição que alcançamos em toda uma vida dedicada ao empreendedorismo, gerando empregos, construindo negócios e contribuindo para o desenvolvimento do país.

2) A Americanas é uma empresa centenária e nos últimos vinte anos foi administrada por executivos considerados qualificados e de reputação ilibada.

3) Contávamos com uma das maiores e mais conceituadas empresas de auditoria independente do mundo, a PricewaterhouseCoopers. Ela, por sua vez, fez uso regular de cartas de circularização, utilizadas para confirmar as informações contábeis da Americanas com fontes externas, incluindo os bancos que mantinham operações com a empresa. Nem essas instituições financeiras nem a PricewaterhouseCoopers jamais denunciaram qualquer irregularidade.

4) Portanto, assim como todos os demais acionistas, credores,

224

clientes e empregados da companhia, acreditávamos firmemente que tudo estava absolutamente correto. [...]

5) Lamentamos profundamente as perdas sofridas pelos investidores e credores, lembrando que, como acionistas, fomos alcançados por prejuízos.

A maneira como as inconsistências contábeis foram comunicadas provocaram não somente nos bancos credores grande e justificada indignação. Gestoras de carteiras de investimento não pouparam adjetivos pesados para recriminar os responsáveis pelo rombo contábil.

O respeitado gestor de fundos Luis Stuhlberger, que administra com sucesso bilhões de reais no fundo Verde, deixou claro que em sua opinião houve fraude. Presidente e fundador do BR Partners Banco de Investimentos, Ricardo Lacerda afirmou em uma entrevista: "A empresa arquitetou uma fraude colossal, a maior da história do Brasil, claramente perpetrada por uma quadrilha que agia de forma uníssona".[*] Roberto Balls Sallouti do BTG usou os mesmos termos.

Os bancos naturalmente não se satisfizeram com o comunicado, e as partes nomearam advogados para defendê-las no que entendem ser seus interesses legítimos, enquanto estava sendo mantido diálogo com investidores de referência para aportar capital na empresa. A CVM instalou uma força-tarefa com sete procedimentos administrativos de análise, apuração e investigação envolvendo diferentes superintendências para

---

[*] "'Americanas arquitetou fraude colossal', diz BR Partners". *Poder360*, 10 fev. 2023. Disponível em: <https://www.poder360.com.br/economia/americanas-arquitetou-fraude-colossal-diz-br-partners/>. Acesso em: 6 mar. 2023.

CRISES FINANCEIRAS

averiguar desvios de conduta e possível ocorrência de *insider trading* por parte daqueles que tinham acesso às informações sobre a real situação contábil da companhia. Esse grupo de reguladores também está analisando o papel das auditorias, primeiro a Deloitte e posteriormente a PricewaterhouseCoopers, auditores independentes nos últimos dois anos.

O anúncio da liquidação extrajudicial provocou forte impacto no caixa da empresa, pois no anúncio do fato relevante ela tinha disponíveis 7,8 bilhões de reais que se reduziram para 800 milhões em 18 de janeiro de 2023. Um dos setores mais afetados foi o das editoras, com uma dívida de 70 milhões de reais, 3% do setor.

As agências de avaliação de risco de crédito rebaixaram imediatamente os *ratings* da companhia e apontaram risco de *default*. Embora sejam conhecidos casos de empresas que conseguiram vencer sua crise após a recuperação judicial, dificilmente retomaram o espaço e o prestígio anterior, como o caso da Oi, que está em seu segundo pedido de recuperação judicial.

Desde então, a cotação das ações da Americanas tem mostrado grande volatilidade, e alguns importantes investidores estrangeiros resolveram vender toda ou uma parte de suas posições, realizando prejuízos. No entanto, o tradicional banco de investimento norte-americano Morgan Stanley comunicou ter formado uma posição de 5% do capital da companhia.

Forte impacto também foi registrado no caixa de fornecedores, principalmente pequenos e médios, que tinham na Americanas um de seus principais canais de distribuição. Assim, foram duplamente penalizados: por serem credores e pela queda de seu faturamento. Notou-se também que em alguns de seus pontos de venda não estava havendo reposição de estoques. E a Americanas anunciou aos shoppings que não irá pagar aluguéis atrasados de suas lojas.

226

Alguns funcionários terceirizados foram dispensados, e sua força de trabalho, por meio dos sindicatos, dá claros sinais de preocupação com demissões.

O desenlace desse complexo quadro indica que, sob o aspecto operacional ou por parte de seus credores, principalmente bancos, caso não façam acordos, irão para disputas judiciais morosas.

Em relação aos minoritários, como a Americanas fazia parte do Novo Mercado da B3, os litígios entre eles e a empresa serão julgados pela Câmara de Arbitragem do Mercado (CAM), com os acionistas pleiteando o ressarcimento de seus prejuízos.

Creio ter ressaltado a imprevisibilidade dos desdobramentos dessa fraude histórica, mas, com base nas informações disponíveis, arriscaria possíveis consequências e proponho algumas reflexões:

1. PricewaterhouseCoopers e Deloitte estarão na mira de todos aqueles que confiavam nos pareceres emitidos sem ressalva nos demonstrativos financeiros da companhia. Terão de explicar por que as operações de risco sacado, que vinham sendo feitas havia algum tempo, não tinham sido avaliadas com clareza. Não é a primeira vez que empresas de auditoria estão na berlinda; já tivemos quebra de confiança em situações anteriores quando os acionistas se sentiram lesados pelos pareceres que não indicaram a real situação contábil da empresa. Descrevemos aqui o caso da Enron, talvez o maior escândalo do mercado financeiro americano. A empresa de energia, possivelmente a maior dos Estados Unidos, líder mundial do setor, com faturamento de 100 bilhões de dólares por ano, foi à falência por denúncias de fraude e evasão fiscal, e levou Arthur Andersen, sua auditora, a encerrar suas atividades.

Por que as auditorias falham? Negligência, conivência para não perder o cliente, ou operações suspeitas de difícil contestação? Não estou em posição de atacar ou defender auditores, mas gostaria de lembrar que a contabilidade não é uma ciência exata, dando margem para julgamentos e interpretações. O que registrei durante sete anos como *trustee* do International Accounting Standards Board (Iasb) é que nem sempre o que não está proibido deve ser feito. Sistemas contábeis deixam ao livre-arbítrio julgar eticamente se o que não está vedado pode ser feito. É uma questão de valor moral. Assisti há muitos anos a uma palestra do ministro San Tiago Dantas na qual ele salientava que existe uma diferença clara entre *evade* (evasão fiscal) e *avoid* (evitar). Pode também haver casos de uma relação não profissional entre as partes, o que poderia induzir profissionais a erros ou omissões.

2. Os critérios utilizados pelas empresas de avaliação de risco de crédito (geralmente multinacionais) também poderão ter seu quinhão de responsabilidade, pois seu relacionamento com as avaliadas requer necessária isenção, com total transparência, ou seja, indicando se recebem por qualquer outro serviço prestado à empresa. O respeitado investidor institucional Warren Buffett registou no relatório anual da Berkshire Hathaway, apresentado em 2023: "A contabilidade imaginativa tornou-se uma das maiores vergonhas do capitalismo".

3. Em caso de dolo ou fraude, os acionistas controladores ou aqueles que compõem o grupo de acionistas de referência devem ser responsabilizados? E o papel do conselho de administração e da diretoria executiva? Eis um tema controverso com posições jurídicas sólidas defendendo ambas as posições. Mas levar a empresa a uma situação de insolvência por erros, omissões ou fraudes de um grupo de exe-

cutivos podendo afetar a continuidade de suas operações prejudica a todos, o que evidentemente deve ser evitado.

4. Bancos credores poderão ser questionados por não terem feito em suas avaliações de crédito a necessária *due diligence*, ou seja, averiguação apropriada da capacidade da companhia de honrar seus compromissos financeiros e da forma como tais compromissos estavam sendo contabilizados. Foi noticiado que a inteligência artificial irá transformar a análise de crédito dos grandes bancos, com os algoritmos ajudando a conhecer melhor o perfil de seus clientes, com ferramentas até para recuperar crédito e liberar empréstimos.

5. Os mecanismos de incentivo e participação nos lucros, ou pela opção de compra de ações, criam um forte estímulo à tolerância a práticas contábeis questionáveis, inflando resultados e beneficiando os próprios tomadores de decisão. No caso da Americanas, os executivos receberam nos últimos dez anos 700 milhões de reais entre salários, bônus de desempenho e no exercício do direito de opções. Muito embora não fosse acima do padrão de outras empresas listadas na B3, a remuneração variável aos titulares estava bem acima da média de mercado. Então não seria o caso de a remuneração variável ter um teto? E de estar associada à obediência e aos critérios do tripé ESG? Nesse caso, os salários deveriam estar fixados nos padrões de mercado. Muitos críticos do sistema alegam que não é somente o lucro que deve ter primazia absoluta na empresa, mas também aspectos sociais e de sustentabilidade.

6. Em artigo publicado no *Estadão*, em 21 de janeiro de 2023, Fernando Dal-Ri Murcia, diretor de Pesquisas e Projetos da Fundação Instituto de Pesquisas Contábeis, Atuariais e Financeiras (Fipecafi) e professor da Faculdade de Econo-

CRISES FINANCEIRAS

mia, Administração, Contabilidade e Atuária (FEA-USP), faz uma distinção entre a fraude e o ato doloso, ao contrário do erro que trata de um ato não intencional. Fraude é o ato doloso cometido de forma planejada com a finalidade de obter proveito causando prejuízos a terceiros. Segundo ele,

de maneira geral, existe uma tentativa deliberada por parte da administração da companhia de omitir ou evidenciar indevidamente a informação contábil, bem como os fatos materiais referentes à situação econômico-financeira, levando os usuários a uma interpretação errônea dos balanços. [...] Importante salientar que tais fraudes são geralmente realizadas pela alta administração (*top management*) da empresa, isto é, envolvem os executivos responsáveis pela elaboração dos balanços da sociedade. [...] A literatura acadêmica apresenta três elementos muito comuns nos casos de fraudes: pressão, visão e oportunidade. Esses três elementos compõem o chamado triângulo das fraudes (*fraud triangle*). [...] Note-se que a detecção das fraudes contábeis não é tarefa fácil, pois muitas vezes os fraudadores não se utilizam do sistema contábil (*go around the accounting system*) para produzir o resultado desejado. Basicamente, pode-se conceituar esse procedimento como a utilização de um sistema contábil paralelo (caixa dois, por exemplo), em que se registram apenas as transações de interesse dos fraudadores. Mais fácil que detectar a ocorrência de uma fraude é comprovar que existe um ambiente favorável para que ela ocorra. Esse ambiente fraudulento pode ser caracterizado através das chamadas *red flags* (bandeiras vermelhas). Esses sinais de alerta representam fatores de risco que podem evidenciar a ocorrência de uma fraude. [...] Mas talvez as *reds flags* mais importantes estejam relacionadas com a alta administração, já que, quando ela está incumbida

230

BRASIL

de realmente fraudar a empresa, é, por vezes, muito difícil descobrir. Isso porque a alta administração efetivamente possui o controle gerencial dos recursos e do acesso das pessoas aos dados. A literatura cita fatores como (i) histórico de condutas não éticas, (ii) interesse excessivo de aumentar o preço das ações e/ou evidenciar tendência de lucros a qualquer preço, (iii) propensão exagerada a tomar risco e/ou tendência de vencer o "sistema", dentre outros, como *red flags* relacionadas à administração da empresa.

7. A Americanas pode causar perdas bilionárias para o seguro de crédito. Se a recuperação judicial da empresa for confirmada, poderá ser um gatilho para um dos maiores eventos de sinistro na história do mercado brasileiro de seguros de crédito, com impacto bilionário. Apólices detidas por fornecedores teriam coberturas de 2 a 3 bilhões de reais. Certamente haverá muito maior rigor dos emprestadores quanto às garantias nas operações que realizarem. Nas semanas seguintes ao anúncio da fraude contábil foi notado um sensível efeito no crédito disponível para alguns setores e investidores sacando 17 bilhões de reais de fundos com títulos privados.

8. Se for constatado nas verificações que estão sendo conduzidas pelo Comitê Especial que houve *insider trading*, isso poderá, segundo os advogados Guilherme Pimentel e André Guilherme Viana, revelar a fragilidade do arcabouço legal brasileiro para prevenir e punir essas práticas ilegais no mercado de ações. De acordo com eles, é fundamental uma alteração na legislação penal para garantir proteção aos investidores. Os pequenos investidores individuais, que recentemente aumentaram substancialmente sua participação em Bolsa, foram tomados por natural perplexidade quando fatos novos desconhecidos anteriormente à sua de-

cisão de investir foram divulgados e impactaram de forma dramática o valor da ação. Num mercado transparente e eficiente, os aplicadores devem dispor dos mesmos dados e das mesmas informações para o seu julgamento de compra ou venda de valores mobiliários. A inexistência dessa equidade, que favorece alguns investidores e não são de domínio geral, cria uma situação inaceitável que lesa esses novos investidores e os afasta da Bolsa pela sensação de desconfiança no sistema. Portanto, a utilização de informação privilegiada tem de ser combatida de forma implacável para criar um mercado dinâmico e estimulante à participação de novos entrantes.

Como seria de esperar, há uma grande movimentação aqui e no exterior junto aos escritórios de advocacia por parte de todos aqueles credores ou acionistas que tiveram seus interesses lesados. A CAM, ligada à B3, vem sendo procurada por acionistas minoritários. Em procedimentos análogos, eles têm usado duas alternativas: as chamadas ações coletivas ou multipartes. Nas coletivas, uma instituição os representa, e nas multipartes eles atuam individualmente.

Fato inédito quanto aos detentores de dívidas, debenturistas e outros, que estão se organizando para se apresentar coletivamente como credores e com isso ter uma voz mais ativa no processo de ressarcimento, unindo os possuidores de debentures e os detentores de 6 bilhões de créditos privados. Também buscam atrair os *bond holders* nos Estados Unidos e os que compraram os chamados CRAS (certificado de recebíveis do agronegócio) que foram emitidos pela subsidiária Hortifruti Natural da Terra. Se todos esses credores realmente se unirem aqui e no exterior, o total chega a 12 bilhões de reais, atingindo assim 29% dos créditos de terceiros.

BRASIL

A Caixa de Previdência dos Funcionários do Banco do Brasil (Previ), apesar de não ter uma posição relevante na companhia, lidera um grupo que visa garantir maior integridade nos dados de balanço, pressionando a elevação do grau de punição de infratores.

9. Sempre fui defensor de que as empresas em geral, mas muito especialmente as de capital aberto, tenham os chamados códigos de ética e de conduta. São bastante detalhados e definem como a empresa deve se relacionar com seus *stakeholders* — todos aqueles que com ela tenham algum relacionamento, seja de natureza comercial, de fornecedores, instituições financeiras e entidades governamentais. Presente em todos está a questão de pagamentos indevidos a terceiros claramente definidos, como recebimento de brindes de final de ano e afins. Nesses códigos, os funcionários que participarem de práticas inadequadas, assédios ou perseguições devem ser denunciados e punidos por justa causa. Os códigos norte-americanos contêm o *whistle blower*, que permite que o funcionário, ao detectar práticas inadequadas, toque um apito alardeando seus superiores que tal fato precisa ser esclarecido. Será que foi isso que aconteceu na Americanas quando Rial estava fazendo o reconhecimento para assumir a presidência? Um pouco tardio.

10. Não poderia terminar este inventário sem falar no papel dos analistas financeiros que acompanham e avaliam o desempenho das companhias listadas em Bolsa. Eles indicam compra, venda ou manutenção do papel. No caso específico da Americanas, suas ações eram acompanhadas por dez analistas de bancos. Desses, somente três, no último relatório disponível em levantamento do jornal *Valor*, não as recomendavam e tinham uma visão pessimista, inclusive

233

CRISES FINANCEIRAS

por suas questões contábeis; quatro tinham recomendação de compra e três tinham posição neutra. Quando iniciei no mercado de capitais em 1958, conseguir informações das empresas era quase impossível. As divulgações de resultados saíam três ou quatro meses depois do encerramento do exercício social, acompanhados de relatórios lacônicos. Quando insistíamos numa entrevista com a empresa em busca de informações, era quase um esforço inútil. Certamente, nesses mais de sessenta anos, tivemos mudanças radicais. Não apenas pela quantidade e qualidade de informações disponíveis (em base trimestral), mas pelos relatórios bem mais detalhados e informativos. Em algumas empresas, acompanhados de um relatório socioambiental. Periodicamente, uma grande parte das empresas se reúne nas associações de classe dos analistas financeiros, como a Apimec, para uma discussão ampla e aberta sobre suas atividades. Ainda assim, no caso específico da Americanas, um número mínimo de analistas não estava satisfeito com as explicações oferecidas e optou por não recomendar suas ações.

No meu livro *Valeu a pena! Mercado de capitais: Passado, presente e futuro* há um capítulo dedicado aos analistas do futuro e como terão que conduzir seu trabalho num mundo de maior complexidade, inclusive com a inteligência artificial, que poderá tornar o processo de avaliação bem mais complexo.

A crise da Americanas teve impactos locais de grande dimensão, nada comparável à crise de 1929 ou do Lehman Brothers em 2008, de relevância global; no entanto, houve uma repercussão negativa nos gestores internacionais que investem na empresa.

234

Os dez pontos que levantei para reflexão terão de ser estudados e debatidos. Por trás deles temos implicações políticas e sociais que transcendem as questões de mercado. O capitalismo democrático que defendo, com crescente participação popular e social, tem que, sem perder de vista a questão de rentabilidade básica para sua sobrevivência, estender sua atuação para uma visão ampla, que atenda sua responsabilidade socioeconômica. Talvez essa seja a mensagem mais importante ao olhar pelo retrovisor as crises financeiras ocorridas e avaliar as lições que podemos tirar delas para aprimorar o sistema.

Lojas Americanas
Da fundação à crise de 2023

1929	Fundação da Lojas Americanas.
1940	Abertura do capital.
1982	Jorge Paulo Lemann, Carlos Alberto Sicupira e Marcel Telles, principais acionistas do Banco Garantia, tornam-se controladores.
2021	28 de abril — Fusão com a B2W (e-commerce), formando a Americanas S.A. e assim diluindo a 3G que deixa de ser acionista controlador passando a ser acionista de referência, com 31% do capital.
2022	Em 19 de agosto é anunciado que Sérgio Rial, que havia se aposentado do Banco Santander, é convidado a presidir a companhia a partir de 2023.
2023	1 de janeiro — Sérgio Rial assume a presidência.
	11 de janeiro — em entrevista coletiva, Rial renuncia e revela rombos bilionários na Americanas.
	13 de janeiro — Americanas obtém na Justiça medida cautelar que lhe garante proteção contra credores por trinta dias. Informam ter uma dívida em torno de 40 bilhões de reais.
	19 de janeiro — Americanas pede recuperação judicial no Tribunal de Justiça do Rio de Janeiro.
	22 de janeiro — a 3G, acionista de referência da companhia, publica comunicado indicando sua posição quanto à fraude financeira.

CRISES FINANCEIRAS

27 de janeiro — a CVM abre inquérito administrativo e uma força-tarefa para analisar o assunto, inclusive sobre *insider trading* e o papel do auditor independente.

3 de fevereiro — Americanas informa o afastamento da diretoria da empresa durante o inquérito em curso, enquanto segue com apurações internas.

11 de fevereiro — Jornais de grande circulação publicam comunicado de página inteira intitulado "Amigos da Americanas", e termina agradecendo o carinho de seus clientes afirmando que "juntos somos Americanas".

14 de fevereiro — Os grandes bancos envolvidos como credores na fraude contábil reservaram 10 bilhões de reais para cobrir perdas.

Lições

Lições das crises: uma história promissora

A FORÇA DOS MERCADOS de ações vem da transparência — presente em grau elevado em alguns casos ou razoável na maioria dos outros. Essa é uma de suas grandes virtudes. É impressionante a visibilidade conferida pelas bolsas de valores às figuras-chave das companhias — fundadores, executivos, líderes de empresas abertas com valor de mercado expresso em dezenas, centenas de bilhões, ou mais de 1 trilhão de dólares (valor equivalente a dois terços do PIB de um país como o Brasil, que ocupa a 12ª posição entre as maiores economias do mundo). A visibilidade se deve não apenas a bem-sucedidas campanhas de marketing e de relações públicas, mas à aura que costuma cercar os condutores das companhias. E, em muitos casos, à filantropia.

O tema comporta vastas considerações. Não só empresários ricos de berço, mas também alguns que nasceram pobres ou remediados se transformaram em bilionários notáveis graças à atratividade de suas companhias no mercado de ações. Jeff Bezos, da Amazon, é um dos líderes dessa elite de homens de negócios bem-sucedidos, o terceiro mais rico do mundo, com uma fortuna estimada em 117 bilhões de dólares. Segundo a revista *Forbes*, Elon Musk, da Tesla, chegou em 2023 ao segundo lugar, com 198 bilhões de dólares. Bernard Arnault, da francesa Louis Vuitton, é o primeiro, com 207 bilhões de dólares. Bill Gates, da Microsoft, 105 bilhões de dólares, e Warren Buffett, da Berkshire Hathaway, alcançou 108 bilhões de dólares, ocupando o lugar que em 2021 havia sido de Mark Zuckerberg, que foi do quinto para o 15º lugar depois de sua empresa, Meta, ter uma desvalorização de 20% de seu valor em Bolsa ao divulgar dados relativos à perda de clientes e ao crescimento da concorrente chinesa TikTok. No Brasil, destacam-se empresários como Jorge Paulo Lemann, Marcel Telles, Carlos Alberto Sicupira, Eduardo Saverin, Rubens Ometto, André Esteves, Guilherme Benchimol e famílias como Setúbal, Moreira Salles e Safra.

As fortunas desses personagens em geral se concentram nas posições de ações das empresas que controlam. Essas posições lhes dão visibilidade e permitem que sejam acompanhados de perto pelos milhões de acionistas de seus negócios. Há, assim, uma contribuição à transparência das empresas, na forma de conhecimento sobre a vida — em especial a econômica — de seus controladores e principais executivos ou presidentes dos conselhos de administração. Quando a Meta perdeu 237 bilhões de dólares em valor de mercado, no dia 3 de fevereiro de 2022, os primeiros olhares se voltaram tanto para o maior acionista — Zuckerberg, que tem 13,6% da empresa e é seu principal executivo — como para outros que têm grandes participações, caso do brasileiro Eduardo Saverin, com cerca de 2% do capital. A transparência é maior no mercado de ações do que na renda fixa e até em propriedades imobiliárias. Os fundos de investimento imobiliário (FIIS), certificados de recebíveis imobiliários (CRIS), letras de crédito imobiliário (LCIS) e letras imobiliárias garantidas (LIGS) têm milhões de titulares.

Um desfile de bilionários (em valor de mercado das ações que detêm) aparece periodicamente nas principais seções dos jornais — política, economia, internacional, cultura, costumes, turismo, variedades. Há uma atração pelos personagens, embora ela vá no sentido contrário do que o cineasta Luis Buñuel retratou no filme *O discreto charme da burguesia*, com o indefectível Fernando Rey, cujos personagens buscavam o anonimato.

Na China, com a atuação movida pelo governo contra Jack Ma, do grupo Alibaba, as ações da empresa perderam valor, enquanto subiam as do TikTok, liderado por Zhang Yiming. Mas o mais rico dos chineses é Zhong Shanschan, com 67,4 bilhões de dólares, provenientes do desempenho das ações da Nongfu Spring e da Beijing Wantai Biological Pharmacy — companhia que ganhou muito com a venda de vacinas em pleno surto de covid-19. A China é o segundo país com mais bilionários: 607, com fortunas de 2,3 trilhões de dólares, cifra que representa a metade das fortunas dos 735 bilionários dos Estados Unidos listados pela *Forbes*, que somam 4,7 trilhões de dólares.

Mas essas fortunas estão sempre ameaçadas por crises ou interferências regulatórias em suas atividades. É possível que a perda momentânea do valor das ações não leve seus titulares a alterar a vida pessoal ou profissional deles. Afinal, a volatilidade é comum aos mercados de ações, mas é inegável que esta, ao afetar os investimentos de centenas de milhões de acionistas individuais, seja acompanhada de perto e em todo o mundo onde predominam os mercados livres. Daí a importância de ter presentes as circunstâncias que envolvem as crises nos mercados de capitais e nas finanças dos países e do mundo. São as lições das crises passadas que este livro buscou tirar, para que investidores de todos os portes — mas notadamente minoritários ou ultraminoritários, como os jovens que estão chegando agora aos mercados —[1] possam melhor entender o universo do mercado acionário e da capitalização das empresas. As principais lições das crises podem ser assim resumidas:

CRISES PARECEM ESTAR SEMPRE PRONTAS PARA EXPLODIR

Bolhas, crises e manias chegam quando menos se espera, mas sinais prévios (como euforia de mercado, elevada volatilidade, crenças em mitos como "desta vez é diferente", políticas monetárias frouxas, juros negativos, relaxamento fiscal) costumam ser indicadores antecedentes de que uma tempestade financeira está se armando. Cabe lembrar que em muitos momentos da história os tempos parecem tão bons para investidores e para intermediários financeiros que fazem aflorar ideias exóticas, em geral descoladas da realidade. Até o poderosíssimo ex-chefe do Fed Alan Greenspan caiu nessa esparrela na primeira década deste século, quando manteve otimismo apesar das nuvens que já escureciam o ambiente naquele momento, não obstante tenha comentado negativamente a exuberância da Bolsa de Nova York.

Uma bolha imobiliária global bem descrita por Robert Shiller, de Yale, vinha se formando desde o início daquela década e explodiu em 2007 — afetando diretamente mercados de ações norte-americanos e globais. O crescimento contínuo da alavancagem tornou o capital das instituições insuficiente para suportar a volatilidade dos preços dos ativos negociados nos

LIÇÕES

mercados futuros. Greenspan, então chairman do Fed, parecia acreditar que havia encontrado a fórmula para o crescimento econômico contínuo dos Estados Unidos. Mas se impôs a crise das hipotecas *subprime* de 2007-9, com a quebra do banco Lehman Brothers, alimentada não só pelo emprego maciço de instrumentos financeiros sofisticados e arriscados, como por falta de transparência e leniência na confecção dos cadastros dos tomadores de crédito habitacional, tolhendo a tomada de decisões preventivas. Lembremos que a crise de 1929 levou à criação da Securities and Exchange Commission e à edição do Glass-Steagall Act, que promoveu a separação das atividades dos bancos comerciais das atividades dos bancos de investimento.

Mais importante é que as crises deixam lições — e são estas que melhor ajudam a criar mecanismos de defesa. Foi o que se viu no Brasil na década de 1970. O crash do mercado acionário de 1971 deixou como resultado a criação da Comissão de Valores Mobiliários para fiscalizar as transações no mercado de capitais e a reforma da Lei das SAS, dois mecanismos anticrise. Não quer dizer que as tempestades não venham a ressurgir, com novas roupagens, mas o que se imagina é que elas possam ser mais passíveis de controle ou ter seus efeitos mitigados no tempo. A recuperação que se seguiu à crise da covid-19 aberta em 2020 poderá ser um bom exemplo da capacidade de regeneração dos mercados.

CRISES NÃO POUPAM NINGUÉM

Personalidades proeminentes, intelectuais e figuras notórias — como o primeiro-ministro britânico Winston Churchill, o célebre economista Irving Fisher ou o compositor Irving

Berlin (criador da canção "White Christmas") e tantos outros abatidos no crash de 1929 — não escaparam das crises. No Brasil, não só o visconde de Taunay foi atingido pela crise dos anos 1890 — conhecida como Encilhamento —, mas, no século atual, poucos anos transcorreram entre a ascensão e a queda de Eike Batista, que saiu das listas de empresários afortunados para o rol dos detidos.

AS LEIS TÊM DE SER APLICADAS

Uma questão central é aplicar com rigor as punições previstas para os que desrespeitam a legislação do mercado de capitais, em geral em detrimento dos minoritários. A CVM tem de ser conduzida por pessoal altamente qualificado, avaliado em concursos públicos para preencher as vagas disponíveis, lembrando-se que estas tenderão a crescer com o desenvolvimento dos negócios e o aumento do número de companhias abertas e emissões públicas. A consequência da prática de atos delituosos tem de ser a penalização sem leniência dos culpados. Exemplos externos mostram como as coisas funcionam nos Estados Unidos e como poderiam funcionar melhor no Brasil. Histórias de outros mercados ajudam a entender o que é preciso fazer e como as autoridades devem agir.

O CASO AIA

Foi o que mostrou texto escrito em 18 de maio de 2005 pelo autor deste livro, sobre a "triste história do AIA" (Amerindo Investment Advisors), que, como tantas outras firmas de Nova York, administrava recursos de terceiros. Antes do estouro da bolha das ações de tecnologia, seus cofundadores Alberto Vilar e Gary Tanaka chegaram a administrar 8 bilhões de dólares, valor que declinou para apenas 1,2 bilhão em meados de 2005. Entre os vários fundos que a dupla administrava estava o Amerindo Technology Fund. Além disso, Vilar e Tanaka orientavam a aplicação de recursos de fundos de pensão e de outras instituições de porte. Em junho de 2005, os dois foram presos sob acusação de terem se apropriado de 17 milhões de dólares de clientes. Formalizada a culpa, o resultado é o banimento — a proibição de atuar no setor de investimentos. Fica a lição: "Os deveres de um investidor fiduciário não são consistentes com a presunção de inocência". Administradores de fundos de pensão, por exemplo, têm o dever de "verificar, controlar e avaliar os ativos dos empregados que estão administrando".

A história de Alberto Vilar não parecia conduzir àquele desfecho: ele era filantropo e investidor no mundo cultural, doou milhões de dólares a instituições de artes e cedeu espaço de seus escritórios a pelo menos cinco instituições de caridade. Mas as acusações contra ele não foram poucas: destinar parte dos recursos desviados para instituições como a Academia Americana em Berlim, a qual foi agraciada com 177 mil dólares. Isabelle Harnoncourt, do Festival de Salzburgo, disse que Vilar a convidou para utilizar o espaço do 23º andar do edifício onde a AIA ocupava o 22º andar. "Era muito agradável ter um escritório para usar na Park Avenue", disse Isabelle a Vilar, que prometeu doar 6,5 milhões de dólares para o Festival de Salzburgo, mas não chegou a doar 3 milhões. Um total de 225 milhões de dólares foi prometido a instituições semelhantes em todo o mundo, mas só a metade do dinheiro foi liberada. As semelhanças entre o que ocorreu com a AIA e o que acontece em outros países, inclusive no Brasil, são óbvias. Mas é a diferença que chama a atenção: Vilar estava preso.

EBBERS NA CADEIA

Outra história real é a da empresa de telecomunicações World-Com, presidida pelo canadense Bernard Ebbers e que estourou na bolha da internet de 2002. Foi um caso tão grave e escandaloso quanto o da Enron. Ebbers começou a vida com uma pequena prestadora de serviços de longa distância no Mississippi, que se transformou na gigantesca WorldCom. Julgado e considerado culpado de nove acusações de conspiração e de fraude na emissão de títulos, das quais sete por registrar relatórios falsificados nas autoridades reguladoras, numa fraude de 11 bilhões de dólares, foi condenado a 25 anos de prisão que foram cumpridos numa penitenciária federal de Oakdale, na Louisiana, até a morte de Ebbers, em 2020.

A condenação de Ebbers em 2005 repercutiu nos Estados Unidos, contribuindo para que o Judiciário alcançasse outros executivos envolvidos em escândalos financeiros no início da primeira década dos anos 2000. Evidenciou-se, naquele momento, que os presidentes de organizações não podiam lançar a culpa dos malfeitos sobre escalões hierarquicamente inferiores das empresas. Isso valeu para os Estados Unidos e vale para o Brasil.

Também naqueles anos, o JPMorgan Chase fez um acordo para não ser indiciado e pagou 2 bilhões de dólares em uma ação referente à colocação de bônus da WorldCom, admitindo negligência no exame da situação financeira da companhia por ocasião do lançamento dos papéis. Antes disso, o Citibank, como maior *underwriter* da WorldCom, foi apenado em 2,65 bilhões de dólares.

A crise da WorldCom teve como antecedente a da Enron, dirigida por Kenneth Lay. Em artigo de 29 de novembro de 2021, o editor-executivo do jornal *Financial Times*, Andrew

LIÇÕES

Hill, ressaltou que as falhas ocorridas na empresa não foram exclusivas de seu presidente, mas de diretores e membros do conselho de administração. O colapso "expôs uma cultura de negligência presunçosa nos conselhos de administração nos Estados Unidos", escreveu Hill. O jornalista notou ainda que "os diretores da Enron enfrentaram uma fraude de complexidade desconcertante". E lembrou que "todas as regras e códigos do mundo não deveriam isentar os diretores de hoje da obrigação de desafiar o poder excessivo do executivo, porque são eles que estão na sala quando essas decisões são tomadas". Kenneth Lay não chegou a ser condenado pelas falcatruas. Morreu antes de ir para a cadeia.

O impacto e o desdobramento da crise da Enron levaram sua auditoria, a tradicional Arthur Andersen, a encerrar as atividades.

APLICAR COM CONHECIMENTO DE CAUSA EVITA TRANSTORNO

Como na roleta ou no carteado, jogadores natos gostam de emoções — e isso significa operar com derivativos, opções, *junk bonds* ou bitcoins, sem esquecer as aplicações em tulipas ou em terras distantes. Mas em todos os casos, no médio e no longo prazo, os vencedores investem com conhecimento de causa, baseados em análises fundamentalistas e perspectivas bem embasadas. A sorte é episódica e fugidia. Especuladores que se deram bem durante anos perderam a mão, a fortuna e até a vida no crash de 1929 em Nova York.

Mesmo a vitória a longo prazo não exclui perdas pesadas no caminho, como ocorreu até com alguns dos maiores ícones de todos os tempos no investimento em ações. Benjamin

CRISES FINANCEIRAS

Graham, tido como professor de Warren Buffett, da Berkshire Hathaway, viu sumir 70% do seu patrimônio na crise de 1929. Em tempos recentes, o próprio Buffett viu se desvalorizarem seus investimentos na Kraft Heinz, em que investiu junto com a 3G de Jorge Paulo Lemann, Marcel Herrmann Telles e Carlos Alberto Sicupira, três brasileiros entre os mais bem-sucedidos empresários do país, que usaram os mercados para capitalizar suas empresas. Isto é, nem investidores entre os mais prósperos e qualificados do mundo, regularmente incluídos nas listas da revista *Fortune*, escapam de erros de avaliação que impactam o valor de seu patrimônio.

CUIDADO COM A ALAVANCAGEM

Uma lição preciosa veio da curta bolha de 1987 no mercado de ações norte-americano. Em 19 de outubro daquele ano, o índice industrial Dow Jones caiu 22,6%, o maior recuo da história num só dia. Houve grandes prejuízos e o Federal Reserve, o Banco Central norte-americano, precisou intervir. Nas semanas seguintes, forneceu liquidez ao mercado fazendo compras maciças de títulos federais. Mas, como notou Alan Greenspan em *A era da turbulência*, o mercado não estava alavancado. Ou seja, investidores e especuladores perderam o que tinham, mas não o dinheiro tomado emprestado dos bancos — o que seria muitas vezes pior e mais perigoso para todos. Cabe aos reguladores evitar que o mercado opere com alto grau de alavancagem. Esta potencializa os prejuízos e tem custo mais alto para os investidores e para o governo, chamado a intervir sempre que há o risco iminente de crise sistêmica.

LIÇÕES

OPORTUNIDADES EXISTEM E CABE IDENTIFICÁ-LAS

Invista a longo prazo, evitando sofrer ou mudar muito de posição no curto prazo, salvo na ocorrência de fatos excepcionais. Mas as crises abrem oportunidades de compra. Quando começou a Segunda Guerra, em 1939, John Templeton investiu pesadamente em indústrias como a de transportes, escolhendo ações baratas de empresas com capacidade de se reerguer e receber demandas de guerra. Foi extremamente bem-sucedido e multiplicou não só seus recursos próprios como os recursos de terceiros que administrava. Mas não custa relembrar a frase célebre de um profissional francês do mercado de capitais: "O ideal é entrar no mercado ao som dos violinos e dele sair quando os tambores estiverem ressoando".

MERCADOS EMBUTEM RISCOS OCULTOS

Longe de ser perfeitos, os mercados podem ajudar a precipitar recessões, porque, segundo George Soros, são sempre tendenciosos e podem influenciar os eventos que antecipam. É o que mostra Glen Arnold em *Os grandes investidores.*

INVESTIMENTOS EXÓTICOS EXACERBAM RISCOS

Bens com características exóticas, com preços voláteis ou de difícil avaliação são de tempos em tempos objeto de forte especulação — caso de tulipas, prata, ouro, start-ups, ações de empresas concordatárias, precatórios, joias, entre outros com características diversas. Recentemente, a esses bens há muito conhecidos se incorporaram os tokens não fungíveis (NFTS) e,

247

em especial, as criptomoedas, que começam a atrair gestores e investidores qualificados, além de jovens investidores dispostos ao risco, especuladores de curto prazo, jogadores e aventureiros. O que acontecerá no médio ou longo prazo com o mercado de criptomoedas? Essa questão está em aberto, mas já se sabe que aplicações dessa natureza, se vierem a ser concluídas, devem ser feitas com recursos marginais, dispensáveis para a sobrevivência de famílias e de empresas. Entre as incógnitas está o custo de oportunidade do investimento num momento em que os governos centrais e os legislativos começam a regular com rigor esse mercado novo, onde circula dinheiro não declarado do tráfico de drogas e de armas.

Personalidades respeitadas no mercado de capitais, como o ex-presidente do Banco Central Gustavo Loyola, têm apontado os riscos dos criptoativos. Segundo ele, em artigo publicado no jornal *Valor* de 15 de fevereiro de 2022: "Acreditar que moedas privadas, como os criptoativos, possam, em condições normais, substituir moedas emitidas e garantidas por Estados nacionais soberanos é desprezar não apenas a teoria econômica como também a história monetária dos últimos séculos". Loyola admitiu que os criptoativos vieram para ficar — "não há como colocar o gênio de volta para dentro da garrafa", afirmou —, mas os reguladores têm de atentar para os riscos sistêmicos potenciais, "as questões de proteção ao consumidor e a necessidade de observância das políticas de combate à lavagem de dinheiro e ao financiamento do terrorismo".

POLÍTICAS ANTIMERCADO AMEAÇAM INVESTIDORES

A ameaça de políticas antimercado cresce com o avanço de ditaduras. O governo chinês abala não só a liberdade em territórios como Hong Kong como baixa regras capazes de destruir

LIÇÕES

parte do valor de mercado de ações de grupos como o Alibaba, cujo líder Jack Ma tentou enfrentar as interferências estatais, sem sucesso, e foi proibido de fazer um IPO que tornaria sua companhia ainda mais valiosa. Didi Chuxing, dona do aplicativo de transporte 99, também sofreu sanções. Em matéria de 10 de fevereiro de 2022, o *Financial Times* relata a queda repentina de Chu Lam Yiu, uma das mulheres mais ricas da China, chamada de rainha do cigarro (eletrônico). É exemplo de como o presidente Xi Jinping visa cada vez mais enquadrar não só autoridades corruptas, como também a classe empreendedora, que vem alimentando o crescimento econômico da China. A detenção de Chu também demonstra como a campanha que Xi está promovendo para reformar o cenário de negócios na China ameaça envolver a indústria do tabaco, depois de colocar de joelhos algumas das maiores companhias do país, como o Ant Group de Jack Ma e a gigante dos aplicativos de transporte Didi Chuxing.

Tampouco se sabe, de antemão, o desfecho que o governo chinês poderá dar para enfrentar o risco de bolha imobiliária em caso de insolvência do grupo Evergrande, com endividamento superior a 300 bilhões de dólares e que ainda busca reestruturar suas dívidas.

PRÁTICAS ESG FORTALECERÃO MERCADOS NO FUTURO

O futuro parece promissor para as empresas que conciliam a busca de lucros com práticas ESG. Investidores e estados concatenados com as demandas do mundo desenvolvido, inclusive as práticas ESG, tendem a apoiar empresas que são as principais fontes de emprego e de renda das famílias (e, portanto, também de impostos que permitem financiar os governos).

CRISES FINANCEIRAS

CRIMES DIGITAIS SÃO AMEAÇA CRESCENTE

Com a febre dos aplicativos e das transações por meios digitais, crescem novas modalidades de crimes. Uma delas é o sequestro de pessoas com fundos transferíveis via Pix. Outra, com forte impacto econômico, são esquemas de pirâmide, embora sem a sofisticação de operações como as de Bernard Madoff. No Brasil, um desses casos é o de dois "reis" do bitcoin — Glaidson Acácio, um garçom carioca que deu golpes milionários em muitas vítimas, e Cláudio José de Oliveira, de Curitiba. Um dos desafios do combate aos crimes financeiros é investir na prevenção, preparando pessoal especializado na esfera pública para se antecipar a essas modalidades de delito. O controle de fake news pode ser parte das ações para combater esses crimes.

POSFÁCIO*

O FIM DA GUERRA FRIA, o êxito da ação militar conjunta na primeira Guerra do Golfo e as promessas extraordinárias da "Nova Economia", simbolizadas pelas empresas pontocom, convergiram na virada do milênio para gerar "exuberância irracional" nos mercados mundiais, apesar das sucessivas advertências, não atendidas, de Alan Greenspan. Foi a mais recente manifestação de bolha de euforia especulativa, excesso de otimismo ou simplesmente mania, que de maneira "se não inevitável, ao menos historicamente comum",[1] acaba provocando reação em sentido contrário. Foi o que ocorreu no início deste século, quando praticamente todas as bolsas ocidentais entraram em crise, arrastando as maiores economias mundiais à desaceleração sincronizada.

---

* Prefácio publicado originalmente no livro *O Encilhamento: Anatomia de uma bolha brasileira* (2003), de Ney Carvalho. (N. E.)

CRISES FINANCEIRAS

Kindleberger e Aliber, na sua obra clássica sobre as "ma-
nias-pânico", assim as descrevem:

O que acontece, basicamente, é que algum evento muda a perspectiva econômica. Novas oportunidades de lucro são percebidas
e exageradas, de maneira tão intimamente semelhantes à irracio-
nalidade a ponto de constituir uma mania. Uma vez que o caráter
excessivo desse movimento ascendente é conscientizado, o sistema financeiro entra numa espécie de "tensão anormal", no curso
da qual a tendência para reverter o processo de expansão pode
tornar-se tão precipitada a ponto de assemelhar-se ao pânico.[2]

Outros estudiosos que se dedicaram ao tema comparam os
atores desses dramas aos jogadores compulsivos, de comportamento maníaco-depressivo.[3] O caráter histriônico das manias financeiro-bursáteis, sua semelhança com o jogo, os traços
neuróticos de psicologia de massa que acabam desprezando a
atenção ao cálculo econômico do retorno de investimentos na
Bolsa, em imóveis ou em outros ativos, versus os seus riscos
embutidos, levaram muitos desses episódios a ser mais conhecidos enquanto temas de romances do que por registros
históricos ou análises de fenômenos econômico-financeiros.

Exemplos eloquentes são o romance de Honoré de Balzac,
de 1830, inspirado em forte surto imobiliário no entorno das
grandes cidades francesas, especialmente Paris, após a queda
brusca das taxas de juros a partir de 1823. Ainda mais perti-
nente para nossa consideração foi o crash na França em 1882,
financiado por dinheiro adiantado dia a dia pelos bancos aos
corretores.

Embora esse episódio só tenha merecido análise mais rigorosa, por Jean Bouvier, oitenta anos mais tarde, em 1960,[4]
ele havia inspirado o *roman à clef* de Émile Zola, *L'Argent*,

252

POSFÁCIO

("o dinheiro"), publicado inicialmente em forma de folhetim a partir de 1890 e editado em livro em março de 1891, com estrondoso êxito para a época.[5]

Ao mesmo tempo em que, em Paris, o público, fascinado, acompanhava os capítulos publicados diariamente no jornal *Gil Blas*, o Rio de Janeiro via aproximar-se o desenlace de um dos exemplos mais dramáticos entre nós de bolha-crise — o Encilhamento. O episódio brasileiro tomou seu nome emprestado do turfe, então extremamente popular na capital federal, objeto das paixões do jogo que também dominariam a gradual ascensão e a súbita debacle dos negócios bursáteis.

Como o seu congênere francês, o Encilhamento viria a ser conhecido sobretudo por sua versão literária, surgida dois anos depois, em 1893, também como *roman à clef*, originalmente publicado em forma de folhetim, na *Gazeta de Noticias*, pelo visconde de Taunay, utilizando pseudônimo.[6] Partícipe da euforia, vítima do crash e escritor talentoso, Taunay apresenta relato apaixonado que destila ressentimento, fatos exagerados, caricatura de personagens e muita imaginação. Mesmo assim, sua obra foi acolhida quase como uma fonte histórica dos marcantes eventos da época, ocorridos, aliás, em momento crucial de inflexão de nossa trajetória econômica, social e política.

As poucas análises mais rigorosas do Encilhamento, a maioria publicada após 1980, inserem-se, apesar de seus méritos, em estudos sobre períodos mais amplos, ou permaneceram restritas ao conhecimento de círculos acadêmicos. Sem desmerecer trabalhos como os de Luiz Tannuri, Elizabeth Reuter e Maria Bárbara Levy, sobressai, por sua acuidade analítica, a cuidadosa tese de Gustavo Franco, *Reforma monetária e instabilidade durante a transição republicana*.[7]

Sobre o *Encilhamento* de Taunay encontramos, por sua vez, crítica percuciente de Wilson Martins,[8] que aponta para liga-

CRISES FINANCEIRAS

ções entre realidade e ficção relevantes para a interpretação do livro, que se tornara uma espécie de "canon" sobre o tema. Para Martins, o livro de Taunay é, ao mesmo tempo, "o grito de revolta de uma vítima, de um dos *esfolados*"; "a vingança amarga do monarquista contra os vitoriosos do novo regime"; a expressão de "mentalidade arcaica resistindo às transformações inevitáveis do progresso" e "ao impulso modernizador e industrializante"; e, ainda, o inconformismo "não tanto [com] a imoralidade da nova classe", mas com "uma nova moralidade que então se formulava".

Haja vista a baixa atenção — com as louváveis exceções apontadas acima — que o episódio tem merecido da literatura especializada, é auspicioso que Ney Carvalho, com o apoio da Comissão Nacional de Bolsas de Valores e da Bovespa, tenha tornado a iniciativa de oferecer a um público mais amplo descrição cativante e análise bem pesquisada do Encilhamento. Profundo conhecedor — na prática e na teoria — dos mercados de capitais, Ney procura desbastar preconceitos, corrigir distorções, distinguir ficção literária de análise histórica, "separar o grão do joio", tal como preconizava comentário contemporâneo, que previa que isso ocorreria pelo "juízo inexorável do tempo".[9]

Confirmando a análise de Kindleberger que utilizei ao iniciar esta introdução e que se aplica à realidade de 1888-92, o Encilhamento ocorreu no momento, talvez, da "maior ruptura estrutural da história brasileira".[10] Em menos de dois anos, a abolição da escravatura, em 13 de maio de 1888, transformou completamente o regime de trabalho e redesenhou a geografia rural do país, e a Proclamação da República, em 15 de novembro de 1889, modificou radicalmente não só o regime de governo, senão também o centralismo imperial, substituído que foi pelo federalismo republicano. É essa atmosfera de uma "nova sociedade", de um "novo Brasil" — grandes desafios, esperan-

254

POSFÁCIO

ças ilimitadas, promessas grandiloquentes, riscos descabidos, jogo desenfreado, euforia alegre, ilusão cruel — que Ney Carvalho descreve com vivacidade e talento que, estou certo, todo leitor saberá apreciar.

Para mim, ao prazer intelectual de ter lido, em primeira mão, o trabalho de Ney Carvalho, e redigir-lhe o prefácio, acresce interesse redobrado: a Bolsa de Valores localizava-se no prédio inacabado da Associação Comercial. No edifício que hoje abriga o Centro Cultural do Banco do Brasil, ainda pode vislumbrar-se, no grande saguão de entrada, a reminiscência do pregão circular. A Bolsa nascera dentro da praça do Comércio, como parte integrante desta. Segundo o Código Comercial de 1850, a praça do Comércio, depois rebatizada Associação Comercial, reunia "comerciantes, capitães e mestres de navios, corretores e mais pessoas empregadas no comércio".[11]

Curioso, também, que uma espécie de Bolsa informal ou paralela, onde as transações seguiam ritmo ainda mais fremente e que por isso veio a ser conhecida como "encilhamento" — local onde os cavalos são encilhados para as corridas — localizava-se na rua da Candelária, esquina da rua da Alfândega, onde se situa a Associação Comercial, desde 1926, depois da troca de prédios entre esta e o Banco do Brasil, acertada em 1922.

Embora Taunay em seu *roman à clef* encobrisse "à chave" a identidade de seus personagens, não o fez em relação a Rui Barbosa, ministro da Fazenda do primeiro governo republicano. Ao contrário, Taunay o trata com cáustica ironia, colocada na boca de um dos entusiastas da euforia reinante, o conselheiro Babo de Magalhães:

Ah! O Rui, que homem, que cabeça! Estava assentando os alicerces da assombrosa e inabalável prosperidade. O que cumpria

255

era não lhe perturbarem os planos, acompanhá-lo cegamente, de olhos cerrados.

Tomara de repente lugar entre os mais abalizados financeiros do globo, coisa de meter inveja à própria Inglaterra, a grande mestra econômica.[12]

Rui e sua política monetária, controvertidos desde o primeiro momento, passariam a ser objeto preferencial das críticas aos acontecimentos econômico-financeiros da época. Calógeras, por exemplo, em seu trabalho sobre a política monetária do Brasil, atribui a responsabilidade da crise a Rui e a seus sucessores no Ministério da Fazenda. "O senhor Rui Barbosa deslanchou a tempestade, mas seus sucessores imediatos a transformaram num ciclone."[13]

Em grande parte, a controvérsia, que se prolongaria por várias décadas, colocou em campos opostos os metalistas, de um lado, e os defensores da moeda fiduciária, do outro. Sem deter-se na análise de Calógeras, vale citar um conceito judicioso — a confiança — por constituir-se até hoje na pedra angular da moeda: "Esse fator imponderável, mas todo-poderoso, sobretudo num país de circulação fiduciária, a confiança, tinha desaparecido para só voltar longos anos mais tarde".[14]

Pires do Rio é outro crítico da política monetária dos primeiros-ministros da Fazenda da era republicana, comparando-a às trapaças do especulador por excelência, John Law, responsável em 1719 e 1720 pela bolha e crash, conhecidos como "Mississippi".

Na ânsia de estimular o progresso do país, sem poder mudar-lhe o clima e nem a terra, os responsáveis pela pasta da Fazenda quiseram fazer uma nova política financeira, facilitando a emissão de papel-moeda, a criação de bancos emissores, estimulando

POSFÁCIO

a formação de empresas industriais, tudo para imitar o modelo americano, mas, na realidade, lembrando a política aventureira de John Law.[15]

A ousadia das políticas monetária e bancária de Rui Barbosa, e a coincidência de seus catorze meses de gestão com o "mais famoso período de especulação da nossa história econômica" convergiram para transformá-lo, nas palavras de San Tiago Dantas, no "mais discutido administrador que já tiveram nossas finanças".[16]

Na análise inovadora de San Tiago Dantas, "sua política no Governo Provisório foi mais de reforma social, do que de reforma econômica". E explicita:

Rui Barbosa foi entre nós, refletida ou espontaneamente, o ideólogo de uma reforma da sociedade. Não de uma reforma ocasionada pela brusca avulsão de certos valores, [...] mas de uma reforma iniciada difusamente nos últimos decênios da monarquia, [...] e que encontrou no advento do regime republicano o momento essencial de sua fixação de rumo: essa reforma pode ser chamada [...] a ascensão da classe média.[17]

San Tiago Dantas completa essa brilhante introspecção com observação que não posso me furtar de transcrever, pela importante contribuição que traz à justa compreensão do fenômeno analisado por Ney Carvalho:

No fragmento de estátua inacabada que é a obra financeira de Rui Barbosa, e possível ler com perfeita clareza o sentido social do seu programa, [...] libertar as forças novas, [...] que substituiriam a estrutura agrária e feudal do Império por uma estrutura de maior diversificação econômica.[18]

CRISES FINANCEIRAS

Segundo o já citado Kindleberger, "as manias especulativas adquirem velocidade através da expansão monetária", embora esta não necessariamente as deslanche, como o acusou Calógeras. De fato, o entusiasmo bursátil já vinha se adensando desde 1888. Ney Carvalho tem razão ao dizer que o famoso baile da ilha Fiscal, de 9 de novembro de 1889, não foi apenas o esplendoroso ato final da Monarquia, mas também o apogeu emblemático do feitio nababesco do Encilhamento.

A mim pessoalmente, me assombra que, da Sala do Conselho da Associação Comercial, eu possa ter visão privilegiada da ilha Fiscal, enquanto sou vigiado pelo busto austero de José Mendes de Oliveira Castro, meu predecessor àquela época, a quem, como tal, cabia a responsabilidade de dirigir a Bolsa. E lembrar-me que foi no dia da realização do baile, seis dias antes da Proclamação da República, que recebeu o título de barão.

Não caberia desfilar a série de acusadores e defensores de Rui Barbosa, mas vale encerrar esta digressão ruiana, voltando a algumas considerações de Gustavo Franco, que são relevantes para contextualizar, de um lado, o legado positivo do Encilhamento e, de outro, as razões de seu abrupto desmanche.

Partindo da premissa de que "os primeiros anos da República registraram importantes, e autênticos, avanços em termos de crescimento industrial", Franco coloca em questão a tese de que o período foi dominado apenas pela "especulação" e pelo "inflacionismo", os quais, fruto de "inimaginável descalabro e irresponsabilidade", teriam sido "causadoras da *anarquia monetária* dos anos noventa".[19]

Para corroborar sua assertiva, Franco se louva nos estudos de Stanley Stein para concluir:

258

POSFÁCIO

A política econômica de Rui Barbosa certamente "acelerou o processo de formação de capital" e a notável expansão do crédito e dos negócios bursáteis "proporcionou à indústria têxtil um volume de capital líquido que, em outras circunstâncias, exigiria um período de tempo muito mais longo para ser acumulado".[20]

Franco reconhece, também, que a marcha para uma moeda fiduciária e para um acrescido grau de controle sobre a oferta da moeda e sobre o sistema bancário foi um passo no sentido da centralização bancária[21] que, em última análise e muitas décadas depois, levaria à criação da Superintendência da Moeda e do Crédito e, finalmente, à do Banco Central.

Quanto ao ato final, Franco arrola não só os rumos pouco ortodoxos da política monetária republicana e as inovações de Rui, seguidas pela "confusa política econômica dos ministros Araripe e Lucena" que o sucederam, senão também o brusco retraimento dos fluxos de capitais externos resultante de "colapso do mercado londrino de capitais", após a liquidação da casa Baring.[22]

Em padrão que viria a se repetir, o estopim desse colapso foi a saturação, naquele mercado, de papéis de dívida da Argentina, sobretudo quando, após período de forte boom de investimentos ingleses, uma revolução, na Argentina em 1890, freou de forma violenta a especulação com terras agrícolas e letras hipotecárias.[23]

É de justiça registrar, também, estudo anterior de Heitor Ferreira Lima, embora menos denso do que o de Franco. Originalmente publicado na revista *Desenvolvimento e Conjuntura*, versa sobre "O Encilhamento e o industrialismo de Rui Barbosa".[24] Mostra a "inegável prosperidade econômica" do período para desqualificar a caracterização do "Encilhamen-

259

to como um período exclusivamente negativista", "apesar dos abusos cometidos".

O aspecto mais interessante da contribuição de Ferreira Lima foi ele ter inserido, mais tarde, aquele artigo em livro sobre a *História do pensamento econômico no Brasil* que analisa a persistência, através de nossa história econômica, de alguns acalorados debates entre liberalismo e industrialismo, "metalistas" e "papelistas", inflacionismo e deflacionismo (de Joaquim Murtinho), ou ainda o emblemático confronto entre Roberto Simonsen a favor do planejamento e Eugênio Gudin, contra. São embates que merecem atenção, uma vez que se estendem, com maior ou menor vigor, embora com pouco rigor conceitual, até os dias de hoje.

Dizia Oliveira Lima, em suas *Memórias* póstumas, que, "se o Encilhamento não tivesse vindo por si, devia a República tê-lo inventado, porque não houve melhor diversão da política".[25]

O estilo fluido de Ney Carvalho, sua capacidade de captar os aspectos curiosos, as passagens cômicas, os lances dramáticos, as facetas cruéis, mas também as dimensões positivas do Encilhamento, sobretudo no que representou de incentivo à industrialização nascente e à modernização econômica, credenciam o seu livro a uma leitura leve e divertida, mas ao mesmo tempo repleta de informações relevantes para a compreensão de nossa história econômica e de suas recorrentes crises, que soem acentuar-se em momentos de transição econômica ou política.

Observador engajado de várias das crises de nossos últimos cinquenta anos, posso prestar testemunho sobre a importância de uma visão bem informada e, na medida do possível, objetiva desses acontecimentos, para extrair-lhes os ensinamentos capazes de nos preparar a enfrentar as próximas crises que, num mundo e num Brasil cercados de riscos e incertezas, o futuro

POSFÁCIO

certamente ainda nos trará. O difícil será prever o quando, o como e o quanto elas ocorrerão.

Mas a lição mais duradoura que se pode extrair do livro de Ney Carvalho é a de chamar atenção para o pouco apreço que, desde sempre, devotamos ao mercado de capitais, mecanismo dos mais sadios e eficazes de mobilizar recursos para financiar o desenvolvimento.

Numa feliz formulação, Gurley e Shaw distinguem quatro modos dos quais os países se utilizam para lastrear financeiramente seu desenvolvimento.[26] Aplicando essas categorias ao caso brasileiro, essas formas são: 1) endividamento; 2) inflação; 3) tributação; 4) mercado de capitais.

Não é difícil concluir, usando essa taxonomia, que o Brasil usou e abusou do endividamento e da inflação no curso de sua história econômica, em detrimento da tributação e do mercado de capitais. O endividamento precedeu à nossa emancipação política, uma vez que, como condição do processo de seu reconhecimento, concordamos em arcar com a dívida que Portugal havia assumido para combatê-la. O pesado legado da dívida nunca mais nos deixaria. Atormenta-nos até hoje, num rosário de acumulação e moratória, sucessivas, recorrentes. Continua sendo herança que inibe nosso crescimento, tanto ao pressionar a taxa doméstica de juros quanto por representar fator de vulnerabilidade cambial.

A utilização, consciente ou não, da inflação como forma de extrair da sociedade poupança forçada foi outra forma usada e abusada entre nós para financiar investimento e consumo. Os surtos de crescimento resultantes provaram ser insustentáveis pelo artificialismo de seu financiamento e acabaram exigindo penosos trancos de arrumação, muitos deles também artificiais e, portanto, igualmente estéreis: planos heterodoxos, pacotes e pajelanças.

CRISES FINANCEIRAS

Só mais recentemente é que a tributação passou a ser utilizada de maneira mais sistemática, embora ainda travada em sua eficácia econômica por dois fatores de distorção. Primeiro: nosso sistema tributário, eficiente enquanto mecanismo de arrecadação — 36% do PIB —, é inibidor da atividade econômica, do investimento e do emprego, como o foi, até recentemente, das exportações. Segundo: o pesado legado do passado — alto endividamento e cultura inflacionária arraigada — resulta em juros elevados incidindo sobre dívida elevada, absorvendo, portanto, recursos fiscais preciosos que, de outra forma, poderiam financiar, de maneira saudável, investimento e consumo, ambos propulsores do crescimento sustentável.

Resta o mecanismo mais moderno de incentivar a poupança — muito baixa no Brasil — e de alocar racionalmente os recursos assim mobilizados para investimentos produtivos. E o mercado de capitais, cujo centro nervoso é a Bolsa de Valores.

Como Ney Carvalho mostra, convincentemente, o mercado de capitais, no Brasil, foi a principal vítima do Encilhamento. Legislação aprovada no Congresso Nacional, em 1895, sob o impacto da grita das vítimas dos acontecimentos de 1891-2 e da repercussão do romance de Taunay, publicado em 1894, sufocou-o até a edição da Lei do Mercado de Capitais, em 1965. Nas palavras de Ney:

> Mercados não vicejam em ambientes impregnados de reservas funcionais, tabelionatos ou nomeações de caráter público. Eles demandam, ao revés, abertura, capilaridade, competição e liberdade de iniciativa, justamente o que desapareceu com a legislação posterior ao Encilhamento.

Mesmo após 1965, o funcionamento vigoroso do mercado de capitais só ocorreu por breves períodos, intercalados por

POSFÁCIO

outros mais longos, dadas as repetidas interrupções provo-
cadas por novos crashes, como o de 1971, ou por disparadas
inflacionárias, planos arbitrários, desincentivos tributários e
pela falta generalizada de atenção, de parte tanto dos poderes
públicos quanto do próprio empresariado, ao enorme potencial do mercado de capitais como alavanca propulsora, por
excelência, do desenvolvimento econômico e social do país.

Marcílio Marques Moreira
Rio de Janeiro/ Petrópolis, Carnaval de 2004

REFERÊNCIAS BIBLIOGRÁFICAS

ARNOLD, Glen. *Os grandes investidores: As estratégias dos maiores mestres na arte de investir.* São Paulo: Saraiva, 2012.

BARCELLOS, Marta. *Histórias do mercado de capitais no Brasil.* Rio de Janeiro: Campus Elsevier, 2011.

BARROSO, J. F. Ybarra. *80 anos depois.* Rio de Janeiro: Edição do Autor, 1983.

BERNANKE, Ben S.; GEITHNER, Timothy F.; PAULSON JR., Henry M. *Apagando o incêndio: A crise financeira e suas lições.* São Paulo: Todavia, 2020.

CALDEIRA, Jorge. *Mauá: Empresário do Império.* São Paulo: Companhia das Letras, 1995.

_____. *Júlio Mesquita e seu tempo: 1862-1927.* São Paulo: Mameluco, 2015. v. 1.

CAMPOS, Roberto de Oliveira. *Lanterna na popa: Memórias.* Rio de Janeiro: Topbooks, 1994.

CARDIM NETO, Mário Sérgio; RIOLI, Vladimir. *Caso Audi: Exemplo de manipulação de preços na Bovespa.* São Paulo: Apimec, 2022. E-book.

CARDOSO, Fernando Henrique. "Um mundo surpreendente". In: BARROS, Octavio de; GIAMBIAGI, Fabio (Orgs.). *Brasil globalizado: O Brasil em um mundo surpreendente.* Rio de Janeiro: Campus Elsevier, 2008. pp. 3-62.

CARVALHO, Ney. *O Encilhamento: Anatomia de uma bolha brasileira.* São Paulo: CNB; Bovespa, 2003.

CARVALHO, Ney. *A saga do mercado de capitais no Brasil*. São Paulo: Saint Paul, 2014.

_____. *A bolha especulativa de 1971*. Rio de Janeiro: Sindicor, 2015.

CHANCELLOR, Edward. *Salve-se quem puder: Uma história da especulação financeira*. São Paulo: Companhia das Letras, 2001.

CORADI, Carlos Daniel; MONDO, Douglas. "O caso Audi". In: _____. *Dinheiro podre: A história das fraudes nas instituições financeiras do Brasil*. São Paulo: Matrix, 2016.

COSTA, Roberto Teixeira da. *O Brasil tem medo do mundo? Ou o mundo tem medo do Brasil?* São Paulo: Noeses, 2021.

FONSECA, Eduardo Giannetti da. *Autoengano*. São Paulo: Companhia de Bolso, 2022.

FOX, Loren. *Enron: The Rise and Fall*. Nova York: John Wiley & Sons, 2003.

GREENSPAN, Alan. *A era da turbulência: Aventuras em um novo mundo*. Rio de Janeiro: Campus Elsevier, 2008.

_____. *O mapa e o território: Risco, natureza humana e o futuro das previsões*. São Paulo: Portfolio Penguin, 2013.

HANLEY, Anne G. *Native Capital: Financial Institutions and Economic Development in São Paulo, Brazil — 1850-1920*. Redwood City: Stanford University Press, 2005.

JOHNSON, Paul. *Tempos modernos: O mundo dos anos 20 aos 80*. 2. ed. Rio de Janeiro: Instituto Liberal, 1998.

KESSLER, Ronald. *The Sins of the Father: Joseph P. Kennedy and the Dinasty He Founded*. Londres: Hodder & Stoughton, 1996.

KEYNES, John Maynard. *Teoria geral do emprego, do juro e da moeda*. São Paulo: Saraiva, 2011.

KINDLEBERGER, Charlie P.; ALIBER, Robert Z. *Manias, pânicos e crises: A história das catástrofes econômicas mundiais*. 6. ed. São Paulo: Saraiva, 2013.

LAMOUNIER, Bolívar. *Rui Barbosa e a construção institucional da democracia brasileira*. Rio de Janeiro: Nova Fronteira, 1999.

LEME, Ruy Aguiar da Silva. *Coleção história contada do Banco Central do Brasil*. Brasília: Banco Central, 2009.

MACKAY, Charles. *A história das ilusões e loucuras das massas: As armadilhas dos cisnes negros*. São Paulo: Faro Editorial, 2020.

MATTOS FILHO, Ary Oswaldo. *Direito dos valores mobiliários*. São Paulo: Editora FGV, 2015. v. 1, tomo 2.

REFERÊNCIAS BIBLIOGRÁFICAS

MOREIRA, Marcílio Marques. In: CARVALHO, Ney. *O Encilhamento: Anatomia de uma bolha brasileira*. São Paulo: CNB; Bovespa, 2003.

MORRIS, Charles R. *O crash de 2008: Dinheiro fácil, apostas arriscadas e o colapso global do crédito*. São Paulo: Aracati, 2009.

PARETO, Vilfredo. *The Rise and Fall of the Elites: An Application of Theoretical Sociology*. New Bruswick: Transaction, 1991.

RELATÓRIO Petrobrás. Rio de Janeiro: Biblioteca da Comissão de Valores Mobiliários, 1978.

RICUPERO, Rubens. *A diplomacia na construção do Brasil: 1750-2016*. Rio de Janeiro: Versal, 2017.

ROGOFF, Kenneth S.; REINHART, Carmen M. *Oito séculos de delírios financeiros: Desta vez é diferente*. Rio de Janeiro: Campus Elsevier, 2010.

ROUBINI, Nouriel. "La Menace de la stagflation est réele". *La Tribune*, 6 out. 2021. Disponível em: <https://www.project-syndicate.org/commentary/mild-stagflation-is-here-and-could-persist-or-deepen-by-nouriel-roubini-2021-08/french>. Acesso em: 28 fev. 2023.

SANT'ANNA, Ivan. *1929, quebra da Bolsa de Nova York: A história real dos que viveram um dos eventos mais impactantes do século*. Rio de Janeiro: Objetiva, 2014.

SENNA, José Júlio. *Política monetária: Ideias, experiências e evolução*. Rio de Janeiro: Editora fgv, 2010.

TALEB, Nassim Nicholas. *A lógica do cisne negro*. 23. ed. Rio de Janeiro: Best Business, 2020.

TAUNAY, Afonso de. *Ensaios de história econômica e financeira*. São Paulo: Imprensa Oficial do Estado, 1961.

VIDOR, George. *40 anos CVM: A história da CVM pelo olhar de seus ex--presidentes*. São Paulo: Anbima; BM&F Bovespa, 2016.

XIMENES, Ângela. *Eduardo da Rocha Azevedo, a Bovespa e a BM&F*. São Paulo: Contexto, 2008.

FILMES, REPORTAGENS TELEVISIVAS, PEÇAS DE TEATRO

ELIEZER Batista: O engenheiro do Brasil. Direção: Victor Lopes. São Paulo: Espaço Filmes, 2009. (84 min.)

GRANDE demais para quebrar. Direção: Curtis Hanson. Los Angeles: Deuce Three Productions, Spring Creek Productions; Nova York: HBO Films, 2011. (99 min.)

CRISES FINANCEIRAS

O DISCRETO charme da burguesia. Direção: Luis Buñuel. Paris: Greenwich Film Productions, 1972. (102 min.)

#QUEROSEREufrasia — ArquivoN, GloboNews.

THE LEHMAN Trilogy. Direção: Sam Mendes e Matthew Amos. Roteiro: Stefano Massini e Ben Power. Londres: National Theatre, 2019. (223 min.)

MATERIAL CONSULTADO

Jornais, revistas, TV, sites

Artigo "A triste história do AIA" — Roberto Teixeira da Costa

Ata da 318ª sessão do Conselho Monetário Nacional, sobre contratos de sustentação de preços — caso Audi

Broadcast

Época Negócios

Financial Times

Folha de S.Paulo

Folheto "Common Stocks as Long Terms Investments" — John Maynard Keynes

Instituto Mises Brasil

Jornal do Brasil

La Tribune

O Estado de S. Paulo

O Globo

Forbes

Revista RI

Veja

Migalhas

TV Bandeirantes

TV Cultura

TV Globo

Valor Econômico

NOTAS

INTRODUÇÃO [pp. 19-39]

1. Roberto Teixeira da Costa, *O Brasil tem medo do mundo? Ou o mundo tem medo do Brasil? Reflexões e comentários sobre o isolamento internacional do país pré e pós-pandemia.* São Paulo: Noeses, 2021.

2. Sérgio Tauhata, "Mundo caminha para estagflação, diz Roubini", *Valor Econômico*, 27 out. 2021. Disponível em: <https://valor.globo.com/financas/noticia/2021/10/27/mundo-caminha-para-estagflacao-diz-roubini.ghtml>. Acesso em: 5 dez. 2022.

3. Ricardo Leopoldo, "Guerra na Ucrânia pode levar Europa à recessão e EUA à estagflação, diz Barry Eichengreen", *Estadão*, 28 mar. 2022. Disponível em: <https://economia.estadao.com.br/noticias/geral,entrevista-barry-eichengreen,70004021755>. Acesso em: 5 dez. 2022.

MUNDO [pp. 41-91]

1. Michael Maloney, "Bolhas, manias, colapsos e o pai do keynesianismo moderno", *Mises Brasil*, 13 maio 2022. Disponível em: <https://www.mises.org.br/article/3291/bolhas-manias-colapsos-e-o-pai-do-keynesianismo-moderno>. Acesso em: 6 dez. 2022.

2. William Eustaquio de Carvalho, "Caso Enron: Breve análise da empresa em crise", *Migalhas*, 9 set. 2004. Disponível em: <https://www.migalhas.com.br/depeso/6852/caso-enron-breve-analise-da-empresa-em-crise>. Acesso em: 12 dez. 2022.

BRASIL [pp. 93-236]

1. Martin Wolf, "Guerra testa a economia da Europa", *Valor*, 4 maio 2022. Disponível em: <https://valor.globo.com/opiniao/coluna/guerra-testa-a-economia-da-europa.ghtml>. Acesso em: 6 jan. 2023.
2. Mariana Ribeiro, "Brasil pode ser muito interessante para o capital estrangeiro, diz Goldman Sachs", *Valor*, 24 ago. 2022. Disponível em: <https://valor.globo.com/financas/noticia/2022/08/24/brasil-pode-ser-muito-interessante-para-o-capital-estrangeiro-diz-goldman-sachs.ghtml>. Acesso em: 6 jan. 2023.
3. Luciana Dyniewicz, "'Brasil tem potencial que não é explorado', diz ex-presidente da Comissão Europeia", *Estadão*, 21 ago. 2022. Disponível em: <https://www.estadao.com.br/economia/durao-barroso-entrevista/>. Acesso em: 6 jan. 2023.

LIÇÕES [pp. 237-50]

1. No Brasil, a idade média dos investidores recuou entre 2016 e 2021 de 48,7 anos para 37,9 anos, segundo levantamento feito pela Bolsa B3. Wesley Gonsalves e Fernanda Guimarães, "Investidor brasileiro fica mais 'jovem'", *Estadão*, 6 fev. 2022. Disponível em: <https://economia.estadao.com.br/noticias/negocios,investidor-brasileiro-fica-mais-jovem,70003970847>. Acesso em: 10 jan. 2023.

POSFÁCIO [pp. 251-63]

1. Charlie P. Kindleberger e Robert Z. Aliber, *Manias, Panics and Crashes: A History of Financial Crises*. Nova York: Basic Books, 1989, p. 4.
2. Ibid., p. 5.
3. Edward Chancellor, *Devil Take the Hindmost: A History of Financial Speculation*. Nova York: Plume, 1999, p. 3.

NOTAS

4. Jean Bouvier, *Le Krach de l'Union Generale — 1878-1885*. Paris: PUF, 1960.

5. Émile Zola, *L'Argent*. Paris: Bibliothèque Charpentier, 1891.

6. Ver Alfredo d'Escragnolle Taunay (visconde de Taunay sob pseudônimo de Heitor Malheiros), *O Encilhamento: Cenas contemporâneas da Bolsa do Rio de Janeiro em 1890, 1891 e 1892*. Belo Horizonte: Itatiaia, 1971 [1894].

7. Gustavo Henrique Barroso Franco, *Reforma monetária e instabilidade durante a transição republicana*. Rio de Janeiro: BNDES, 1983. A tese de Elizabeth Reuter não foi editada em forma de livro. Os dois outros trabalhos, o primeiro uma tese de doutorado e o segundo uma dissertação de mestrado, são: Maria Bárbara Levy, *História da Bolsa de Valores do Rio de Janeiro*. Rio de Janeiro: Ibmec, 1977; Luiz Antônio Tannuri, *O Encilhamento*. São Paulo: Hucitec, 1981.

8. Wilson Martins, *História da inteligência brasileira (1877-1896)*. São Paulo: Cultrix, 1978, v. 4, pp. 454-8.

9. "Retrospecto de 1890". *Jornal do Commercio*, 18 jan. 1891.

10. Citado por Ney Carvalho, Aliomar Baleeiro usou essa feliz formulação em sua contribuição ao livro de Osvaldo Orico, *Rui: O mito e o mico*, 1965.

11. Código Comercial, artigo 32. A íntima associação entre a praça do Comércio e a Bolsa é, também, graficamente evidenciada na planta que Grandjean de Montigny riscou, em 1819, para o prédio construído para abrigá-las. No frontispício está inscrito Praça do Commercio, enquanto na legenda em francês no pé do desenho lê-se "Façade de la Bourse". A rotunda no meio do edifício, onde hoje está instalada a Casa França-Brasil, ainda revela o típico pregão circular. Ver Ney O. R. Carvalho (Org.), *Bolsa de Valores do Rio de Janeiro — 150 anos: A história de um mercado*. Rio de Janeiro: Bolsa do Rio, 1995, pp. 19-22.

12. Taunay, op. cit., capítulo IX.

13. J. P. Calógeras, *La Politique monétaire du Brésil*. Rio de Janeiro: Imprensa Nacional, 1910, p. 24.

14. Ibid., p. 206.

15. J. Pires do Rio, *A moeda brasileira e seu perene caráter fiduciário*. Rio de Janeiro: Jose Olympio, 1947, p. 9.

16. San Tiago Dantas, *Dois momentos de Rui Barbosa*. Rio de Janeiro: Casa de Rui Barbosa, 1951, p. 20. O texto, originalmente proferido como conferência, teve sua mais recente edição como um dos capítulos de San Tiago Dantas, *Figuras do direito* (Rio de Janeiro: Forense, 2002), para a qual escrevi prefácio.

17. Ibid., p. 13.

CRISES FINANCEIRAS

18. Ibid., p. 38.
19. Franco, op. cit., p. 18.
20. Ibid., p. 122.
21. Ibid., pp. 135 e 137.
22. Ibid., p. 141.
23. Franco, op. cit., pp. 140-1; Kindleberger, op. cit., pp. 168-70; Félix Luna, *Breve historia de los argentinos*. Buenos Aires: Planeta, 1995, pp. 138-43.
24. Heitor Ferreira Lima, *História do pensamento econômico no Brasil*. São Paulo: Companhia Editora Nacional, 1976, v. 360, pp. 130-5. (Coleção Brasiliana.)
25. Oliveira Lima, *Memórias: Estas minhas reminiscências...* Rio de Janeiro: Jose Olympio, 1937, p. 81.
26. John G. Gurley e E. S. Shaw, "Financial Structure and Economic Development". *Economic Development and Cultural Change*, Chicago, v. 15, n. 3, pp. 257-68, 1967.

TIPOLOGIA Miller e Akzidenz
DIAGRAMAÇÃO acomte
PAPEL Pólen Soft, Suzano S.A.
IMPRESSÃO Lis Gráfica, junho de 2023

A marca FSC® é a garantia de que a madeira utilizada na fabricação do papel deste livro provém de florestas que foram gerenciadas de maneira ambientalmente correta, socialmente justa e economicamente viável, além de outras fontes de origem controlada.